경영·경제 수학

Mathematics for Management and Economics

김봉준 · 이선홍 지음

KYOWOO

머리말

현대 사회는 정보 기술의 발전으로 언어의 상징적 구사 능력과 논리적 추론 능력이 어느 때보다 중요해 지고 있다. 특히 인간의 경제적 행위를 다루는 경영·경제 문제는 갈수록 고도화 되어 수학적 훈련과 도구의 도움 없이는 문제의 해석조차도 어려워지고 있다. 이러한 취지에서 본서는 상경 계열에 진학한 학생들을 대상으로 이에 필요한 수학적 이론과 기술을 습득하고 연마하는 데 주안점을 두고 서술하였다. 특히 경영·경제 문제의 대부분이 한정된 자원 하에서 효율성을 최대화하는 문제이므로 이에 필요한 수학적 이론과 실무적 활용 능력의 배양에 초점을 두었다.

본 교재의 주요 집필 내용은 다음과 같다. 제1장에서는 집합과 명제에서 출발하여 함수를 정의하고 상경 계열에서 자주 사용되는 함수 형태를 제시한다. 구체적으로 역함수, 합성함수, 지수함수, 로그함수, 다변수함수를 소개하고 실무적 응용 사례를 제시한다. 제2장에서는 미분의 개념을 정의하고 경영·경제에서 자주 사용되는 함수의 미분법과 이의 실무적 활용 사례를 소개한다. 제3장에서는 일변수 함수의 최적화 조건을 제시하고 이를 이윤최대화 등 경영·경제 문제에 적용하는 방법에 대해 설명한다. 제4장에서는 적분을 정의하며 미분적분학의 기본정리를 통하여 미분과 적분의 관계를 소개하고, 함수 형태에 따른 적분 기법과 응용 사례를 소개한다. 제5장에서는 행렬의 개념을 정의하고 행렬을 통해 연립방정식의 해를 구하는 방법을 제시한다. 제6장에서는 행렬식을 정의하고 행렬이 경영·경제 문제의 해결에 어떻게 활용될 수 있는 지 소개한다. 제7장에서는 다변수 함수를 정의하고 이의 미분법으로서 편미분법과 전미분에 대해 설명한다. 제8장에서는 제1장에서 제7장까지의 내용을 바탕으로 다변수 함수의 최적화 기법을 제시한다. 구체적으로 제약조건이 없는 경우의 다변수 함수의 최적화 기법과 가장 일반적인 형태인 제약조건이 있는 경우의 다변수 함수의 최적화 기법에 대해 설명한다.

본 교재를 순서대로 공부해 간다면 경영·경제 문제의 대부분을 차지하는 최적화 문제를 수학적으로 정의하고 기술적으로 풀어내는 방법을 습득하고 연마할 것이다. 특히 각 장마다 제시한 사례 문제를 풀어보면 수학적 이론을 보다 직관적으로 이해하고 경영·경제에서의 실무적 활용 능력을 배양할 수 있을 것이다. 아무쪼록 본 교재가 다양한 현상을 수학적으로 정의하고 이를 합리적으로 해결하는 능력을 배양하는 데 일조할 수 있기를 바란다.

이 책을 작성하는데 많은 도움을 받은 한글 TEX사용자 그룹에 감사의 마음을 전한다. 그리고, 이 책의 출판을 쾌히 승낙해주신 교우사에 감사드리며, 독자 여러분의 많은 관심과 조언을 기대한다.

2017년 11월
가좌캠퍼스에서 저자 씀

차 례

제 1 장

함수

자연현상이나 사회현상을 탐구하기 위하여 수학적인 모델이 필요하다. 함수는 수학의 가장 기본적인 도구이다. 이 장에서는 여러 함수들의 기본적인 성질을 살펴 볼 것이다. 또한, 지수함수와 로그함수에 대하여 알아본다.

1.1 집합과 명제

1.1.1 집합

구성원이 명확한 모임을 **집합**이라고 하고 구성원을 집합의 **원소**라고 한다. 'a는 집합 X의 원소이다'를

$$a \in X$$

로 나타내고, 'a는 집합 X의 원소가 아니다'를

$$a \notin X$$

로 나타낸다.

모든 원소들이 a, b, c, d인 집합 X를

$$X = \{a, b, c, d\}$$

와 같이 나타낼 수 있다. 이와 같이, 원소들을 나열하여 집합을 나타내는 방법을 **원소나열법**이라고 한다.

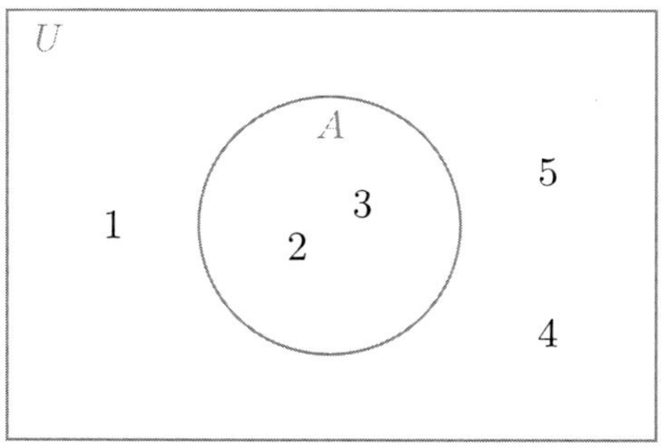

그림 1.1 벤 다이어그램

벤 다이어그램은 집합을 그림으로 나타내는 방법이다. 그림 1.1에서와 같이, 벤 다이어그램에서는 전체집합을 직사각형으로 나타내고, 다른 집합들을 직사각형 안의 원들로 나타낸다. 벤 다이어그램을 통하여 집합의 여러 개념들을 쉽게 이해할 수 있다.

보기 1.1. 전체집합 U와 집합 A가

$$U = \{1, 2, 3, 4, 5\}, \quad A = \{2, 3\}$$

일 때, 집합 U와 A를 그림 1.1와 같이 벤 다이어그램으로 나타낼 수 있다.

집합 A와 B에 대하여, A의 모든 원소들이 집합 B의 원소이면 'A는 B의 **부분집합**이다'라고 하고

$$A \subset B$$

로 나타낸다.

보기 1.2. 집합 $A = \{1, 2, 3\}$와 $B = \{1, 2, 3, 4, 5\}$에 대하여, A의 원소 $1, 2, 3$이 모두 B의 원소이므로 $A \subset B$이다.

1.1.2 명제와 조건

참과 거짓이 분명한 문장이나 식을 **명제**라고 한다.

예제 1.1. 다음의 식이 명제인지 아닌지 판별하고, 명제이면 참과 거짓을 판정하여라.

(가) $1 < 2$ (나) $3 + 5$

(다) $1 = 2$ (라) $x < 2$

(마) $\{1\} \in \{1, 2, 3\}$ (바) $1 \subset \{1, 2, 3\}$

풀이 (가) $1 < 2$는 참인 명제이다.

(나) $3 + 5$는 참과 거짓을 결정할 수 없기 때문에 명제가 아니다.

(다) $1 = 2$는 거짓인 명제이다.

(라) $x < 2$는 참과 거짓을 결정할 수 없기 때문에 명제가 아니다.

(마) $\{1\}$은 집합 $\{1,2,3\}$의 원소가 아니므로, $\{1\} \in \{1,2,3\}$은 거짓인 명제이다.

(바) 1은 집합 $\{1,2,3\}$의 부분집합이 아니므로, $1 \subset \{1,2,3\}$은 거짓인 명제이다. ■

집합 U와 변수 x를 포함하는 문장이나 식인 $p(x)$에 대하여, 변수 x에 집합 U의 임의의 원소 a가 대입될 때 $p(a)$가 항상 명제이면 $p(x)$는 집합 U에서 x에 대한 **조건**이라고 한다.

보기 1.3. 집합 $U = \{1,2,3\}$에서, $2 < x$는 집합 U에서 x에 대한 조건이다. 왜냐하면, x 대신에 원소 $1,2,3$이 각각 대입되면, $2 < x$는 각각

$$2 < 1, \quad 2 < 2, \quad 2 < 3$$

이고 이들은 각각 거짓, 거짓, 참인 명제이기 때문이다.

조건을 이용하여 집합을 나타낼 수 있다. 집합 U에서 $p(x)$가 참인 원소들의 집합을

$$\{x \in U \,:\, p(x)\}$$

로 나타낸다. 이와같이 집합을 나타내는 방법을 **조건제시법**이라고 한다.

보기 1.4. 집합 $U = \{1,2,3,4,5\}$에 대하여,

$$1 < 3 \quad \text{그리고} \quad 2 < 3$$

는 참이고

$$3 < 3 \quad \text{그리고} \quad 4 < 3 \quad \text{그리고} \quad 5 < 3$$

는 거짓이므로, 조건 $x < 3$이 참인 모든 원소는 $1,2$이다. 따라서

$$\{x \in U \,:\, x < 3\} = \{1,2\}$$

이다.

연습문제 1.1

1. 다음 식이 명제인지 판정하여라.

   (가) $1+1=2$　　(나) $2<1$

   (다) $4<x$　　(라) $5+6$

   (마) $2+x=5$　　(바) $\{2,3,4\}$

2. 전체집합 $U=\{1,2,3,4,5,6,7,8,9,10\}$에 대하여, 다음의 집합을 원소나열법으로 나타내어라.

   (가) $\{x\in U\ :\ 2<x\leq 5\}$

   (나) $\{x\in U\ :\ x^2<3\}$

   (다) $\{x\in U\ :\ x^2-5x+6=0\}$

   (라) $\{x\in U\ :\ x^2+3x+5=0\}$

   (마) $\{x\in U\ :\ x<4$ 그리고 $3<x^2\}$

   (바) $\{x\in U\ :\ x<4$ 또는 $3<x^2\}$

3. 전체집합 $U=\{1,2,3,4,5,6,7,8,9,10\}$에 대하여, 다음의 집합을 조건제시법으로 나타내어라.

   (가) $\{1,2,3\}$　　(나) $\{4,5,6,7\}$

   (다) $\{2,4,6,8,10\}$　　(라) $\{\}$

1.2 실수

집합 중에서 가장 많이 나오는 것은 **실수**를 원소로 가지는 집합일 것이다. **실수 전체의 집합**을 보통 $\mathbb{R}$로 나타낸다. **수직선**은 실수 전체의 집합을 그림으로 나타낸 것이다. 그림 1.2은 수직선을 나타낸 것으로 수직선 위의 점이 하나의 실수를 나타낸다. 수직선에서는 한 쪽 끝을 화살표로 나타내는데, 화살표가 가리키는 방향이 실수가 증가하는 방향이다.

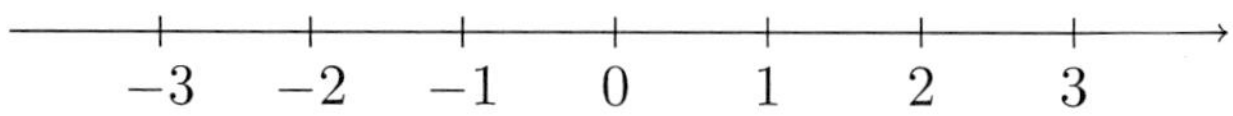

그림 1.2 수직선

1.2.1 실수의 대수적 성질

실수 전체의 집합 $\mathbb{R}$에서의 **덧셈** $+$는 $\mathbb{R}\times\mathbb{R}$의 임의의 원소인 **순서쌍** (a,b)에 $\mathbb{R}$의 원소 $a+b$를 대응시키는 것이고, 또한 **곱셈**은 (a,b)에 ab를 대응시키는 것이다. 덧셈이나 곱셈과 같이 $\mathbb{R}\times\mathbb{R}$의 원소들을 $\mathbb{R}$의 원소들에 대응시키는 것을 $\mathbb{R}$에서의 **이항연산**이라고 한다.

정리 1.1. 실수의 집합 $\mathbb{R}$에 대하여, 다음이 성립한다.

(가) (결합법칙) 모든 실수 x, y, z에 대하여,

$$x+(y+z)=(x+y)+z, \qquad x(yz)=(xy)z$$

이다.

(나) (항등원의 존재성) 모든 실수 x에 대하여 $x+0=x=0+x$인, 실수 $0\in\mathbb{R}$이 존재한다. 0이 아닌 모든 실수 y에 대하여 $y1=y=1y$인, 실수 $1\in\mathbb{R}-\{0\}$이 존재한다.

(다) (역원의 존재성) 모든 실수 x에 대하여, $x+y=0=y+x$인 실수 $y\in\mathbb{R}$가 존재한다. 이 때 y를 $-x$로 나타낸다. 0이 아닌 모든 실수

x에 대하여, $xy = 1 = yx$인 실수 $y \in \mathbb{R} - \{0\}$가 존재한다. 이 때 y를 x^{-1} 또는 $1/x$로 나타낸다.

(라) (분배법칙) 모든 실수 x, y, z에 대하여,

$$x(y+z) = xy + xz, \qquad (x+y)z = xz + yz$$

이다.

(마) (교환법칙) 모든 실수 x, y에 대하여,

$$x + y = y + x, \qquad xy = yx$$

이다.

1.2.2 순서

수직선 위의 서로 다른 두 실수 a와 b에 대하여, b가 a의 오른쪽에 있으면 'a는 b보다 **작다**' 또는 'b는 a보다 **크다**'라고 하고 $a < b$ 또는 $b > a$로 나타낸다. 실수 a와 b에 대하여, $a < b$ 또는 $a = b$일 때 $a \leq b$로 나타내고, 이것을 'a는 b보다 **작거나 같다**' 또는 'b는 a보다 **크거나 같다**' 라고 한다.

정리 1.2. 실수들에 관한 순서관계 $<$에 대하여 다음이 성립한다.

(가) 실수 a와 b에 대하여,

$$a < b, \quad a = b, \quad b < a$$

중에서 꼭 하나만 성립한다. 이 성질을 실수의 **삼분법**이라고 한다.

(나) 실수 a와 b와 c에 대하여, $a < b$이고 $b < c$이면 $a < c$이다.

(다) 실수 a와 b와 c에 대하여, $a < b$이면 $a + c < b + c$이다.

(라) 실수 a와 b와 c에 대하여, $a < b$이고 $0 < c$이면 $ac < bc$이다.

(마) 실수 a와 b와 c에 대하여, $a < b$이고 $c < 0$이면 $ac > bc$이다.

(바) 실수 a와 b에 대하여, $0 < a$이고 $0 < b$이면 $0 < a + b$이고 $0 < ab$ 이다.

실수 a에 대하여, $0 < a$이면 a를 **양수**라고 하며, $a < 0$이면 a를 **음수**라고 한다.

$a < b$인 실수 a와 b에 대하여, 구간

$$\begin{aligned} [a, b] &= \{x \in \mathbb{R} :, a \le x \le b\}, \\ [a, b) &= \{x \in \mathbb{R} :, a \le x < b\}, \\ (a, b] &= \{x \in \mathbb{R} :, a < x \le b\}, \\ (a, b) &= \{x \in \mathbb{R} :, a < x < b\}, \\ [a, \infty) &= \{x \in \mathbb{R} :, a \le x\}, \\ (a, \infty) &= \{x \in \mathbb{R} :, a < x\}, \\ (-\infty, b] &= \{x \in \mathbb{R} :, x \le b\}, \\ (-\infty, b) &= \{x \in \mathbb{R} :, x < b\} \end{aligned}$$

을 정의한다.

예제 1.2. 부등식 $x + 4 < 2$를 풀어라.

풀이 부등식 $x + 4 < 2$의 양변에 -4를 더하면

$$(x + 4) + (-4) < 2 + (-4)$$

이다. 왼쪽 식은

$$(x + 4) + (-4) = x + (4 + (-4)) = x + 0 = x$$

이고 오른쪽 식은

$$2 + (-4) = -2$$

이므로,

$$x < -2$$

이다. ■

연습문제 1.2

1. 실수 a, b에 대하여,
$$a + x = b$$
인 실수 x가 유일하게 존재함을 보여라.

2. 실수 a와 b에 대하여
$$-(-a) = a, \qquad -(a+b) = (-a) + (-b)$$
임을 보여라.

3. 실수 a와 b에 대하여, 다음이 성립함을 보여라.
   (가) $a0 = 0$
   (나) $a(-b) = -(ab)$
   (다) $(-a)(-b) = ab$

4. 실수 a와 b에 대하여, $ab = 0$이면 $a = 0$이거나 $b = 0$임을 보여라.

5. 실수 a와 b에 대하여, $a + b = a$이면 $b = 0$임을 보여라.

6. 실수 a와 b에 대해서, $a^2 + b^2 = 0$이면 $a = b = 0$임을 보여라.

7. 부등식 $2x - 5 < 3x - 4$를 풀어라.

8. 부등식 $x^3 - 5x^2 - 6x < 0$를 풀어라.

1.3 함수

1.3.1 함수의 정의

집합 X와 Y에 대하여, X의 모든 원소들에 Y의 원소를 유일하게 대응시키는 관계를 X에서 Y로의 **함수**라고 하고 $f\colon X \to Y$로 나타낸다. 함수 $f\colon X \to Y$를 간단히 f로 나타내기도 한다. 이 때, 집합 X를 함수 f의 **정의역**이라고 하고, 집합 Y를 함수 f의 **공역**이라고 한다. 함수 f에 의하여 정의역 X의 원소 x에 대응하는 공역 Y의 원소를 함수 f에 대한 x의 **상**이라고 하고 $f(x)$로 나타낸다. 집합 $\{f(x) \in Y : x \in X\}$를 함수 f의 **치역**이라고 한다.

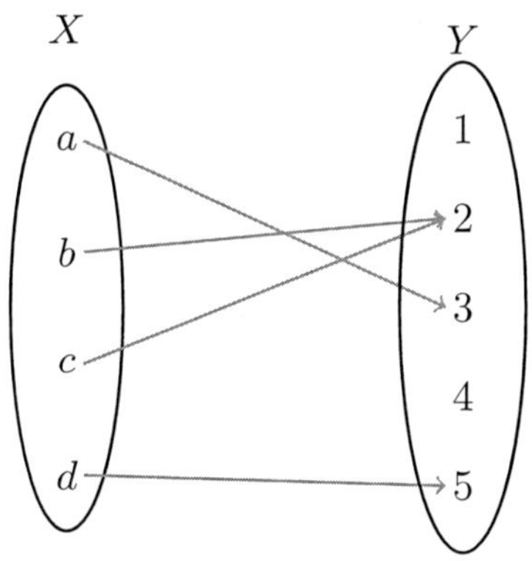

그림 1.3 함수 $f\colon X \to Y$

보기 1.5. 집합 $X = \{a, b, c, d\}$와 $Y = \{1, 2, 3, 4, 5\}$에 대하여, 함수 $f\colon X \to Y$를

$$f(a) = 3, \quad f(b) = 2, \quad f(c) = 2, \quad f(d) = 5$$

로 정의하면 함수 f의 정의역은 X이며 공역은 Y이고 치역은 $\{2, 3, 5\}$이다. 함수 f를 그림 1.3과 같이 나타낼 수 있다. 그림 1.3과 같이, 함수에 의한 대응에서 정의역의 모든 원소들은 공역의 오직 한 개의 원소에 대응된다. 그러나, Y의 원소 1과 4와 같이 공역의 원소들 중에는 정의역에 원소와 대응하

지 않는 원소가 존재할 수도 있고, 또한 Y의 원소 2와 같이 정의역의 여러 원소들과 대응하는 원소가 존재할 수도 있다.

보기 1.6. 실수 전체의 집합 $\mathbb{R}$에 대하여, 함수 $f\colon \mathbb{R} \to \mathbb{R}$를 $f(x) = x^2 + 1$로 정의하면 집합 $\{x \in \mathbb{R} : 1 \le x\}$이 함수 f의 치역이다.

보기 1.7. 자연수 전체의 집합 $\mathbb{N}$에 대하여, 함수 $f\colon \mathbb{N} \to \mathbb{N}$를

$$f(n) = n\text{을 5로 나눌 때의 나머지}$$

로 정의하면 $\{0, 1, 2, 3, 4\}$이 함수 f의 치역이다. 이 때,

$$f(1) = 1,\ \ f(2) = 2,\ \ f(3) = 3,\ \ f(4) = 4,\ \ f(5) = 0,\ \ f(6) = 1,\ \ \ldots$$

이다.

함수 f를 다음과 같이 분류한다. 함수 $f\colon X \to Y$에 대하여,

$$\text{모든 원소 } x_1, x_2 \in X\text{에 대하여 } x_1 \neq x_2\text{이면 } f(x_1) \neq f(x_2)\text{이다}$$

이면 함수 f는 **일대일 함수**[1]라고 한다. 모든 $y \in Y$에 대하여,

$$f(x) = y$$

인 원소 $x \in X$가 존재하면 함수 f는 **위로의 함수**[2]라고 한다. 함수 f가 위로의 함수이면서 일대일 함수이면 f는 **일대일 대응**[3]이라고 한다.

[1]일대일 함수를 **단사함수**라고도 한다.
[2]위로의 함수를 **전사함수**라고도 한다.
[3]일대일 대응을 **전단사함수**라고도 한다.

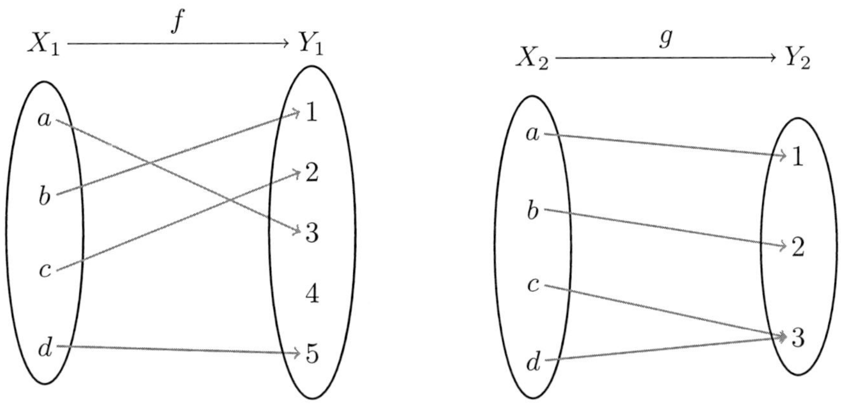

그림 1.4 일대일 함수 $f\colon X_1 \to Y_2$와 위로의 함수 $g\colon X_2 \to Y_2$

보기 1.8. 집합

$$X_1 = \{a, b, c, d\}, Y_1 = \{1, 2, 3, 4, 5\}$$

에 대하여, 그림 1.4와 같이 함수 $f\colon X_1 \to Y_1$가

$$f(a) = 3,\ f(b) = 1,\ f(c) = 2,\ f(d) = 5$$

으로 정의되면 함수 f는 일대일 함수이다.

집합

$$X_2 = \{a, b, c, d\}, Y_2 = \{1, 2, 3\}$$

에 대하여, 그림 1.4와 같이 함수 $g\colon X_2 \to Y_2$가

$$g(a) = 1,\ f(b) = 2,\ f(c) = 3,\ f(d) = 3$$

으로 정의되면 함수 g는 위로의 함수이다.

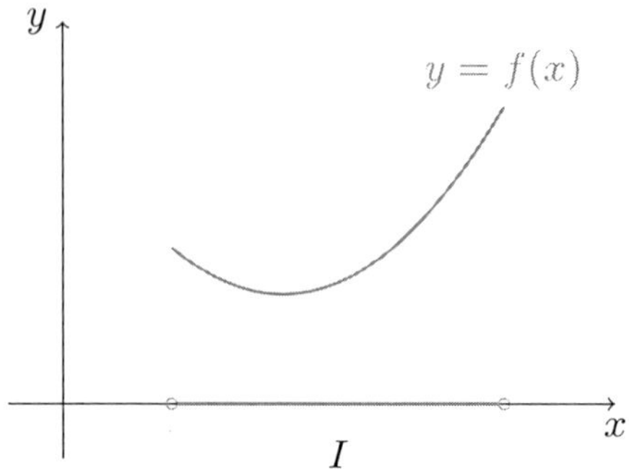

그림 1.5 함수 $f: I \to \mathbb{R}$의 그래프 $y = f(x)$

1.3.2 함수의 그래프

실수 전체의 집합 $\mathbb{R}$에 놓인 구간 I에 정의된 함수 $f: I \to \mathbb{R}$에 대하여, 함수 f를 그림으로 나타낼 수 있다. 먼저, 평면에 수평으로 그어진 수직선 x-축과 수직으로 그려진 수직선 y-축을 그려 놓는다. 그리고 $y = f(x)$인 점 (x, y)를 평면에 그려 놓으면, 그림 1.5와 같이 함수 f의 그래프 $y = f(x)$를 나타낼 수 있다.

상수 a와 b에 대하여,

$$f(x) = a + bx$$

로 정의된 함수를 생각하자. 만약 $b = 0$이면 함수 f는 함숫값이 a인 **상수함수**라고 한다. 만약 $b \neq 0$이면 함수 f는 **일차함수**라고 한다.

그림 1.6은 함수 $f(x) = a + bx$의 그래프를 나타낸다. 여기서 함수의 그래프 $y = a + bx$는 점 $(0, a)$를 지나고 기울기가 b인 직선이다.

보기 1.9. 함수 $f(x) = 2$는 상수함수이고, 함수 $g(x) = 2x - 3$은 일차함수이다.

상수 $a_0, a_1, \ldots, a_n$에 대하여, 상수와 변수들의 곱으로 이루어진 식

$$a_k x^k$$

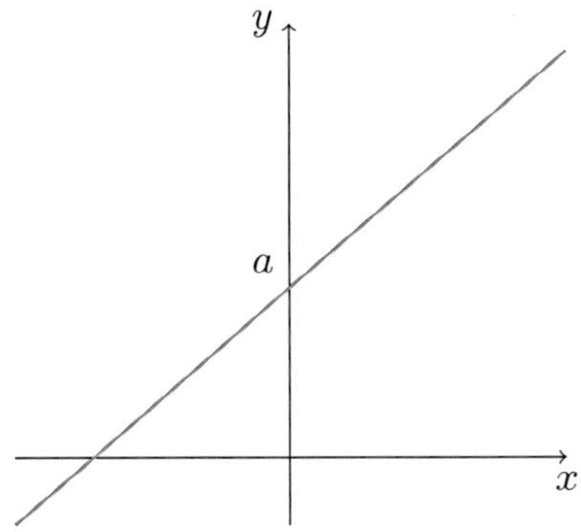

그림 1.6 일차함수 $f(x) = a + bx$의 그래프 $y = a + bx$

은 **단항식**이라고 하고, 유한개의 단항식들의 합으로 이루어진 식

$$a_0 + a_1x + a_2x^2 + \cdots + a_nx^n$$

은 **다항식**이라고 한다. 만약 $a_n \neq 0$이면

$$f(x) = a_0 + a_1x + a_2x^2 + \cdots + a_nx^n$$

으로 정의된 함수는 차수가 n인 **다항함수**라고 한다. 일차함수는 차수가 1인 다항함수이다. 차수가 2, 3, ...인 다항함수는 각각 **이차함수**, **삼차함수**, ... 라고 한다.

보기 1.10. 함수 $f(x) = 2 - 3x + x^2 + 5x^4$은 차수가 4인 다항함수이다.

다항함수 f와 g에 대하여, g가 영함수가 아닐 때

$$h(x) = \frac{f(x)}{g(x)}$$

로 정의되는 함수 h는 **유리함수**라고 한다.

보기 1.11. 함수 h가

$$h(x) = \frac{2-3x}{1+x^2}$$

로 정의되면, $f(x) = 2 - 3x$는 일차함수이고 $g(x) = 1 + x^2$는 이차함수이므로 h는 유리함수이다.

1.3.3 역함수

함수 $f: X \to Y$가 일대일 대응이면, 임의의 원소 $y \in Y$에 대하여 $y = f(x)$인 원소 $x \in X$가 유일하게 존재한다. 그러므로 $y = f(x)$로 놓으면 $x = g(y)$인 함수 $g: Y \to X$가 존재한다. 이 때 함수 g를 f의 **역함수**라고 하고 f^{-1}로 나타낸다.

보기 1.12. 함수 $f: \mathbb{R} \to \mathbb{R}$이 $f(x) = 2x + 1$일 때,

$$x_1 \neq x_2\text{이면 } f(x_1) = 2x_1 + 1 \neq 2x_2 + 1 = f(x_2)$$

이므로 f는 일대일 함수이다. 또한 임의의 원소 b에 대하여,

$$f\left(\frac{b-1}{2}\right) = 2\frac{b-1}{2} + 1 = b$$

이므로 f는 위로의 함수이다. 따라서, f는 일대일 대응이다.

$y = f(x)$로 놓으면 $x = (y-1)/2$이므로 f의 역함수 f^{-1}은

$$f^{-1}(x) = \frac{x-1}{2}$$

이다.

예제 1.3. 함수 $f(x) = 10 - 2x$의 역함수를 구하여라.

풀이 함수 $f(x) = 10 - 2x$를

$$y = 10 - 2x$$

로 나타내면

$$x = \frac{10 - y}{2}$$

이므로, 역함수는

$$f^{-1}(x) = \frac{10 - x}{2}$$

이다. ■

1.3.4 합성함수

함수 f의 공역과 함수 g의 정의역이 일치하는 경우에, 새로운 함수를 정의할 수 있다. 함수 $f\colon X \to Y$와 $g\colon Y \to Z$에 대하여,

$$(g \circ f)(x) = g(f(x))$$

로 정의되는 함수 $g \circ f\colon X \to Z$를 f와 g의 **합성함수**라고 한다.

보기 1.13. 함수 $f(x) = 2x + 3$와 $g(x) = x^2 + 1$에 대하여, f와 g의 합성함수는

$$(g \circ f)(x) = (2x + 3)^2 + 1$$

이다.

예제 1.4. 함수 $f(x) = x + 2$와 $g(x) = 2 - x$에 대하여, 다음의 합성함수를 구하여라.

(가) $g^{-1} \circ f^{-1}$ (나) $(f \circ g)^{-1}$

풀이 (가) $y = f(x) = x+2$이므로 $x = y-2$ 즉, $f^{-1}(x) = x-2$이다. 또한 $y = g(x) = 2-x$이므로 $x = 2-y$ 즉, $g^{-1}(x) = 2-x$이다. 따라서

$$(g^{-1} \circ f^{-1})(x) = g^{-1}(f^{-1}(x)) = g^{-1}(x-2) = 2-(x-2) = 4-x$$

이다.

(나) $y = (f \circ g)(x) = f(g(x)) = f(2-x) = (2-x)+2 = 4-x$이므로 $x = 4-y$이다. 따라서, $(f \circ g)^{-1}(x) = 4-x$이다. ■

함수 $f\colon X \to Y$와 $g\colon Y \to V$와 $h\colon V \to W$와 임의의 원소 $x \in X$에 대하여

$$\begin{aligned}(h \circ (g \circ f))(x) &= h((g \circ f)(x)) = h(g(f(x))) \\ &= (h \circ g)(f(x)) = ((h \circ g) \circ f)(x)\end{aligned}$$

이므로, $h \circ (g \circ f) = (h \circ g) \circ f$ 이다. 즉, 함수의 합성에 대한 **결합법칙**이 성립한다. 이를 정리하면 다음과 같다.

정리 1.3. 함수 $f\colon X \to Y$와 $g\colon Y \to V$와 $h\colon V \to W$에 대하여,

$$h \circ (g \circ f) = (h \circ g) \circ f$$

이다.

예제 1.5. 함수 $f(x) = x^2$, $g(x) = x+1$, $h(x) = x+2$에 대하여, 다음의 합성함수의 함숫값을 구하여라.

(가) $h \circ (g \circ f)$ (나) $(h \circ g) \circ f$

풀이 (가) 함수 f와 g의 합성함수 $g \circ f$는

$$(g \circ f)(x) = g(f(x)) = x^2 + 1$$

이므로, h와 $g \circ f$의 합성함수 $h \circ (g \circ f)$는

$$(h \circ (g \circ f))(x) = h(x^2 + 1) = x^2 + 3$$

이다.

(나) 함수 g와 h의 합성함수 $h \circ g$는

$$(h \circ g)(x) = h(g(x)) = x + 3$$

이므로, 함수 f와 $h \circ g$의 합성함수 $(h \circ g) \circ f$는

$$((h \circ g) \circ f)(x) = (h \circ g)(f(x)) = x^2 + 3$$

이다. ■

연습문제 1.3

1. 다음의 함수가 일대일 함수인지 판별하여라.

   (가) $f(x) = x + 1$　　(나) $g(x) = -3$

   (다) $h(x) = x^2 + 2x + 1$　　(라) $k(x) = x^3$

2. 다음의 함수의 그래프를 그려라.

   (가) $f(x) = x + 2$　　(나) $g(x) = 2x - 3$

   (다) $h(x) = x^2 + 3$　　(라) $k(x) = (x-1)(x-3)$

3. 다음의 함수의 역함수를 구하여라.

   (가) $f(x) = x - 3$　　(나) $g(x) = 3x - 4$

   (다) $h(x) = x^3 + 2$　　(라) $k(x) = x^5 - 1$

4. 다음의 함수 f와 g에 대하여, 합성함수 $g \circ f$를 구하여라.

   (가) $f(x) = x + 2, \quad g(x) = 2x + 3$

   (나) $f(x) = x^2 + 3, \quad g(x) = \dfrac{x+1}{x-1}$

   (다) $f(x) = x^2 + x + 2, \quad g(x) = 3$

   (라) $f(x) = x + 3, \quad g(x) = x - 3$

1.4 수요함수와 공급함수

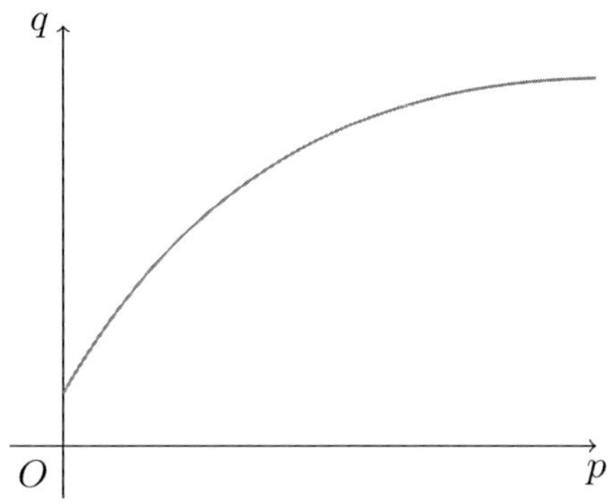

그림 1.7 공급함수 S의 그래프 $q = S(p)$

시장에서 거래되는 상품 A에 대하여, 상품 A를 생산하는 기업들은 일반적으로 가격이 높으면 상품 A를 더 많이 시장에 공급한다. 가격 p에 따른 기업들의 공급량 q를

$$q = S(p)$$

와 같이 나타낸 함수 S를 **공급함수**라고 한다. 그림 1.7와 같이, 일반적으로 공급함수 S는 증가함수이다.

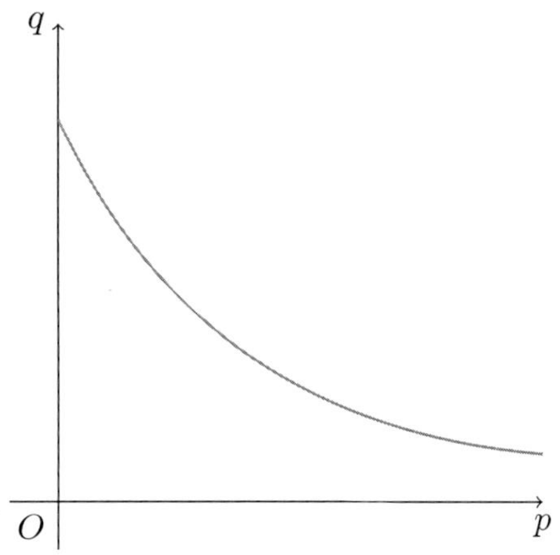

그림 1.8 수요함수 D의 그래프 $q = D(p)$

시장에서 소지바들은 상품 A의 가격이 높으면 상품 A를 덜 구매하려고 한다. 가격 p에 따른 소비자의 소비량 q을

$$q = D(p)$$

와 같이 나타낸 함수 D를 **수요함수**라고 한다. 그림 1.8와 같이, 일반적으로 수요함수 D는 감소함수이다.

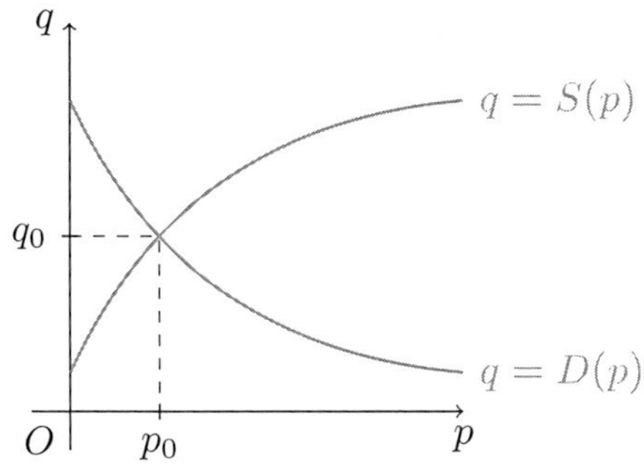

그림 1.9 수요와 공급에 대한 균형가격과 균형거래량

가격 p에 대한 공급함수 S와 수요함수 D에 대하여, 수요량과 공급량이 일치할 때 즉

$$D(p) = S(p)$$

일 때의 수요량을 **균형거래량**이라고 하고 이 때의 가격을 **균형가격**이라고 한다. 그림 1.9에서, p_0이 균형가격이고 q_0이 균형거래량이다. 만약 $p < p_0$이면 수요량 $D(p)$가 공급량 $S(p)$보다 크므로 가격은 상승하려 할 것이고, $p_0 < p$이면 공급량 $S(p)$가 수요량 $D(p)$보다 크므로 가격은 하락하려 할 것이다. 가격이 균형가격이면, 수요량과 공급량이 일치하여 가격은 상승이나 하락하지 않고 안정된다.

예제 1.6. 가격 p에 대한 수요함수 D와 공급함수 S가

$$D(p) = 16 - p^2, \qquad S(p) = 2p + 1$$

일 때, 다음 물음에 답하여라.

(가) 수요함수 D의 정의역이 $\{p \in \mathbb{R} \,|\, 0 \le p\}$이도록 수요함수 D를 재정의하여라.

(나) 수요와 공급이 일치할 때의 균형가격과 균형거래량을 구하여라.

풀이 (가) 수요함수의 함숫값은 0 이상이므로

$$D(p) = \begin{cases} 16 - p^2 & (0 \le p \le 4\text{일 때,}) \\ 0 & (p > 4\text{일 때}) \end{cases}$$

이다.

(나) 수요와 공급이 일치한다는 조건을 방정식 $16 - p^2 = 2p + 1$ 로 나타낼 수 있다. 이 방정식을

$$(p-3)(p+5) = 0$$

으로 나타낼 수 있으므로, 방정식의 근은 -5와 3이다. 그런데 가격은 0보다 크거나 같으므로 균형가격은 $p_0 = 3$이고 이 때의 균형거래량은 $D(3) = S(3) = 7$이다. ■

예제 1.7. (주)강원은 신형 스마트폰을 독점생산하여 판매하고 있다. 생산대수 q일 때 이 스마트폰의 주간 총생산비용은 $C(q) = 10 + 2q$로 추정되며, 해당 제품의 판매가격이 p일 때 이 제품의 주간 수요량은 $D(p) = 20 - p$로 추정된다.

(가) (주)강원의 주간 수입(R)을 판매량 q의 함수로 나타내어라.

(나) (주)강원의 주간 이익(E)을 판매량 q의 함수로 나타내어라.

풀이 (가) 가격 p에 대한 주간 판매량은

$$q = D(p) = 20 - p$$

이므로, 판매량에 대한 가격은

$$p = 20 - q$$

이다. 주간 수입(R)은 주간 판매량 곱하기 주간 가격이므로

$$R(q) = pq = (20 - q)q$$

이다.

(나) 주간 이익(E)은 주간 수입 빼기 주간 총생산비용이므로

$$E(q) = R(q) - C(q) = (20 - q)q - (10 + 2q) = -q^2 + 18q - 10$$

이다. ■

예제 1.8. 청바지를 독점적으로 공급하는 (주)경상의 생산원가를 분석한 결과, 생산량과 상관없이 고정비용으로 연간 500만원의 비용이 소요되며, 청바지 한 벌당 자재 및 인건비는 2만원으로 추정된다. 청바지의 가격 p에 대한 연간 판매량이 $S(p)$일 때, (주)경상이 생산하는 청바지에 대한 연간 판매량은 $S(p) = 300(10 - p)$로 추정된다.

(가) 생산과 관련된 연간 비용(C)을 p의 함수로 나타내어라.

(나) 청바지 판매를 통한 연간 총수입(R)을 p의 함수로 나타내어라.

(다) 연간 이익은 얼마인가?

풀이 (가) 고정비용으로 연간 500만원의 비용이 소요되며 청바지 한 벌당 자재 및 인건비는 2만원으로 추정되므로, 연간 비용은

$$C(p) = 500 + 2 \cdot S(p) = 500 + 600(10 - p) = 6500 - 600p$$

이다.

(나) 연간 총수입은 연간 판매량 곱하기 가격이므로

$$R(p) = S(p) \cdot p = 300(10 - p)p = 3000p - 300p^2$$

이다.

(다) 연간 이익은 연간 총수입 빼기 연간 비용이므로

$$\begin{aligned} E(p) = R(p) - C(p) = 3000p - 300p^2 - 6500 + 600p \\ = -6500 + 3600p - 300p^2 \end{aligned}$$

이다. ■

연습문제 1.4

1. 상품 A에 대한 수요함수가 $q = D(p) = 100 - 3p$일 때, 이 상품의 수요가격함수 $p = D^{-1}(q)$를 구하여라.

2. 상품 B에 대한 공급함수가 $q = S(p) = 5 + 4p$일 때, 이 상품의 공급가격함수 $p = S^{-1}(q)$를 구하여라.

3. 시장에서 재화 A에 대하여, 가격에 대한 수요함수와 공급함수가 각각

$$D(p) = 20 - \frac{p^2}{2}, \qquad S(p) = 3p - 10$$

일 때 다음 물음에 답하여라.

(가) 수요함수 D와 공급함수 S의 정의역과 치역을 구하여라.

(나) 수요와 공급이 일치할 때의 균형가격과 균형거래량을 구하여라.

4. (주)전라가 신형 TV를 출시하여 판매하고 있다. 생산대수가 q일 때, 이 신형 TV의 월간 총생산비용은 $C(q) = 100 + 4q$로 추정되며, 해당 제품의 판매가격이 p일 때 이 제품의 월간 수요량은 $D(p) = 400 - 2p$로 추정된다.

(가) (주)전라의 월간 수입(R)을 판매량 q의 함수로 나타내어라.

(나) (주)전라의 월간 이익(E)을 판매량 q의 함수로 나타내어라.

5. (주)충청이 신형 에어컨을 출시하여 판매하고 있다. 이 신형 에어컨을 생산할 때, 생산량에 상관없이 고정비용으로 500만원이 지출되고 에어컨 1대당 30만원의 비용이 추가로 지출된다. 현재 에어컨 판매가격은 1대당 45만원이다.

(가) 생산량 q에 대한 생산비용함수 $C(q)$를 구하여라.

(나) 에어컨을 100대 생산할 때, 1대당 평균생산비용은 얼마인가?

(다) 생산량 q에 대한 총수입 $S(q)$을 구하여라.

(라) 신형 에어컨을 몇 대 이상 판매해야 이윤이 발생하는지 계산하여라.

1.5 지수함수

이 절에서는 지수함수에 대하여 알아보자.

1.5.1 지수함수의 정의

양의 상수 a를 고정하자. 자연수 n에 대하여, a의 n승인 a^n을 a가 n번 곱해진

$$a^n = \overbrace{a \cdot a \cdots a}^{n}$$

으로 정의한다. 그러면 자연수 n과 m에 대하여,

$$a^{n+m} = a^n a^m, \qquad a^{nm} = (a^n)^m$$

이다.

보기 1.14. 양의 상수 a에 대하여,

$$a^3 a^2 = (a \cdot a \cdot a) \cdot (a \cdot a) = a^5 = a^{3+2}$$

이고

$$\left(a^3\right)^2 = a^3 \cdot a^3 = (a \cdot a \cdot a) \cdot (a \cdot a \cdot a) = a^6 = a^{3 \cdot 2}$$

이다.

이제 a^n에서 n을 정수로 확장하여 보자. 자연수 n에 대하여,

$$a^n = a^{n+0} = a^n \cdot a^0$$

이 성립하기 위하여

$$a^0 = 1$$

로 정의한다. n이 음의 정수이면 a^n을

$$a^n = \left(\frac{1}{a}\right)^m = \overbrace{\frac{1}{a} \cdot \frac{1}{a} \cdots \frac{1}{a}}^{m}$$

으로 정의한다. 여기서 $m=-n$이다. 그러면 임의의 정수 n과 m에 대하여

$$a^{n+m}=a^n a^m, \qquad a^{nm}=(a^n)^m$$

이다.

보기 1.15. 양의 상수 a에 대하여,

$$a^3a^{-2}=(a\cdot a\cdot a)\cdot\left(\frac{1}{a}\cdot\frac{1}{a}\right)=a^1=a^{3+(-2)}$$

이고

$$\left(a^3\right)^{-2}=\frac{1}{a^3}\cdot\frac{1}{a^3}=\frac{1}{a^6}=a^{-6}=a^{3\cdot(-2)}$$

이다.

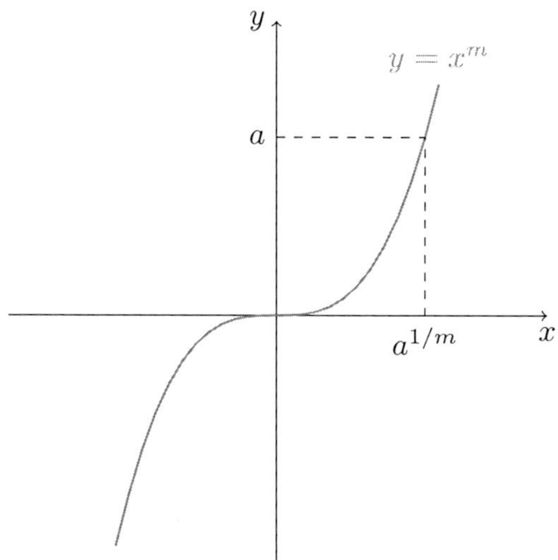

그림 1.10 방정식 $x^m=a$의 양의 실근 $a^{1/m}$

자연수 m에 대하여, 그림 1.10에서와 같이 방정식 $x^m=a$의 양의 실근은 유일하다. 이 양의 실근을 $a^{1/m}$으로 나타내자. 정수 n과 자연수 m에 대

하여, $a^{n/m}$을

$$a^{n/m} = (a^{1/m})^n$$

으로 정의한다.

보기 1.16. 양의 상수 a에 대하여, $a^{1/12}$는 방정식 $x^{12} = a$의 양의 실근이고 $a^{1/3}$은 방정식 $x^3 = a$의 양의 실근이다. 방정식 $x^{12} = a$를 $(x^4)^3 = a$로 나타낼 수 있으므로

$$a^{1/3} = \left(a^{1/12}\right)^4 = a^{4/12}$$

이다. 또한 $a^{1/4}$은 방정식 $x^4 = a$의 실근이고 방정식 $x^{12} = a$를 $(x^3)^4 = a$로 나타낼 수 있으므로

$$a^{1/4} = \left(a^{1/12}\right)^3 = a^{3/12}$$

이다. 따라서

$$\begin{aligned} a^{2/3}a^{5/4} &= \left(a^{1/3}\right)^2\left(a^{1/4}\right)^5 = \left(a^{4/12}\right)^2\left(a^{3/12}\right)^5 = \left(a^{1/12}\right)^8\left(a^{1/12}\right)^{15} \\ &= \left(a^{1/12}\right)^{23} = a^{23/12} = a^{8/12+15/12} = a^{2/3+5/4} \end{aligned}$$

이다. 한편, $(a^{2/3})^{5/4} = \left((a^{2/3})^{1/4}\right)^5$에서 $(a^{2/3})^{1/4}$는 방정식 $x^4 = a^{2/3}$의 양의 실근이다. 그런데 $a^{2/3} = (a^{1/3})^2$이므로 $(a^{2/3})^{1/4}$는 방정식 $x^2 = a^{1/3}$ 즉, 방정식 $x^6 = a$의 양의 실근이다. 따라서 $(a^{2/3})^{1/4} = a^{1/6}$이므로

$$\left(a^{2/3}\right)^{5/4} = \left(\left(a^{2/3}\right)^{1/4}\right)^5 = \left(a^{1/6}\right)^5 = a^{5/6} = a^{(2/3)\cdot(5/4)}$$

이다.

여기까지 x가 유리수일 때, a^x을 정의하였다. 실수 영역에서 유리수는 조밀하게 분포되므로, x가 무리수일 때도 a^x를 자연스럽게 정의할 수 있다. 모든 실수에서 정의된 함수 $f(x) = a^x$을 밑이 a인 **지수함수**라고 한다. 이 때, $a = 1$이면 함수 $f(x) = 1^x$는 상수함수이므로, 지수함수를 다룰 때는 $a \neq 1$

이라고 가정한다. 지수함수의 그래프 $y = a^x$는 점 $(0, 1)$을 지난다. 그리고 그림 1.11와 같이 $1 < a$이면 지수함수 $f(x) = a^x$는 증가함수이고, $a < 1$ 이면 지수함수 $f(x) = a^x$는 감소함수이다.

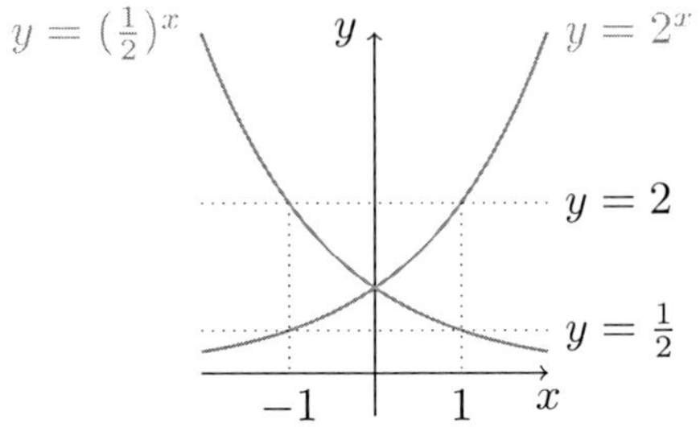

그림 1.11 지수함수 $f(x) = 2^x$와 $g(x) = \left(\frac{1}{2}\right)^x$의 그래프

다음은 지수함수에 대한 기본적인 정리이다.

정리 1.4. 양의 상수 a와 실수 x과 y에 대하여,

$$a^{x+y} = a^x a^y, \qquad a^{xy} = (a^x)^y$$

이다.

예제 1.9. 다음을 간단히 하여라.

(가) $10^{11} 2^8 5^3$ (나) $(6^3)^5 2^4 3^5$

풀이 (가) $10^{11} 2^8 5^3 = 2^{11} 5^{11} 2^8 5^3 = 2^{11+8} 5^{11+3} = 2^{19} 5^{14}$

(나) $(6^3)^5 2^4 3^5 = 6^{15} 2^4 3^5 = 2^{15} 3^{15} 2^4 3^5 = 2^{15+4} 3^{15+5} = 2^{19} 3^{20}$ ■

1.5.2 순간복리

다음의 극한

$$\lim_{m\to\infty}\left(1+\frac{1}{m}\right)^m$$

은 존재한다는 것은 알려진 사실이다. 이 극한을 **네이피어의 상수**라고 하고 e로 나타낸다. 네이피어의 상수 e는 무리수로서

$$e = 2.71828\cdots$$

이다.

예제 1.10. 원금 100만원을 연이율 4%의 예금에 연초에 예탁할 때, 다음 물음에 답하여라.

(가) 이자를 연말에 한 번 계산하면, 원리금은 얼마인가?

(나) 만약에 6개월마다 이자를 계산하면, 연말에 원리금은 얼마인가?

(다) 만약에 3개월마다 이자를 계산하면, 연말에 원리금은 얼마인가?

(라) 만약에 연속하여 순간적으로 이자를 계산하면, 연말에 원리금은 얼마인가?

풀이 (가) 원금 100만원과 이자 4만원이 합이고

$$100 + 4 = 100(1 + 0.04) = 104$$

이므로 1년 후의 원리금은 104만원이다.

(나) 만약에 6개월마다 이자를 계산하면,

$$100\left(1+\frac{0.04}{2}\right) = 100 \cdot 1.02 = 102$$

이므로 6개월 후의 원리금은 102만이고,

$$102\left(1+\frac{0.04}{2}\right)=100\left(1+\frac{0.04}{2}\right)^2=100\cdot 1.0404=104.04$$

이므로 1년 후의 원리금은 104만 400원이다.

(다) 만약에 3개월마다 이자가 계산되면,

$$100\left(1+\frac{0.04}{4}\right)^4=100\cdot 1.04060401=104.060401$$

이므로 1년 후의 원리금은 104만 604원이다.

(라) 만약에 연속하여 순간적으로 이자가 계산되면,

$$\begin{aligned}\lim_{m\to\infty}100\left(1+\frac{0.04}{m}\right)^m &= \lim_{m\to\infty}100\left(\left(1+\frac{0.04}{m}\right)^{m/0.04}\right)^{0.04}\\ &= 100\cdot e^{0.04}\\ &= 104.08107741\cdots\end{aligned}$$

이므로 1년 후의 원리금은 104만 811원이다. ■

연습문제 1.5

1. 다음 식을 간단히 하여라.

   (가) $2^3 \cdot 2^5 \cdot 2^6$ (나) $(5^{2x})^3 \cdot 5^{4x}$

2. 다음 함수가 증가함수인지 감소함수인지 판별하여라.

   (가) $f(x) = 2^{-x}$ (나) $g(x) = 2^{3+x}$

   (다) $h(x) = \dfrac{1}{1+2^x}$ (라) $k(x) = \left(\dfrac{1}{2}\right)^{-x}$

3. 원금 100만원을 연이율 3%의 예금에 연초에 예탁할 때, 다음 물음에 답하여라.

   (가) 이자를 연말에 한 번 계산하면, 원리금은 얼마인가?

   (나) 만약에 6개월마다 이자를 계산하면, 연말에 원리금은 얼마인가?

   (다) 만약에 연속하여 순간적으로 이자를 계산하면, 연말에 원리금은 얼마인가?

1.6 로그함수

1이 아닌 양의 상수 a에 대하여, 지수함수 $f(x) = a^x$의 역함수를 $g(x) = \log_a x$로 나타내고 밑이 a인 **로그함수**라고 한다.

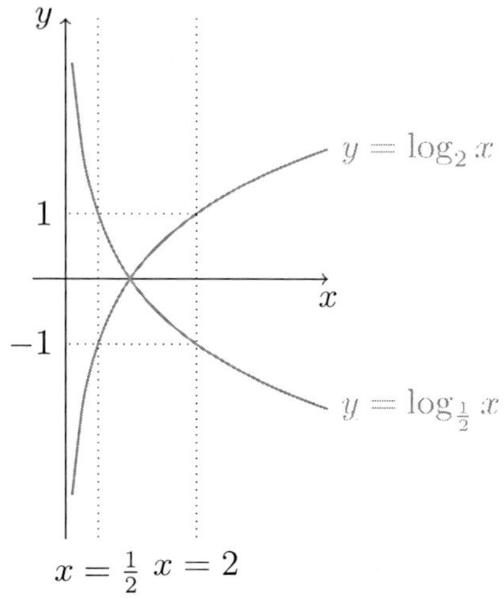

그림 1.12 로그함수 $f(x) = \log_2 x$와 $g(x) = \log_{\frac{1}{2}} x$의 그래프

그림 1.12와 같이 모든 로그함수는 점 $(1, 0)$을 지나고, $1 < a$이면 로그함수 $f(x) = \log_a x$는 증가함수이고 $a < 1$이면 로그함수 $f(x) = \log_a x$는 감소함수이다.

예제 1.11. 다음의 값을 계산하여라.

(가) $\log_{10} 100$ (나) $\log_2 8$

(다) $\log_5 \dfrac{1}{25}$ (라) $\log_{10} 0.001$

풀이 (가) $10^2 = 100$이므로, $\log_{10} 100 = 2$이다.

(나) $2^3 = 8$이므로, $\log_2 8 = 3$이다.

(다) $5^{-2} = \dfrac{1}{25}$이므로, $\log_5 \dfrac{1}{25} = -2$이다.

(라) $10^{-3} = 0.001$이므로, $\log_{10} 0.001 = -3$이다. ■

1이 아닌 양의 실수 a에 대하여,

$$y_1 = \log_a x_1, \qquad y_2 = \log_a x_2$$

로 놓자. 그러면

$$x_1 = a^{y_1}, \qquad x_2 = a^{y_2}$$

이므로

$$\log_a(x_1 \cdot x_2) = \log_a\left(a^{y_1} \cdot a^{y_2}\right) = \log_a\left(a^{y_1+y_2}\right) = y_1 + y_2 = \log_a x_1 + \log_a x_2$$

이고

$$\log_a \frac{x_1}{x_2} = \log_a \frac{a^{y_1}}{a^{y_2}} = \log_a\left(a^{y_1-y_2}\right) = y_1 - y_2 = \log_a x_1 - \log_a x_2$$

이다. 이제

$$y = \log_a x$$

로 놓자. 그러면 $x = a^y$이므로

$$\log_a x^r = \log_a (a^y)^r = \log_a a^{yr} = yr = ry = r \log_a x$$

이다. 따라서 다음의 정리가 성립한다.

정리 1.5. 1이 아닌 양의 실수 a에 대하여,

$$\begin{aligned} \log_a(x_1 \cdot x_2) &= \log_a x_1 + \log_a x_2, \\ \log_a \frac{x_1}{x_2} &= \log_a x_1 - \log_a x_2, \\ \log_a x^r &= r \log_a x \end{aligned}$$

이다.

예제 1.12. 다음을 계산하여라.

(가) $\log_2(4 \cdot 16)$ (나) $\ln e^4$

(다) $\log_3 \frac{1}{9}$ (라) $3^{\log_3 4 + \log_3 5}$

풀이 (가) $4 \cdot 16 = 2^2 \cdot 2^4 = 2^6$이므로 $\log_2(4 \cdot 16) = \log_2 2^6 = 6$이다.

(나) 자연로그함수는 자연지수함수의 역함수이므로, $\ln e^4 = 4$이다.

(다) $3^{-2} = \frac{1}{9}$이므로, $\log_3 \frac{1}{9} = -2$이다.

(라) $\log_3 4 + \log_3 5 = \log_3(4 \cdot 5) = \log_3 20$이므로,

$$3^{\log_3 4 + \log_3 5} = 3^{\log_3 20} = 20$$

이다. ■

네이피어의 상수 e에 대하여, 밑이 e인 로그함수 $\log_e x$를 **자연로그함수**라고 하고 $\ln x$로 나타낸다.

$y = \log_a x$라고 놓으면 $a^y = x$이므로 $\ln x = \ln a^y = y \ln a$, 즉

$$y = \frac{\ln x}{\ln a}$$

이다. 따라서 다음의 정리가 성립한다.

정리 1.6. 1이 아닌 양의 상수 a에 대하여,

$$\log_a x = \frac{\ln x}{\ln a}$$

이다.

1.6.1 현재가치의 계산

일반적으로 시간이 지나면서 물가가 인상되므로, 현재의 현금 A의 가치는 1년 후의 현금 A의 가치와 다르다. 여기서 t년 후의 현금 B의 가치가 현재의 가치로 얼마인지 계산하는 방법을 알아보자.

연물가상승률을 r이라고 놓자.

(가) 현재의 금액 A의 가치는 1년 후의 금액

$$A(1+r)$$

의 가치와 같다.

(나) 그런데, 물가는 연속적으로 순간적으로 인상된다고 할 수 있으므로, 현재의 금액 A의 가치는 1년 후의 금액

$$\lim_{m\to\infty} A\left(1+\frac{r}{m}\right)^m = \lim_{m\to\infty} A\left(\left(1+\frac{r}{m}\right)^{m/r}\right)^r = Ae^r$$

의 가치와 같다.

위에서, $1+r<e^r$이므로,

$$A(1+r) < Ae^r$$

이다. 연물가상승률 r에 대하여,

$$e^s = 1+r$$

인 즉 $s=\ln(1+r)$을 **순간연물가상승률**이라고 하자. 그러면,

$$A(1+r) = Ae^s$$

이다.

현재의 금액 A의 가치는 2년 후의 금액

$$(Ae^s)e^s = Ae^{2s}$$

의 가치와 같다. 일반적으로, 현재의 금액 A의 가치는 t년 후의 금액

$$B = Ae^{ts}$$

의 가치와 같다. 따라서, t년 후의 금액 B의 가치는 현재의 금액

$$A = Be^{-ts}$$

의 가치와 같다.

연물가상승률은 일반적으로 매우 작은 수이고, 작은 수의 연물가상승률과 순간연물가상승률의 차이는 매우 작다. 따라서, 보통 순간연물가상승률을 연물가상승률로 놓고 계산하기도 한다.

예제 1.13. 순간연물가상승률이 3%일 때, 10년 후의 금액 1,000만원에 대한 현재의 가치는 얼마인가?

풀이 순간연물가상승률이 3%이므로,

$$1,000e^{-0.03\cdot 10} = \frac{1,000}{e^{0.3}} = 740.818\cdots$$

에 의하여 10년 후의 1,000만원의 가치는 현재 금액 741만원의 가치와 같다. ■

연습문제 1.6

1. 다음을 계산하여라.

(가) $3^{\log_3 10}$ (나) $\log_2(2^8)$

(다) $\log_{10} 100^9$ (라) $\log_{10} \frac{1}{1000}$

2. 다음에서 밑 a를 구하여라.

(가) $\log_a 4 = 2$ (나) $\log_a 27 = 3$

(다) $\log_a 5 = \frac{1}{2}$ (라) $\log_a \frac{1}{8} = -3$

3. 다음의 방정식을 풀어라.

(가) $\log_2 x = 3$ (나) $\ln x = 3$

(다) $\ln(x^2 - 3x + 3) = 0$ (라) $\log_{10} x^2 = 0$

4. 어느 나라의 현재의 1인당 국민소득이 2만 달러이며 순간연성장률이 3%라고 전망된다. 1인당 국민소득이 연속하여 순간적으로 성장할 때, 이 나라의 t년 후의 1인당 국민소득을 계산하여라.

5. 순간연물가상승률이 2%일 때, 4년 3개월 후의 금액 1,000만원의 현재의 가치를 계산하여라.

1.7 다변수함수

1.7.1 다변수함수

사회현상을 설명하는 대부분의 함수에는 두 개 이상의 변수들이 존재한다. 함수

$$f(x, y) = 2x + 6y$$

는 두 개의 변수 x와 y로 표현되고, 함수

$$g(x, y, z) = 2 + x + 3y + z + xyz$$

는 세 개의 변수 x, y, z로 표현된다. 이와 같이 여러 개의 변수들로 표현되는 함수를 **다변수함수**라고 한다.

예제 1.14. 함수 $f(x, y) = \sqrt{4 - x^2 - y^2}$의 정의역과 치역을 구하여라.

풀이 근호 $\sqrt{\cdot}$ 안의 값은 0보다 크거나 같아야 하므로, 함수 f의 정의역에 놓인 점 (x, y)에 대하여

$$0 \le 4 - x^2 - y^2$$

이다. 따라서, 함수 f의 정의역은

$$\{(x, y) \in \mathbb{R} : x^2 + y^2 \le 4\}$$

이다. 이 때,

$$0 \le \sqrt{4 - x^2 - y^2} \le 2$$

이므로 f의 치역은

$$[0, 2] = \{z \in \mathbb{R} : 0 \le z \le 2\}$$

이다. ■

이변수함수 f의 경우에 공간에 함수의 그래프 $z = f(x, y)$를 나타낼 수 있다.

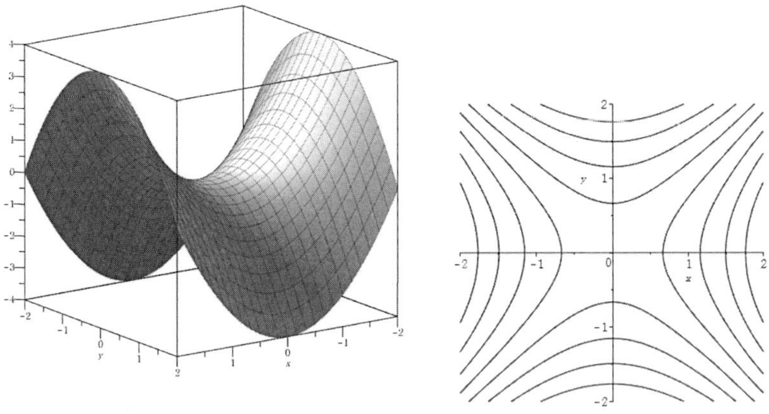

그림 1.13 함수 $f(x, y) = x^2 - y^2$의 그래프와 등위곡선들

이변수함수 f와 실수 k에 대하여, 평면의 점들의 집합

$$\{(x, y) \in \mathbb{R}^2 \ : \ f(x, y) = k\}$$

을 f의 **등위곡선**이라고 한다. 등위곡선은 이변수함수를 평면에 나타내는 방법이다.

보기 1.17. 함수 $f(x, y) = x^2 - y^2$의 그래프 $z = x^2 - y^2$와 등위곡선들

$$x^2 - y^2 = k$$

을 그림 1.13와 같이 나타낼 수 있다.

보기 1.18. 함수 $f(x, y) = x^2 + y^2$의 그래프 $z = x^2 + y^2$와 등위곡선 $x^2 + y^2 = k$를 그림 1.14와 같이 나타낼 수 있다.

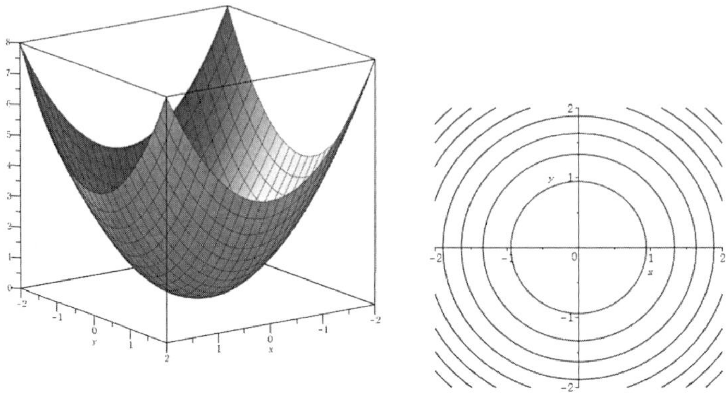

그림 1.14 함수 $f(x,y) = x^2 + y^2$의 그래프와 등위곡선들

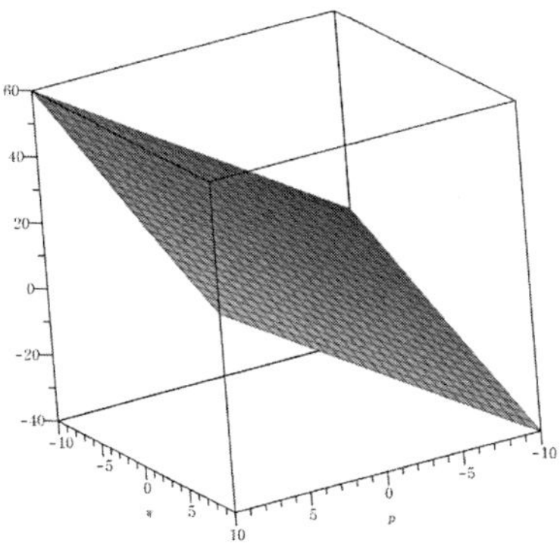

그림 1.15 공급함수 $S(p,w) = 10 + 3p - 2w$의 그래프

보기 1.19. 기업들이 시장에 상품 A를 공급할 때, 상품 A의 가격이 p이고 개별생산비용이 w일 때 공급량을

$$S(p,w) = 10 + 3p - 2w$$

인 공급함수 S로 나타낼 수 있다. 이 때, 공급함수 S는 이변수함수이다. 함

수 S의 그래프를 그림 1.15와 같이 나타낼 수 있다.

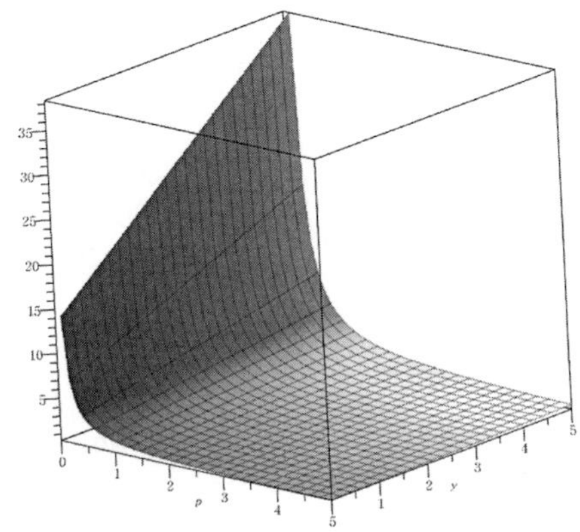

그림 1.16 수요함수 $D(p, y) = \dfrac{3+y}{2p}$의 그래프

보기 1.20. 시장에서 상품 B가 거래될 때, 상품 A의 가격이 p이고 수요자의 소득이 y일 때 수요량을

$$D(p, y) = \frac{3+y}{2p}$$

인 수요함수 D로 나타낼 수 있다. 이 때, 수요함수 D는 이변수함수이다. 함수 D의 그래프를 그림 1.16와 같이 나타낼 수 있다.

삼변수함수 f와 실수 k에 대하여, 공간의 점들의 집합

$$\{(x, y, z) \in \mathbb{R}^3 \ : \ f(x, y, z) = k\}$$

을 f의 **등위곡면**이라고 한다.

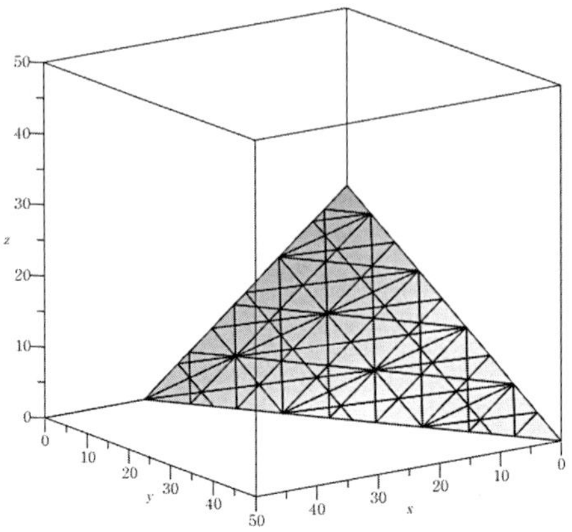

그림 1.17 예산평면 $3x + 2y + 4z = 100$의 그래프

보기 1.21. 소비자가 금액 100으로 시장에서 가격이 각각 3과 2와 4인 3가지 재화를 구매하려고 한다. 재화의 구매량을 각각 x와 y와 z로 놓으면

$$3x + 2y + 4z = 100$$

이 성립한다. 이 방정식의 그래프는 3차원 공간에서 소비자가 주어진 예산으로 구매가능한 점들 (x, y, z)을 나타내는 평면이므로, 이 평면을 **예산평면**이라고 한다. 위의 예산평면은 그림 1.17에서와 같이 나타낼 수 있다.

1.7.2 규모에 대한 수확변동

생산자는 노동과 자본재 등의 생산요소들을 사용하여 상품을 생산한다. 이때, 생산요소들의 투입량에 따라서 상품의 산출량이 결정된다. 생산요소들의 투입량에 따른 산출량을 나타낸 함수를 **생산함수**라고 한다. 생산요소들이 n개가 존재하여 이들 각각의 투입량이 $x_1, x_2, \ldots, x_n$이고 상품의 산출량

이 q이면 생산함수 f를

$$q = f(x_1, x_2, \ldots, x_n)$$

으로 나타낼 수 있다.

생산함수 f에 대하여, 모든 생산요소들의 투입량 증가율보다 상품의 산출량 증가율이 크면 즉, 임의의 실수 $t > 1$에 대하여

$$f(tx_1, \ldots, tx_n) > tf(x_1, \ldots, x_n)$$

이면 f는 **규모에 대한 수확증가**라고 한다. 모든 생산요소들의 투입량 증가율이 상품의 산출량 증가율과 같으면 즉, 임의의 실수 $t > 1$에 대하여

$$f(tx_1, \ldots, tx_n) = tf(x_1, \ldots, x_n)$$

이면 f는 **규모에 대한 수확불변**이라고 한다. 모든 생산요소들의 투입량 증가율보다 상품의 산출량 증가율이 작으면 즉, 임의의 실수 $t > 1$에 대하여

$$f(tx_1, \ldots, tx_n) < tf(x_1, \ldots, x_n)$$

이면 f는 **규모에 대한 수확감소**라고 한다.

예제 1.15. 다음의 생산함수에 대하여, 규모에 대한 수확변동을 분류하여라.

(가) $f(x, y) = 5xy$

(나) $f(x, y) = 5x^{1/2}y^{1/2}$

(다) $f(x, y) = 5x^{1/3}y^{1/2}$

풀이 (가) 임의의 실수 $t > 1$에 대하여,

$$f(tx, ty) = 5(tx)(ty) = t^2(5xy) > t(5xy) = tf(x, y)$$

이므로, f는 규모에 대한 수확증가이다.

(나) 임의의 실수 $t > 1$에 대하여,

$$f(tx, ty) = 5(tx)^{1/2}(ty)^{1/2} = t(5x^{1/2}y^{1/2}) = tf(x, y)$$

이므로, f는 규모에 대한 수확불변이다.

(다) 임의의 실수 $t > 1$에 대하여,

$$f(tx, ty) = 5(tx)^{1/3}(ty)^{1/2} = t^{5/6}(5x^{1/2}y^{1/2}) < t(5x^{1/2}y^{1/2}) = tf(x, y)$$

이므로, f는 규모에 대한 수확감소이다. ■

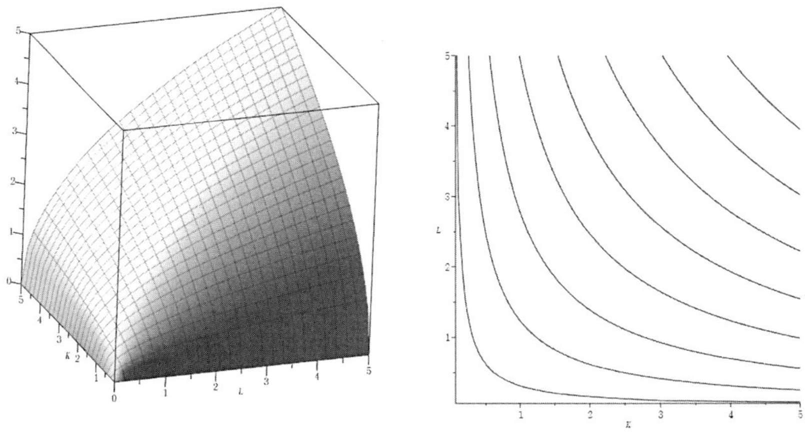

그림 1.18 콥-더글라스 함수 $f(L, K) = \sqrt{LK}$의 그래프와 등위곡선

생산함수 중에서 **콥-더글라스 함수**

$$f(L, K) = aL^{\beta}K^{1-\beta} \quad (0 < a,\ 0 < \beta < 1)$$

는 널리 알려진 함수이다. 여기서 L은 노동투입량이고, K는 자본투입량이다. 임의의 양의 실수 $t > 1$에 대하여, 노동투입량 L과 자본투입량 K를 모두 t배하면 상품의 산출량은

$$f(tL, tK) = a(tL)^{\beta}(tK)^{1-\beta} = t(aL^{\beta}K^{1-\beta}) = tf(L, K)$$

이다. 즉, 노동투입량과 자본투입량이 각각 L과 K이고 상품 산출량이 $f(L,K)$ 일 때, 노동투입량 L과 자본투입량 K를 모두 t배하면 상품의 산출량은 $tf(L,K)$ 이다. 따라서, 주어진 콥-더글라스함수는 규모에 대한 수확불변이다.

보기 1.22. 콥-더글라스 함수 $f(L,K) = \sqrt{LK}$의 그래프와 등위곡선을 그림 1.18와 같이 나타낼 수 있다.

연습문제 1.7

1. 다음 함수의 정의역과 치역을 구하여라.

   (가) $f(x,y) = \sqrt{x-y}$　　(나) $f(x,y) = \sqrt{y-x^2}$

   (다) $f(x,y,z) = xy\ln z$　　(라) $f(x,y,z) = \dfrac{1}{x^2+y^2+z^2}$

2. 함수 $f(x,y) = 10 + 2x - y$의 그래프를 그려라.

3. 다음 함수에 대하여, 주어진 점을 지나는 등위곡선의 방정식을 구하여라.

   (가) $f(x,y) = 25 - x^2 - y^2$,　$(2,3)$

   (나) $f(x,y) = \sqrt{x^2 - y^2}$,　$(2,0)$

   (다) $f(x,y,z) = \sqrt{x-y} - \ln z$　$(3,-1,1)$

   (라) $f(x,y,z) = \ln(x^2 + y + z^2)$　$(-1,2,1)$

4. 콥-더글라스 생산함수 $f(L,K) = \sqrt{LK}$에 대하여, 등위곡선들

$$\sqrt{LK} = 1, \quad \sqrt{LK} = 2, \quad \sqrt{LK} = 3$$

   의 그래프를 그려라.

5. 시장에서 재화 A와 B와 C의 가격이 각각 6와 4와 8일 때, 지출액 200으로 위의 재화를 구매할 수 있는 예산식을 세우고 예산평면을 그려라.

제 2 장

함수의 미분

함수를 탐구하는데, 함수의 미분은 매우 중요한 역할을 한다. 이 장에서는 함수의 미분의 의미를 알아보고, 여러 함수들의 도함수들을 구하는 방법을 찾아본다. 또한 경영경제에서 중요한 개념인 가격탄력성과 한계효용과 한계비용 등에 대하여 알아본다.

2.1 함수의 극한과 연속

2.1.1 함수의 극한

함수 $f\colon [a,b] \to \mathbb{R}$와 점 $c \in [a,b]$에 대하여, x가 c로 접근할 때 함숫값 $f(x)$가 항상 상수 L에 접근하면 상수 L을 c에서의 함수 f의 **극한**이라고 하고

$$\lim_{x\to c} f(x) = L$$

로 나타낸다.

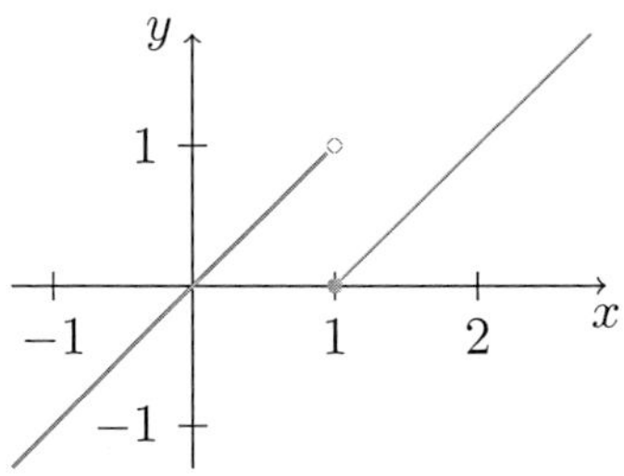

그림 2.1 1에서 극한이 존재하지 않는 함수 f의 그래프

함수 f가 구간 $[0,2]$에서 그림 2.1에서와 같이

$$f(x) = \begin{cases} x & (0 \le x < 1\text{일 때,}) \\ x-1 & (1 \le x \le 2\text{일 때}) \end{cases}$$

로 정의될 때 다음을 생각하자.

(가) 1보다 작은 실수 x가 1로 접근할 때 $f(x)$는 1로 접근하는데 반하여 1보다 큰 실수 x가 1로 접근할 때는 $f(x)$는 0으로 접근하므로, 1에서 f의 극한 $\lim_{x\to 1} f(x)$는 존재하지 않는다.

(나) $0 < c < 1$일 때, c보다 작은 실수 x가 c로 접근할 때 $f(x)$는 c로 접근하고, c보다 큰 실수 x가 c로 접근할 때도 $f(x)$는 c로 접근하므로, c에서 f의 극한 $\lim_{x\to c} f(x)$는 존재하고

$$\lim_{x\to c} f(x) = c$$

이다. $c = 0$일 때, c보다 큰 실수 x가 c로 접근할 때 $f(x)$는 c로 접근하므로, c에서 f의 극한 $\lim_{x\to c} f(x)$는 존재하고

$$\lim_{x\to c} f(x) = c$$

이다.

(다) $1 < c < 2$일 때, c보다 작은 실수 x가 c로 접근할 때 $f(x)$는 $c-1$로 접근하고, c보다 큰 실수 x가 c로 접근할 때도 $f(x)$는 $c-1$로 접근하므로, c에서 f의 극한 $\lim_{x\to c} f(x)$는 존재하고

$$\lim_{x\to c} f(x) = c - 1$$

이다. $c = 2$일 때, c보다 작은 실수 x가 c로 접근할 때 $f(x)$는 $c-1$로 접근하므로, c에서 f의 극한 $\lim_{x\to c} f(x)$는 존재하고

$$\lim_{x\to c} f(x) = c - 1$$

이다.

함수의 극한에 대한 기본적인 성질을 다음과 같이 정리할 수 있다.

정리 2.1. 구간 $[a, b]$에 정의된 함수 f와 g와 점 $c \in [a, b]$에 대하여,

$$\lim_{x\to c} f(x) = A, \quad \lim_{x\to c} g(x) = B$$

이면

(가) $\lim_{x\to c}[f(x) + g(x)] = A + B$,

(나) $\lim_{x\to c}[f(x) - g(x)] = A - B$,

(다) $\lim_{x\to c} f(x)g(x) = AB$,

(라) $B \neq 0$일 때 $\lim_{x\to c} f(x)/g(x) = A/B$

이다.

함수 f가 함숫값이 A인 상수함수이면 임의의 점 $c \in [a, b]$에 대하여,

$$\lim_{x \to c} f(x) = A$$

이고, 함수 g가 항등함수 즉 모든 $x \in [a, b]$에 대하여 $g(x) = x$이면, 임의의 점 $c \in [a, b]$에 대하여

$$\lim_{x \to c} g(x) = c$$

이다. 따라서, 정리 2.1에 의하여, 차수가 n인 다항함수 $f(x) = a_0 + a_1x + a_2x^2 + \cdots + a_nx^n$와 임의의 실수 c에 대하여,

$$\lim_{x \to c} f(x) = a_0 + a_1c + \cdots + a_nc^n = f(c)$$

이다.

예제 2.1. 다음 함수의 극한을 계산하여라.

(가) $\lim_{x \to 1}(2 - x + 3x^2 + 10x^4)$

(나) $\lim_{x \to 2}(2 - x^3)(3 + x)$

(다) $\lim_{x \to 2}(x^2 - 1)^4$

(라) $\lim_{x \to 3} \frac{2 - x^2}{1 + x^4}$

풀이 (가) $\lim_{x \to 1}(2 - x + 3x^2 + 10x^4) = 2 - 1 + 3 \cdot 1^2 + 10 \cdot 1^4 = 14$

(나) $\lim_{x \to 2}(2 - x^3)(3 + x) = \lim_{x \to 2}(2 - x^3) \cdot \lim_{x \to 2}(3 + x) = (-6) \cdot 5 = -30$

(다) $\lim_{x \to 2}(x^2 - 1)^4 = \left(\lim_{x \to 2}(x^2 - 1)\right)^4 = 3^4 = 81$

(라) $\lim_{x \to 3} \frac{2 - x^2}{1 + x^4} = \frac{\lim_{x \to 3}(2 - x^2)}{\lim_{x \to 3}(1 + x^4)} = \frac{2 - 3^2}{1 + 3^4} = -\frac{7}{82}$ ■

2.1.2 함수의 연속

함수 $f\colon [a,b] \to \mathbb{R}$와 점 $c \in [a,b]$에 대하여,

$$\lim_{x\to c} f(x) = f(c)$$

이면 f는 c에서 **연속**이라고 한다.

앞에서 살펴본 것과 같이, 함수 f가 구간 $[0,2]$에서 그림 2.1에서와 같이

$$f(x) = \begin{cases} x & (0 \le x < 1\text{일 때,}) \\ x-1 & (1 \le x \le 2\text{일 때}) \end{cases}$$

로 정의될 때, 1에서 함수 f는 연속이 아니지만, 1이 아닌 다른 점 c에서 함수 f는 연속이다.

극한의 성질에 의하여, 다음이 성립한다.

> 정리 2.2. 구간 $[a,b]$에 정의된 함수 f와 g와 점 $c \in [a,b]$에 대하여,
>
> $$\lim_{x\to c} f(x) = f(c), \quad \lim_{x\to c} g(x) = g(c)$$
>
> 이면
>
> (가) $\lim_{x\to c}[f(x)+g(x)] = f(c)+g(c)$,
>
> (나) $\lim_{x\to c}[f(x)-g(x)] = f(c)-g(c)$,
>
> (다) $\lim_{x\to c} f(x)g(x) = f(c)g(c)$,
>
> (라) $g(c) \ne 0$일 때 $\lim_{x\to c} f(x)/g(x) = f(c)/g(c)$
>
> 이다.

상수함수와 항등함수는 모든 점에서 연속이다. 따라서, 정리 2.2에 의하여, 차수가 n인 다항함수 $f(x) = a_0+a_1x+a_2x^2+\cdots+a_nx^n$는 모든 점에서 연속이다.

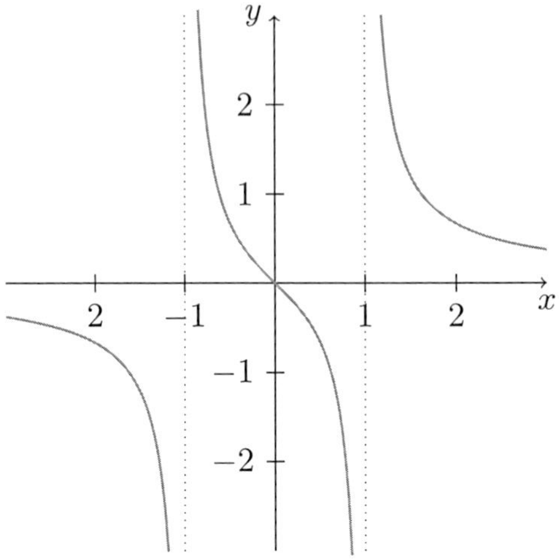

그림 2.2 함수 $f(x) = \dfrac{x}{(x-1)(x+1)}$의 그래프

보기 2.1. 함수 $f(x) = \dfrac{x}{(x-1)(x+1)}$에 대하여, 점 -1과 1에서 함수 f의 분모가 0이므로 점 -1과 1에서 함수 f는 불연속이다. 함수 $f(x) = \dfrac{x}{(x-1)(x+1)}$의 그래프를 그림 2.2와 같이 나타낼 수 있다.

연습문제 2.1

1. 다음 극한이 존재하는지 판별하고, 극한이 존재하면 그 값을 계산하여라.

   (가) $\lim_{x\to 2} \frac{3x-6}{x-2}$ (나) $\lim_{x\to 3} \frac{2x}{x-3}$

   (다) $\lim_{x\to 0} \frac{x}{|x|}$ (라) $\lim_{x\to 0} \frac{x^2}{|x|}$

2. 다음의 극한을 구하여라.

   (가) $\lim_{x\to 2}(x^2-1)^3$ (나) $\lim_{x\to 1}(x^2+x+2)$

   (다) $\lim_{x\to 0} \frac{x^2+2x}{x}$ (라) $\lim_{x\to 1} \frac{x+3}{x^2-2}$

3. 다음 함수에 대하여, 불연속점을 구하여라.

   (가) $f(x) = \frac{2}{x^2-1}$ (나) $f(x) = \frac{3}{(x+2)^2}$

   (다) $f(x) = \frac{x}{x^2-3x+2}$ (라) $f(x) = \frac{2}{x-1} + 3x$

2.2 함수의 미분

2.2.1 일차함수의 그래프

상수 a와 b에 대하여,

$$f(x) = a + bx$$

로 정의된 함수를 생각하자. 이때, 함수 f의 그래프 $y = a + bx$는 그림 2.3과 같이 평면에 놓인 직선으로 나타낸다. 이때, b는 직선의 기울기이다.

평면에 놓인 직선들 중에서, y축에 평행한 직선을 제외한 모든 직선은

$$f(x) = a + bx$$

의 그래프가 될 수 있다. y축에 평행한 직선의 방정식은

$$x = c$$

형태이다. 여기서 c는 상수이다.

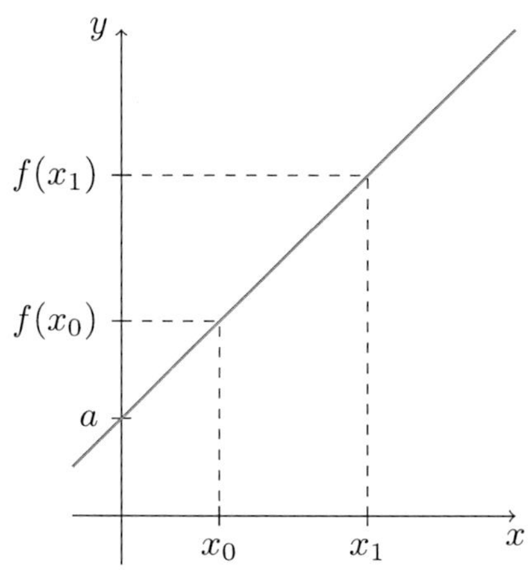

그림 2.3 일차함수 $f(x) = a + bx$의 그래프 $y = a + bx$

직선의 그래프 $y = a + bx$에 놓인 서로 다른 점

$$(x_0, a + bx_0), \quad (x_1, a + bx_1)$$

에 대하여, x의 변동에 대한 y의 변동의 비율은

$$\frac{f(x_1)-f(x_0)}{x_1-x_0}=\frac{(a+bx_1)-(a+bx_0)}{x_1-x_0}=b$$

로 항상 직선의 기울기와 같다.

2.2.2 평균변화율과 순간변화율

함수 $f:[a,b]\to\mathbb{R}$의 그래프 $y=f(x)$ 위에 놓인 점 $P=(x_0,y_0)$을 고정하자. 점 P가 아닌 점 $Q=(x_1,y_1)$가 그래프 $y=f(x)$ 위에 놓여 있을 때, 분할선 $\overline{PQ}$의 기울기

$$\frac{y_1-y_0}{x_1-x_0}=\frac{f(x_1)-f(x_0)}{x_1-x_0}$$

를 구간 $[x_0,x_1]$에서의 f의 **평균변화율**이라고 한다.

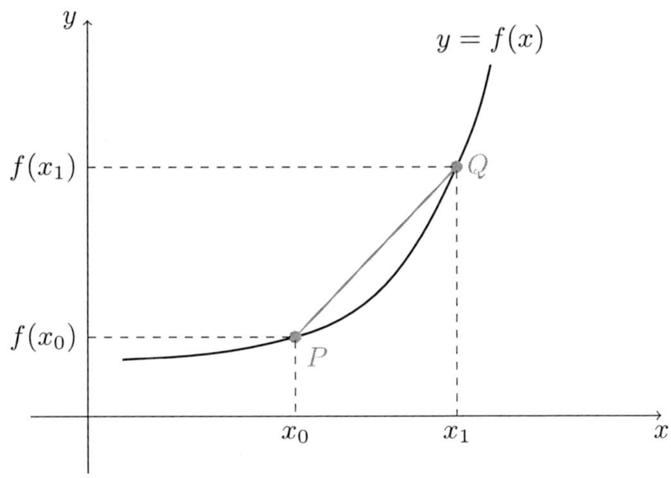

그림 2.4 그래프 $y=f(x)$에서의 분할선 $\overline{PQ}$

예제 2.2. 일차함수 $f(x)=a+bx$에 대하여, 구간 $[x_0,x_1]$에서 f의 평균변화율을 구하여라.

풀이 구간 $[x_0, x_1]$에서 f의 평균변화율은

$$\frac{f(x_1)-f(x_0)}{x_1-x_0}=\frac{(a+bx_1)-(a+bx_0)}{x_1-x_0}=\frac{b(x_1-x_0)}{x_1-x_0}=b$$

이다. ■

점 x이 점 x_0로 접근할 때, 극한

$$\lim_{x\to x_0}\frac{f(x)-f(x_0)}{x-x_0}$$

이 존재하면 f는 x_0에서 **미분가능하다**고 한다. 이때 이 극한을 x_0에서의 f의 **순간변화율** 또는 **미분계수**라고 하고

$$f'(x_0) \qquad \text{또는} \qquad \frac{df}{dx}(x_0)$$

로 나타낸다.

예제 2.3. 함수 $f(x)=x^2$에 대하여, 1에서의 f의 미분계수를 구하여라.

풀이 1에서의 f의 미분계수는

$$f'(1)=\lim_{x\to 1}\frac{x^2-1^2}{x-1}=\lim_{x\to 1}\frac{(x-1)(x+1)}{x-1}=\lim_{x\to 1}(x+1)=2$$

이다. ■

함수 f가 x_0에서 미분가능할 때, $m=f'(x_0)$으로 놓자. 그러면, 그래프 $y=f(x)$ 위의 점 $(x_0, f(x_0))$을 지나고 기울기가 m인 직선의 방정식은

$$y=f(x_0)+m(x-x_0)$$

이다. 이때의 직선을 점 $(x_0, f(x_0))$에서 $y=f(x)$의 **접선**이라고 한다. 식

$$\lim_{x\to x_0}\frac{f(x)-f(x_0)}{x-x_0}=m$$

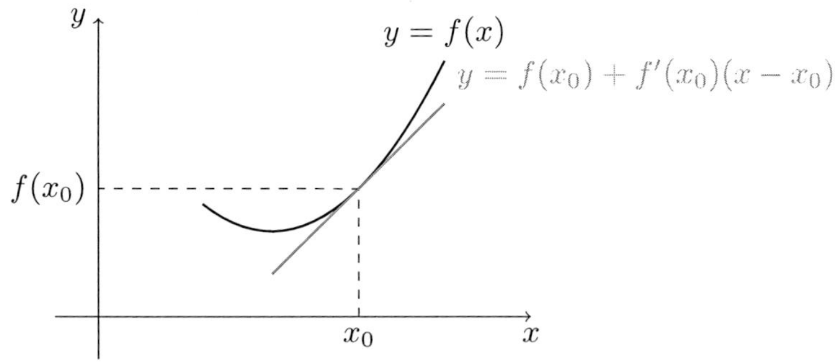

그림 2.5 점 $(x_0, f(x_0))$에서의 $y = f(x)$의 접선

은

$$\lim_{x \to x_0} \frac{f(x) - [f(x_0) + m(x - x_0)]}{x - x_0} = 0$$

으로 변경이 가능하다. 이 식이 의미하는 것은, 함수 f가 x_0에서 미분가능하면, x_0 근방에서 $|x - x_0|$에 비해

$$|f(x) - [f(x_0) + m(x - x_0)]|$$

이 매우 작다는 것이다. 따라서, 점 $(x_0, f(x_0))$를 중심으로 함수의 그래프 $y = f(x)$를 확대할수록 함수의 그래프는 점점 접선과 구별이 되지 않는다.

예제 2.4. 함수 $f(x) = x^2 + 3$에 대하여, $(1, 4)$에서 $y = f(x)$의 접선의 방정식을 구하여라.

풀이 함수 f의 도함수가 $f'(x) = 2x$이므로, $f'(1) = 2$이다. 구하려는 접선은 점 $(1, 4)$를 지나고 기울기가 $f'(1) = 2$인 직선이므로

$$y = 4 + 2(x - 1)$$

즉, $y = 2x + 2$이다. ■

2.2.3 함수의 도함수

함수 $f: [a,b] \to \mathbb{R}$에 대하여, f가 구간 $[a,b]$의 모든 점에서 미분가능하면 점 x에서 f의 미분계수가 함숫값인 함수 $f': [a,b] \to \mathbb{R}$이 존재한다. 이 함수 f'을 f의 **도함수**[1]라고 한다.

예제 2.5. 함수 $f(x) = x^3$의 도함수를 구하여라.

풀이 임의의 실수 c에 대하여, c에서의 f의 미분계수는

$$\begin{aligned} f'(c) &= \lim_{x \to c} \frac{x^3 - c^3}{x - c} \\ &= \lim_{x \to c} \frac{(x-c)(x^2 + cx + c^2)}{x - c} \\ &= \lim_{x \to c} (x^2 + cx + c^2) \\ &= 3c^2 \end{aligned}$$

이다. 따라서 $f(x) = x^3$의 도함수는 $f'(x) = 3x^2$이다. ■

이제 도함수의 기본 성질을 살펴보고 이들을 이용하여 다항함수의 도함수를 구하여 보자.

먼저, 도함수의 기본 성질을 알아 보자.

정리 2.3. 다음이 성립한다.

(가) 상수함수의 도함수는 영함수이다.

(나) 자연수 n에 대하여, $f(x) = x^n$이면 $f'(x) = nx^{n-1}$이다.

(다) 미분가능한 함수 f와 상수 c에 대하여, $g(x) = cf(x)$이면 g는 미분가능하고 $g'(x) = cf'(x)$이다.

[1]유도된 함수라는 의미에서 '유도함수'인데 앞의 '유'자를 빼고 도함수라고 한다.

(라) 미분가능한 함수 f와 g에 대하여, $h(x) = f(x) + g(x)$이면 h는 미분가능하고 $h'(x) = f'(x) + g'(x)$이다.

도함수의 정의를 적용하면 위의 정리를 쉽게 증명할 수 있다. 차수가 n인 다항함수

$$p(x) = a_n x^n + a_{n-1} x^{n-1} + \cdots + a_1 x + a_0$$

는 각 항들이 상수함수 a_k와 함수 x^k의 곱인 $a_k x^k$이므로, 위의 정리를 적용하면 다항함수 $p(x)$의 도함수는

$$p'(x) = n a_n x^{n-1} + (n-1) a_{n-1} x^{n-2} + \cdots + a_1$$

임을 알 수 있다.

예제 2.6. 다항함수 $f(x) = (3x+2)(2x-5)$의 도함수를 구하여라.

풀이 다항함수 f의 도함수를 구하기 위하여, 먼저 항을 전개하면

$$f(x) = (3x+2)(2x-5) = 6x^2 - 11x - 10$$

이므로

$$f'(x) = 12x - 11$$

이다. ■

함수의 합의 미분에 비하여 함수의 곱의 미분은 조금 복잡하다. 이를 확인해보면, 미분가능한 함수 f와 g에 대하여

$$f(x)g(x) - f(c)g(c) = (f(x) - f(c))\, g(x) + f(c)\,(g(x) - g(c))$$

이므로

$$\begin{aligned}
&\lim_{x\to c}\frac{f(x)g(x)-f(c)g(c)}{x-c}\\
&\quad=\lim_{x\to c}\frac{(f(x)-f(c))\,g(x)+f(c)\,(g(x)-g(c))}{x-c}\\
&\quad=\lim_{x\to c}\frac{f(x)-f(c)}{x-c}\lim_{x\to c}g(x)+f(c)\cdot\lim_{x\to c}\frac{g(x)-g(c)}{x-c}\\
&\quad=f'(c)g(c)+f(c)\cdot g'(c)
\end{aligned}$$

이다. 함수의 나눔에 대해서도,

$$\begin{aligned}
\frac{f(x)}{g(x)}-\frac{f(c)}{g(c)}&=\frac{f(x)g(c)-f(c)g(x)}{g(x)g(c)}\\
&=\frac{(f(x)-f(c))g(c)-f(c)(g(x)-g(c))}{g(x)g(c)}
\end{aligned}$$

이므로

$$\begin{aligned}
\lim_{x\to c}\frac{\frac{f(x)}{g(x)}-\frac{f(c)}{g(c)}}{x-c}&=\lim_{x\to c}\left(\frac{f(x)-f(c)}{x-c}\frac{g(c)}{g(x)g(c)}-\frac{f(c)}{g(x)g(c)}\frac{g(x)-g(c))}{x-c}\right)\\
&=\left(\lim_{x\to c}\frac{f(x)-f(c)}{x-c}\lim_{x\to c}\frac{g(c)}{g(x)g(c)}\right.\\
&\qquad\left.-\lim_{x\to c}\frac{f(c)}{g(x)g(c)}\lim_{x\to c}\frac{g(x)-g(c))}{x-c}\right)\\
&=\frac{f'(c)g(c)-f(c)g'(c)}{g(c)^2}
\end{aligned}$$

이다. 이들을 정리하면 다음과 같다.

정리 2.4. 미분가능한 함수 f와 g에 대하여, 다음이 성립한다.

(가) $h(x)=f(x)g(x)$이면, h는 미분가능하고

$$h'(x)=f'(x)g(x)+f(x)g'(x)$$

이다.

(나) $g(x) \neq 0$이고 $h(x) = f(x)/g(x)$이면 h는 x에서 미분가능하고

$$h'(x) = \frac{f'(x)g(x) - f(x)g'(x)}{g(x)^2}$$

이다.

예제 2.7. 다음 함수의 도함수를 구하여라

(가) $f(x) = (x^3 - 2)(x^2 + 4)$

(나) $g(x) = (x^3 - 2)/(x^2 + 4)$

(다) $h(x) = (x + 1)(2x - 1)(3x - 1)$

풀이 (가) 다항함수 f의 도함수는

$$f'(x) = 3x^2(x^2 + 4) + (x^3 - 2)2x = 5x^4 + 12x^2 - 4x$$

이다.

(나) 유리함수 g의 도함수는

$$g'(x) = \frac{3x^2(x^2 + 4) - (x^3 - 2)2x}{(x^2 + 4)^2} = \frac{x^4 + 12x^2 + 4x}{(x^2 + 4)^2}$$

이다.

(다) 다항함수 $h(x) = (x + 1)(2x - 1)(3x - 1)$의 도함수는

$$\begin{aligned} h'(x) &= (2x - 1)(3x - 1) + (x + 1)2(3x - 1) + (x + 1)(2x - 1)3 \\ &= (6 + 6 + 6)x^2 + (-5 + 4 + 3)x + (1 - 2 - 3) \\ &= 18x^2 + 2x - 4 \end{aligned}$$

이다. ■

자연수 n에 대하여 $f(x) = x^{-n}$이면 f의 도함수는

$$f'(x) = \frac{0 \cdot x^n - 1 \cdot nx^{n-1}}{x^{2n}} = (-n)x^{-n-1}$$

이다. 자연수 n에 대하여, $g(x) = x^n$일 때

$$g'(x) = nx^{n-1}$$

이므로, 다음을 알 수 있다.

정리 2.5. 정수 n에 대하여, $h(x) = x^n$이면

$$h'(x) = nx^{n-1}$$

이다.

예제 2.8. 함수 $f(x) = x^3 - 3/x^2$의 도함수를 구하여라

풀이 함수 f의 도함수는

$$f'(x) = 3x^2 + 6x^{-3} = 3x^2 + \frac{6}{x^3}$$

이다. ■

2.2.4 평균값의 정리

함수 $f\colon [a,b] \to \mathbb{R}$에 대하여, f가 미분가능하면, 그림 2.6에서와 같이 미분계수 $f'(c)$가 구간 $[a,b]$에서의 평균변화율인

$$\frac{f(b) - f(a)}{b - a}$$

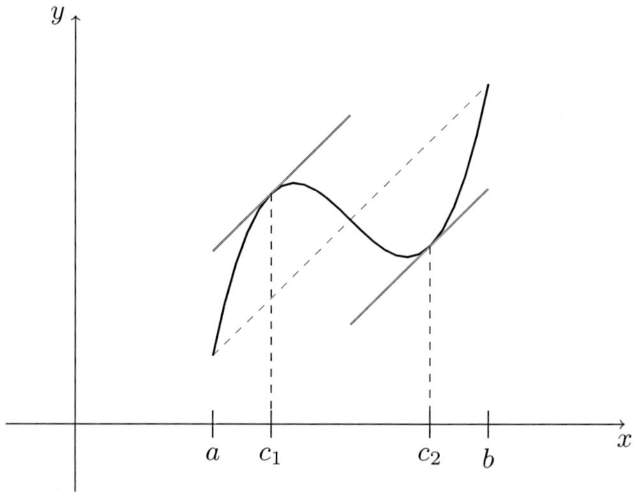

그림 2.6 평균값의 정리

와 같은 점 c가 a와 b 사이에 적어도 하나 이상 존재한다. 이를 정리하면 다음과 같다.

정리 2.6 (평균값의 정리). 함수 $f\colon [a,b] \to \mathbb{R}$에 대하여, f가 미분가능하면

$$f'(c) = \frac{f(b) - f(a)}{b - a}$$

인 점 c가 a와 b 사이에 적어도 하나 이상 존재한다.

예제 2.9. 함수 $f(x) = x^2$에 대하여,

$$f'(c) = \frac{f(1) - f(0)}{1 - 0}$$

인 점 c를 구하여라.

풀이 함수 f에 대하여,

$$\frac{f(1)-f(0)}{1-0} = \frac{1-0}{1} = 1$$

이고, $f'(x) = 2x$이다. 따라서

$$2c = f'(c) = 1$$

이므로, $c = 1/2$이다. ■

연습문제 2.2

1. 함수 $f(x) = x^2 + x + 1$에 대하여, 점 $(1, 3)$에서 $y = f(x)$의 접선의 방정식을 구하여라.

2. 다음 함수의 도함수를 구하여라.

   (가) $f(x) = 2x^3 - 3x$ (나) $g(x) = 3x^2 + 4x - 6$

   (다) $h(x) = 40 - 8x^2$ (라) $k(x) = 7x(100 - x)$

3. 다음 함수의 도함수를 구하여라.

   (가) $f(x) = (x^2 + 3)(x^3 - 5)$ (나) $g(x) = 4(x^2 + 2x + 2)$

   (다) $h(x) = (x^4 + x^2)(x^3 + 1)$ (라) $k(x) = (x - 1)x(x + 1)$

2.3 함수의 합성과 연쇄법칙

2.3.1 연쇄법칙

함수 $h(x) = (x^2+3)^{10}$의 도함수를 구하려고 할 때, $(x^2+3)^{10}$을 전개하여 구하는 방법은 무척 어렵다. 이때,

$$f(x) = x^2 + 3, \qquad g(y) = y^{10}$$

으로 놓으면 함수 h는 f와 g의 합성함수 $h = g \circ f$이다. 이 경우, 합성함수의 도함수를 구하는 방법을 찾아서 도함수 h'을 구하여 보자.

미분가능한 함수 f와 g에 대하여, 합성함수 $h = g \circ f$가 존재하면 h도 미분가능하다. 이를 확인하기 위하여, f의 정의역에 놓인 임의의 점 t를 고정하자. 그러면 $f(t)$에서의 g의 미분계수는

$$g'(f(t)) = \lim_{y \to f(t)} \frac{g(y) - g(f(t))}{y - f(t)}$$

이고 이때 $f(t)$와 $g'(f(t))$는 상수이므로

$$\begin{aligned} 0 &= \lim_{y \to f(t)} \left(\frac{g(y) - g(f(t))}{y - f(t)} - g'(f(t)) \right) \\ &= \lim_{y \to f(t)} \frac{g(y) - g(f(t)) - g'(f(t))(y - f(t))}{y - f(t)} \end{aligned}$$

이다. 이제

$$E(y) = \begin{cases} \dfrac{g(y) - g(f(t)) - g'(f(t))(y - f(t))}{y - f(t)} & y \neq f(t)\text{일 때}, \\ 0 & y = f(t)\text{일 때} \end{cases}$$

으로 놓으면 E는 $f(t)$에서 연속이고

$$g(y) - g(f(t)) = g'(f(t))(y - f(t)) + E(y)(y - f(t))$$

이다. 따라서

$$\begin{aligned}\frac{g(f(x))-g(f(t))}{x-t}&=\frac{g'(f(t))(f(x)-f(t))+E(f(x))(f(x)-f(t))}{x-t}\\&=g'(f(t))\frac{f(x)-f(t)}{x-t}+E(f(x))\frac{f(x)-f(t)}{x-t}\end{aligned}$$

이고 $E(f(t))=0$이므로

$$\begin{aligned}h'(t)&=\lim_{x\to t}\frac{h(x)-h(t)}{x-t}\\&=\lim_{x\to t}\frac{g(f(x))-g(f(t))}{x-t}\\&=\lim_{x\to t}\left(g'(f(t))\frac{f(x)-f(t)}{x-t}+E(f(x))\frac{f(x)-f(t)}{x-t}\right)\\&=g'(f(t))f'(t)+E(f(t))f'(t)\\&=g'(f(t))f'(t)\end{aligned}$$

이다. 이를 정리하면 다음과 같다.

정리 2.7 (연쇄법칙). 함수 $f\colon [a,b]\to[c,d]$와 $g\colon [c,d]\to\mathbb{R}$에 대하여, f와 g가 미분가능하면 합성함수 $h=g\circ f$도 미분가능하며

$$h'(x)=g'(f(x))f'(x)$$

이다.

$t=f(x)$와 $y=g(t)$로 나타내면 공식 $h'(x)=g'(f(x))f'(x)$을

$$\frac{dy}{dx}=\frac{dy}{dt}\cdot\frac{dt}{dx}$$

로 나타낼 수 있다.

예제 2.10. 함수 $h(x)=(x^2+3x-1)^{10}$의 도함수를 구하여라.

풀이 함수 h의 도함수를 구하기 위하여,

$$f(x) = x^2 + 3x - 1 \quad \text{그리고} \quad g(t) = t^{10}$$

으로 놓으면 $h = g \circ f$이다. 함수 f와 g의 도함수는

$$f'(x) = 2x + 3, \qquad g'(t) = 10t^9$$

이므로, 연쇄법칙에 의하여

$$h'(x) = g'(f(x))f'(x) = 10(x^2 + 3x - 1)^9(2x + 3)$$

이다. ■

예제 2.11. 함수 $f(x) = (5 - x)^2(4 + 2x)^3$의 도함수를 구하여라.

풀이 함수 f의 도함수를 구하기 위하여 연쇄법칙을 적용하면,

$$\begin{aligned} f'(x) &= 2(5 - x)(-1)(4 + 2x)^3 + (5 - x)^2 3(4 + 2x)^2 2 \\ &= (5 - x)(4 + 2x)^2[-2(4 + 2x) + 6(5 - x)] \\ &= (5 - x)(4 + 2x)^2(22 - 10x) \end{aligned}$$

이다. ■

2.3.2 역함수의 도함수

함수 f가 일대일 대응이면 f의 역함수 g가 존재한다. 이때, 합성함수 $h(x) = (g \circ f)(x) = x$는 항등함수이므로, h의 도함수 $h' = 1$는 함숫값이 1인 상수 함수이고

$$g'(f(x))f'(x) = 1$$

즉,

$$f'(x) = \frac{1}{g'(f(x))}$$

이다. 이를 정리하면 다음과 같다.

정리 2.8. 함수 f에 대하여, f가 미분가능하고 역함수 f^{-1}이 존재하면 역함수 f^{-1}도 미분가능하고

$$(f^{-1})'(x) = \frac{1}{f'(f^{-1}(x))}$$

이다.

보기 2.2. 함수 $f(x) = 2x + 1$의 역함수는 $g(y) = (y-1)/2$이다. 이때, f의 도함수 $f' = 2$도 상수함수이고 g의 도함수 $g' = 1/2$도 상수함수이며

$$f'(x) = 2 = \frac{1}{1/2} = \frac{1}{g'(f(x))}$$

이다.

보기 2.3. 모든 양의 실수들을 정의역으로 하는 함수 $f(x) = x^2$와 $g(x) = \sqrt{x}$에 대하여,

$$g(f(x)) = \sqrt{x^2} = x, \qquad f(g(x)) = \sqrt{x}^2 = x$$

이므로, f는 g의 역함수이다. 따라서, $f'(x) = 2x$이므로

$$g'(x) = \frac{1}{f'(g(x))} = \frac{1}{2\sqrt{x}}$$

이다.

연습문제 2.3

1. 다음 함수의 도함수를 구하여라.

   (가) $f(x) = (x^2 - 3)^{10}$　　　(나) $g(x) = (x^3 + 4)^6(x^3 + 1)^4$

   (다) $h(x) = \left(\dfrac{x^4}{2x - 1}\right)^{10}$　　　(라) $k(x) = \dfrac{x^4}{x^2 + x + 1}$

2. 상품 A에 대하여, 가격 p에 대한 수요함수가

$$D(p) = 1000 - 3p - 0.1p^3$$

   이고, 가격이 시간 t에 대하여 $p = P(t) = 2t$일 때, 시간에 따른 수요의 변화율 $\dfrac{d(D \circ P)}{dt}$를 구하여라.

3. 함수 $f(x) = x^3 + 2x$의 역함수를 g로 놓을 때, 점 3에서의 미분계수 $g'(3)$을 구하여라.

2.4 지수함수와 로그함수의 미분

2.4.1 로그함수의 미분

자연로그함수 $f(x) = \ln x$의 도함수를 구하여 보자. 도함수의 정의에 의하여

$$f'(x) = \lim_{h\to 0} \frac{\ln(x+h) - \ln x}{h} = \lim_{h\to 0} \frac{1}{h}\ln\frac{x+h}{x} = \lim_{h\to 0}\frac{1}{x}\ln\left(1+\frac{h}{x}\right)^{x/h}$$

이다. 그런데 $\lim_{h\to 0}\left(1+\frac{h}{x}\right)^{x/h} = e$ 이고 $\ln e = 1$이므로

$$f'(x) = \frac{1}{x}$$

이다.

> 정리 2.9. 자연로그함수 $f(x) = \ln x$에 대하여,
>
> $$f'(x) = \frac{1}{x}$$
>
> 이다.

예제 2.12. 함수 $h(x) = \ln(x^2+1)$의 도함수를 구하여라.

풀이 연쇄법칙을 적용하기 위하여 $f(x) = x^2 + 1$과 $g(x) = \ln x$로 놓으면 $h = g \circ f$이다. 따라서

$$h'(x) = g'(f(x))f'(x) = \frac{1}{x^2+1}(2x) = \frac{2x}{x^2+1}$$

이다. ■

1이 아닌 양의 상수 a에 대하여, $f(x) = \log_a x$이면 $\log_a x = \frac{\ln x}{\ln a}$이고

$g(x) = \ln x$일 때 $g'(x) = 1/x$이므로

$$f'(x) = \frac{1}{\ln a}\frac{1}{x}$$

이다. 이를 정리하면 다음과 같다.

정리 2.10. 1이 아닌 양의 상수 a에 대하여, $f(x) = \log_a x$이면

$$f'(x) = \frac{1}{\ln a}\frac{1}{x}$$

이다.

2.4.2 지수함수의 미분

네이피어의 상수 e에 대하여 지수함수 $f(x) = e^x$의 도함수를 구하여 보자. 지수함수 $f(x) = e^x$의 역함수는 자연로그함수 $g(x) = \ln x$이고 $g'(x) = 1/x$ 이므로

$$f'(x) = \frac{1}{g'(f(x))} = \frac{1}{1/f(x)} = f(x) = e^x$$

이다.

정리 2.11. 네이피어의 상수 e에 대하여, $f(x) = e^x$이면 $f'(x) = e^x$이다.

예제 2.13. 함수 $h(x) = e^{3x+2}$의 도함수를 구하여라.

풀이 연쇄법칙을 적용하기 위하여 $f(x) = 3x + 2$와 $g(x) = e^x$로 놓으면 $h = g \circ f$이다. 따라서

$$h'(x) = g'(f(x))f'(x) = e^{3x+2}3 = 3e^{3x+2}$$

이다. ■

1이 아닌 양의 상수 a에 대하여, $a^x = e^{\ln a^x}$이고 $\ln a^x = x \ln a$이므로

$$a^x = e^{x \ln a}$$

이다. 따라서 $h(x) = a^x$일 때, $f(x) = x \ln a$와 $g(x) = e^x$로 놓으면 $h = g \circ f$이므로

$$h'(x) = g'(f(x))f'(x) = e^{x \ln a} \ln a = a^x \ln a$$

이다.

정리 2.12. 1이 아닌 양의 상수 a에 대하여, $f(x) = a^x$이면

$$f'(x) = a^x \ln a$$

이다.

연습문제 2.4

1. 다음 함수의 도함수를 구하여라.

(가) $f(x) = \dfrac{e^x + e^{-x}}{2}$ (나) $g(x) = \dfrac{e^x - e^{-x}}{2}$

(다) $h(x) = x^2 e^x$ (라) $k(x) = (3x - 2)e^{-3x}$

2. 다음 함수의 도함수를 구하여라.

(가) $f(x) = \log_{10}(3x + 2)$ (나) $g(x) = \log_5(x^3 + 2)$

(다) $h(x) = \ln(e^x + 1)$ (라) $k(x) = \ln(\ln x)$

3. 다음 함수의 도함수를 구하여라.

(가) $f(x) = (x^2 + e^x)^{10}$ (나) $g(x) = e^{4x}$

(다) $h(x) = xe^{-x} + e^{2x}$ (라) $k(x) = (1 + 2x)e^{-3x}$

4. t년도의 인구가 $P(t) = 1000,000e^{0.01t}$일 때, t년도에서의 시간 t에 대한 인구변화율을 구하여라.

2.5 도함수의 응용

2.5.1 평균비용과 한계비용

기업이 재화 A를 생산할 때, 생산량 q에 대한 비용함수 C에 대하여, 생산량 q에 대한 **평균비용** AC는 재화 A를 1단위 생산하는데 드는 비용으로서

$$AC(q) = \frac{C(q)}{q}$$

로 정의한다. 비용에는 시설비와 제품개발비 등 고정비용이 포함되고 또한 생산량이 증가함에 따라 증가하는 재료비와 인건비 등을 포함한다. 따라서 일반적으로 생산량이 증가할수록 평균비용은 감소한다.

생산량 q에 대한 **한계비용** MC는 비용함수의 도함수

$$MC(q) = \frac{dC}{dq}(q)$$

로 정의한다. 직관적으로 이해하면, $MC(q)$는 재화 A를 한 단위를 더 생산할 때 추가되는 비용이라 할 수 있다.

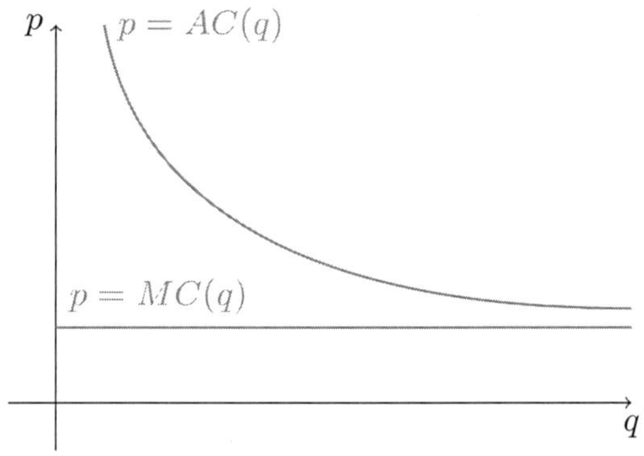

그림 2.7 비용함수 $C(q) = 300 + 10q$에서 생산량 q에 대한 평균비용과 한계비용

예제 2.14. 한국전자가 무선이어폰을 생산할 때, 비용함수가 $C(q) = 300 + 10q$(단위 만원)이다. 다음 물음에 답하여라. (그림 2.7 참고)

(가) 생산량 q에 대한 평균비용 $AC(q)$를 계산하여라.

(나) 생산량 q에 대한 한계비용 $MC(q)$를 계산하여라.

(다) $MC(q) < AC(q)$인 생산량 구간을 구하여라.

풀이 (가) 생산량 q에 대한 평균비용은

$$AC(q) = \frac{300 + 10q}{q} = \frac{300}{q} + 10$$

이다.

(나) 생산량 q에 대한 한계비용은

$$MC(q) = C'(q) = 10$$

이다.

(다) 따라서 $MC(q) < AC(q)$는

$$10 < \frac{300}{q} + 10$$

즉, $0 \leq q$이다. ■

평균비용함수 AC를 미분하면

$$AC'(q) = \frac{d}{dq}\left(\frac{C(q)}{q}\right) = \frac{C'(q)q - C(q)}{q^2} = \frac{1}{q}\left(C'(q) - \frac{C(q)}{q}\right)$$

이므로, 평균비용함수 AC와 한계비용함수 MC에 대하여

$$AC'(q) = \frac{1}{q}\left(MC(q) - AC(q)\right)$$

이다. 따라서 다음과 같이 정리할 수 있다.

(가) $MC(q) < AC(q)$인 구간에서 $AC'(q) < 0$이므로, 평균비용 AC는 감소한다. 평균비용 $AC(q)$는 처음부터 q단위까지 만들 때까지의 제품 단

위당 비용을 나타내고 한계비용 $MC(q)$는 제품을 q단위까지 만든 후에 1단위 더 만들 때의 추가비용을 말하므로, $MC(q) < AC(q)$인 구간에서는 평균비용 AC가 감소하는 것이 자연스럽다.

(나) $MC(q) = AC(q)$인 구간에서 $AC'(q) = 0$이므로, 평균비용 AC는 불변이다.

(다) $MC(q) > AC(q)$인 구간에서 $AC'(q) > 0$이므로 평균비용 AC는 증가한다.

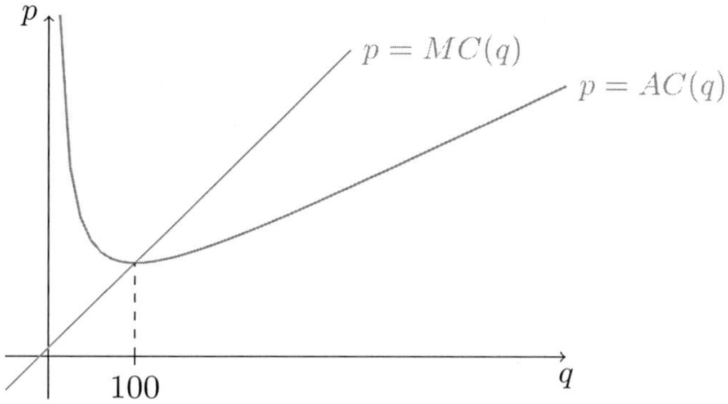

그림 2.8 비용함수 $C(q) = 5,000 + 10q + q^2/2$에서 생산량 q에 대한 평균비용과 한계비용

예제 2.15. 한국자동차가 새로 출시한 자동차를 생산할 때, 비용함수가 $C(q) = 5,000 + 10q + q^2/2$ (단위 백만원)이다. (그림 2.8 참고)

(가) 생산량 q에 대한 평균비용 $AC(q)$를 구하여라.

(나) 생산량 q에 대한 한계비용 $MC(q)$를 구하여라.

(다) 생산량이 $q = 100$일 때와 $q = 1,000$일 때의 한계생산비용을 구하여라.

(라) 생산량 q에 대한 평균비용 $AC(q)$가 감소하는 생산량의 범위를 구하여라.

(마) $MC(q) < AC(q)$인 생산량의 범위를 구하여라.

풀이 (가) 생산량 q에 대한 평균비용은

$$AC(q) = \frac{5,000 + 10q + q^2/2}{q} = \frac{5,000}{q} + 10 + \frac{q}{2}$$

이다.

(나) 생산량 q에 대한 한계비용은

$$MC(q) = C'(q) = 10 + q$$

이다.

(다) $MC(q) = 10 + q$이므로

$$M(100) = 110, \qquad MC(1,000) = 1,010$$

이다.

(라) $AC'(q) < 0$은 평균비용 $AC(q)$가 감소하기 위한 필요충분조건이다. 그런데,

$$AC'(q) = -\frac{5,000}{q^2} + \frac{1}{2}$$

이므로 평균비용 $AC(q)$가 감소할 때의 생산량은 $q^2 < 10,000$ 즉,

$$0 \leq q < 100$$

이다.

(마) $MC(q) = 10+q$이고 $AC(q) = 5,000/q+10+q/2$이므로, $MC(q) < AC(q)$는

$$10 + q < \frac{5,000}{q} + 10 + \frac{q}{2}$$

즉 $q^2 < 10,000$ 또는

$$0 \leq q < 100$$

이다. ■

2.5.2 한계효용

효용이란 소비자가 재화를 소비함으로써 얻는 만족감 또는 즐거움이다. 재화 A의 소비량 q에 대한 **효용함수** U에 대하여, **한계효용** MU는 효용함수의 도함수인

$$MU(q) = \frac{dU}{dq}(q)$$

로 정의한다. 즉, 한계효용은 재화의 소비량이 1단위 증가할 때 발생하는 효용의 증가량이다.

일반적으로 재화의 소비량이 증가함에 따라 효용의 크기는 증가하나, 소비량의 증가정도보다 효용의 증가정도가 작다. 즉, 소비량이 작을 때 소비량이 1단위만큼 증가할 때 증가하는 효용의 양보다 소비량이 클 때 소비량이 1단위만큼 증가할 때 증가하는 효용의 양이 작다. 이를 '**한계효용체감의 법칙**'이라고 하고, 수식으로

$$\frac{dMU}{dx}(x) = \frac{d^2U}{dx^2}(x) < 0$$

로 나타난다. 다시말하면, 일반적으로 효용함수는 위로 볼록인 증가함수이다.

예제 2.16. 효용함수 $U(q) = q^3 - 6q^2 + 12q$ $(0 < q)$에 대하여, $q = 1$에서의 한계효용을 구하고 한계효용이 체감하는 소비구간을 구하여라.

풀이 효용함수 U를 q에 대하여 미분하면

$$MU(q) = U'(q) = 3q^2 - 12q + 12$$

이므로, $U'(1) = 3$이다. 또한

$$MU'(q) = U''(q) = 6q - 12$$

이고, 한계효용이 체감하는 것은 $MU'(q) < 0$이므로, 한계효용이 체감하는 소비구간은 $0 < q < 2$이다. ■

2.5.3 가격탄력성

가격 p에 대한 수요함수 D에 대하여, 가격이 변동할 때 수요는 어떻게 변동하는지 알려고 한다.

보기 2.4. 스마트폰 A에 대한 수요함수 D_A에 대하여, 가격이 100만원일 때 수요가 $1,000$개이고 가격이 110만원일 때 수요가 900개이면

$$D_A(100) = 1,000, \qquad D_A(110) = 900$$

이다. 이때, 스마트폰 A는 가격이 10% 오르면서 수요는 10% 감소하고

$$\frac{\Delta D/D}{\Delta p/p} = \frac{-100/1,000}{10/100} = -1$$

이다.

한편, 이어폰 B에 대한 수요함수 D_B에 대하여, 가격이 1만원일 때 수요는 $1,000$개이고 가격이 11만원일 때 수요는 900개이면

$$D_B(1) = 1,000, \qquad D_B(11) = 900$$

이다. 이때, 이어폰 B는 가격이 1,000% 오르면서 수요는 10% 감소하고

$$\frac{\Delta D/D}{\Delta p/p} = \frac{-100/1,000}{10/1} = -0.01$$

이다.

가격의 변동에서 단순한 가격변동량보다는 가격변동률이 중요하다. 상품 A의 가격이 100만원에서 110만원으로 변동되고 상품 B의 가격이 1만원에서 11만원으로 변동될 때, 두 제품의 가격변동량은 모두 10만원이지만, 상품

A의 가격변동률은

$$\frac{110-100}{100}=0.1$$

이지만 상품 B의 가격변동률은

$$\frac{11-1}{1}=10$$

이다. 여기서 상품 A의 가격변동보다는 상품 B의 가격변동이 급격함을 알 수있다. 마찬가지로 수요에 대해서도 단순한 수요변동량보다는 수요변동률이 중요하다.

가격변동률에 대한 수요변동률의 비율

$$E_D=\frac{\text{수요변동률}}{\text{가격변동률}}$$

을 **수요의 가격탄력성**이라고 한다. 가격이 p_0에서 $p_1=p_0+\Delta p$로 변동될 때 수요는 $D(p_0)$에서 $D(p_1)$으로 변동되므로 수요의 가격탄력성은

$$\begin{aligned}E_D(p_0;\Delta p)=\frac{\Delta D/D(p_0)}{\Delta p/p_0}&=\frac{\frac{D(p_0+\Delta p)-D(p_0)}{D(p_0)}}{\frac{\Delta p}{p_0}}\\&=\frac{D(p_0+\Delta p)-D(p_0)}{\Delta p}\frac{p_0}{D(p_0)}\end{aligned}$$

이다. 이때의 가격탄력성 $E_D(p_0;\Delta p)$은 **호탄력성**이라고 한다. 가격변동량이 영으로 수렴할 때의 수요의 가격호탄력성 $E_D(p_0;\Delta p)$의 극한

$$E_D(p_0)=\lim_{\Delta p\to 0}E_D(p_0;\Delta p)=D'(p_0)\frac{p_0}{D(p_0)}$$

을 가격 p_0에서의 **수요의 가격탄력성**이라고 한다. 이때의 가격탄력성 $E_D(p_0)$는 **점탄력성**이라고 한다.

탄력성 E_D에 대하여,

(가) $|E_D|=0$이면 수요함수 D는 **완전비탄력적**,

(나) $0<|E_D|<1$이면 수요함수 D는 **비탄력적**,

(다) $|E_D|=1$이면 수요함수 D는 **단위탄력적**,

(라) $1 < |E_D| < \infty$이면 수요함수 D는 **탄력적**,

(마) $|E_D| = \infty$이면 수요함수 D는 **완전탄력적**

이라고 한다.

예제 2.17. 수요함수 $D(p) = 30 - 2p$ $(0 \le p < 15)$에 대하여, 다음의 물음에 답하여라.

(가) 가격 $p = 3$에서의 가격탄력성을 구하여라.

(나) 수요가 탄력적인 가격범위를 구하여라.

풀이 (가) 수요함수 $D(p) = 30 - 2p$의 도함수는 $D'(p) = -2$이므로, 가격 p에서의 가격탄력성은

$$E_D(p) = D'(p)\frac{p}{D(p)} = -2\frac{p}{30-2p}$$

이다. 따라서

$$E_D(3) = -2\frac{3}{24} = -\frac{1}{4}$$

이다.

(나) 수요가 탄력적인 가격범위는 $E_D(p) < -1$ 즉

$$-2\frac{p}{30-2p} < -1$$

이므로

$$p > \frac{15}{2}$$

이다. 그런데 $0 \le p < 15$이므로, 수요가 탄력적인 가격범위는

$$7.5 < p < 15$$

이다. ■

2.5.4 평균수입과 한계수입

시장에서 재화 A가 거래될 때, 가격에 대한 수요함수가 $q = D(p)$이면 $p = D^{-1}(q)$이다. 수요량 q에 대한 생산자의 **수입** R은 판매량 곱하기 가격이므로,

$$R(q) = qp = q \cdot D^{-1}(q)$$

이다.

수요량 q에 대한 **평균수입** AR은 물건 하나를 공급하면서 얻는 수입으로

$$AR(q) = \frac{R(q)}{q}$$

로 정의한다. 따라서,

$$AR(q) = \frac{q \cdot D^{-1}(q)}{q} = D^{-1}(q) = p$$

이다.

수요량 q에 대한 **한계수입** MR은 총수입함수 R의 도함수

$$MR(q) = R'(q)$$

로 정의한다. 그런데,

$$\begin{aligned} R'(q) = \frac{d}{dq}(q \cdot D^{-1}(q)) &= q\left(\frac{d}{dq}D^{-1}(q)\right) + D^{-1}(q) \\ &= q\left(\frac{dp}{dq}\right) + p = p\left(\frac{dp}{dq}\frac{q}{p} + 1\right) \end{aligned}$$

이고 수요의 가격탄력성이

$$E_D(p) = \frac{dq}{dp}\frac{p}{q}$$

이므로

$$MR(q) = p\left(1 + \frac{1}{E_D(p)}\right)$$

이다.

예제 2.18. 독점기업인 (주)제주가 생산하는 제품에 대한 수요함수 $D(p) = 100 - 2p$에 대하여, (주)경상의 수입함수, 평균수입함수, 한계수입함수, 가격탄력성을 생산량(q)의 함수로 나타내어라.

풀이 수요함수 $q = D(p) = 100 - 2p$로부터

$$p = D^{-1}(q) = 50 - \frac{q}{2}$$

를 알 수 있다. (수요량과 생산량이 같다.) 따라서 생산량 q에 대한 수입함수는

$$R(q) = pq = \left(50 - \frac{q}{2}\right) q = 50q - \frac{q^2}{2}$$

이고, 생산량 q에 대한 평균수입함수는

$$AR(q) = \frac{R(q)}{q} = p = 50 - \frac{q}{2}$$

이며, 생산량 q에 대한 한계수입함수는

$$MR(q) = R'(q) = 50 - q$$

이다. 또한 수요의 가격탄력성은

$$E_D(p) = D'(p)\frac{p}{D(p)} = -2\frac{p}{100 - 2p}$$

이고

$$p = D^{-1}(q) = \frac{100 - q}{2}$$

이므로 생산량 q에 대한 가격탄력성은

$$(E_D \circ D^{-1})(q) = -2\frac{\frac{100-q}{2}}{100 - (100 - q)} = 1 - \frac{100}{q}$$

이다. ■

연습문제 2.5

1. 상품 A에 대하여 비용함수가

$$C(q) = \frac{q^3}{120} - q^2 + 100q$$

일 때, 다음 물음에 답하여라.

(가) 생산량 q에 대한 평균비용 $AC(q)$를 계산하여라.

(나) 생산량 q에 대한 한계비용 $MC(q)$를 계산하여라.

(다) $MC(q) < AC(q)$인 생산량 구간을 구하여라.

2. 효용함수 $U(q) = q^3 - 12q^2 + 10q \ (0 < q)$에 대하여, $q = 2$에서의 한계효용을 구하고 한계효용이 체감하는 소비구간을 구하여라.

3. 수요함수 $D(p) = 20 - p \ (0 \leq p < 20)$에 대하여, 다음의 물음에 답하여라.

(가) 가격 $p = 2$에서의 가격탄력성을 구하여라.

(나) 수요가 탄력적인 가격범위를 구하여라.

4. 상품 A에 대한 수요함수 $D(p) = 200 - 3p$에 대하여, 수입함수, 평균수입함수, 한계수입함수, 가격탄력성을 생산량(q)의 함수로 나타내어라.

제 3 장

일변수함수에서의 최적화

이 장에서는 일변수함수의 최적화에 대하여 알아본다. 사회에서 발생하는 여러 상황에서 최선의 선택을 해야 할 경우가 많은데, 이 때 적용하는 이론이 함수의 최적화이론이다. 최적화이론은 함수의 극값을 구하는 문제이다. 함수의 일계 도함수와 이계 도함수를 이용하면, 함수의 극값을 쉽게 구할 수 있다.

3.1 함수의 극점

3.1.1 함수의 극점과 극값

함수 $f\colon [a,b] \to \mathbb{R}$에 대하여,

$$\text{모든 } x \in (c_1 - \delta, c_1 + \delta) \cap [a,b]\text{에 대하여, } f(x) \le f(c_1)$$

인 $c_1 \in (a,b)$와 양수 δ가 존재하면 c_1은 f의 **극대점**이라고 하며 $f(c_1)$은 f의 **극댓값**이라고 한다. 즉, c_1 근방에서 $f(c_1)$이 가장 큰 값이다.

함수 $f\colon [a,b] \to \mathbb{R}$에 대하여,

$$\text{모든 } x \in (c_2 - \delta, c_2 + \delta) \cap [a,b]\text{에 대하여, } f(c_2) \le f(x)$$

인 $c_2 \in (a,b)$와 양수 δ가 존재하면 c_2는 f의 **극소점**이라고 하며 $f(c_2)$는 f의 **극솟값**이라고 한다.

극대점과 극소점을 포괄하여 **극점**이라고 하고 극댓값과 극솟값을 포괄하여 **극값**이라고 한다. 함수 f의 극댓값과 극솟값은 여러 개가 존재할 수 있다.

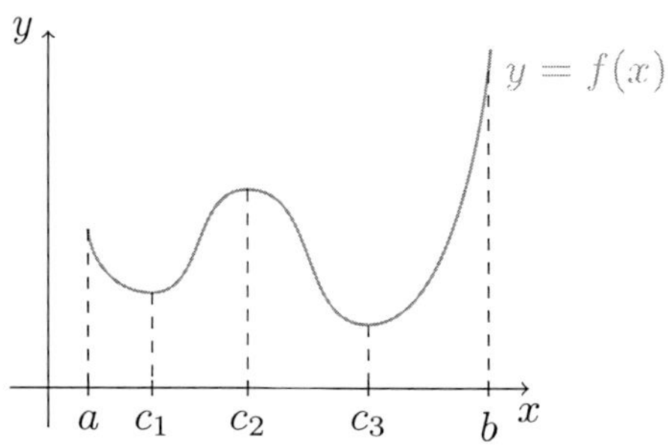

그림 3.1 함수의 그래프 $y = f(x)$

보기 3.1. 함수의 그래프 $y = f(x)$가 그림 3.1와 같을 때, 점 c_2가 f의 유일한 극대점이고 $f(c_2)$가 f의 극댓값이다. 또한 점 c_1과 c_3이 f의 극소점들이

고 $f(c_1)$과 $f(c_3)$이 f의 극솟값들이다.

3.1.2 일계 필요조건

함수 f가 미분가능한 경우에, 도함수 f'를 이용하여 f의 극점을 구할 수 있다. 미분가능한 함수 $f\colon [a,b] \to \mathbb{R}$와 점 $c \in (a,b)$에 대하여,

(가) $f'(c) > 0$이면 함수 f는 c 근방에서 증가하고,

(나) $f'(c) < 0$이면 함수 f는 c 근방에서 감소한다.

다시 말하면, $f'(c) \neq 0$이면 c는 함수 f의 극점이 아니다. 따라서 $f'(c) = 0$은 점 c가 f의 극점이기 위하여 필요한 조건이다. 이를 정리하면 다음과 같다.

> 정리 3.1. 미분가능한 함수 $f\colon [a,b] \to \mathbb{R}$와 점 $c \in (a,b)$에 대하여, c가 f의 극점이면 $f'(c) = 0$이다.

조건 $f'(x) = 0$이 점 x가 함수 f의 극점이기 위한 필요조건이고 f의 일계 도함수를 이용하여 나타낸 조건이므로, 조건 $f'(x) = 0$을 점 x가 함수 f의 극점이기 위한 **일계 필요조건**이라고 한다.

정리 3.1의 역은 성립하지 않는다.

보기 3.2. 함수 $f(x) = (x-1)^3$에서 $f'(x) = 3(x-1)^2$이므로 $f'(1) = 0$이지만 f는 증가함수이므로 1은 f의 극점이 아니다.

함수 f의 극점들을 찾기 위하여, 정리 3.1에 의하여, 먼저 미분계수가 0인 점들을 찾아야 한다. 미분가능한 함수 $f\colon I \to \mathbb{R}$에 대하여, $f'(c) = 0$인 점 c가 열린 구간 (a,b)에 존재하고 열린 구간 (a,c)에서 $f'(x) > 0$이고 열린 구간 (c,b)에서 $f'(x) < 0$이면, 아래의 표와 같이 $f(c)$는 함수 f의 극댓값이다.

x	a	$\cdots$	c	$\cdots$	b
$f'(x)$		$+$	0	$-$	
$f(x)$		$\nearrow$	$f(c)$	$\searrow$	

$f'(c) = 0$인 점 c가 열린 구간 (a, b)에 존재하고 열린 구간 (a, c)에서 $f'(x) < 0$이고 열린 구간 (c, b)에서 $f'(x) > 0$이면, 아래의 표와 같이 $f(c)$는 f의 극솟값이다.

x	a	$\cdots$	c	$\cdots$	b
$f'(x)$		$-$	0	$+$	
$f(x)$		$\searrow$	$f(c)$	$\nearrow$	

$f'(c) = 0$인 점 c가 열린 구간 (a, b)에 존재하고 열린 구간 (a, c)와 (c, b)에서 $f'(x) > 0$이면, 아래의 표와 같이 함수 f는 구간 (a, b)에서 증가한다.

x	a	$\cdots$	c	$\cdots$	b
$f'(x)$		$+$	0	$+$	
$f(x)$		$\nearrow$	$f(c)$	$\nearrow$	

$f'(c) = 0$인 점 c가 열린 구간 (a, b)에 존재하고 열린 구간 (a, c)와 (c, b)에서 $f'(x) < 0$이면, 아래의 표와 같이 함수 f는 구간 (a, b)에서 감소한다.

x	a	$\cdots$	c	$\cdots$	b
$f'(x)$		$-$	0	$-$	
$f(x)$		$\searrow$	$f(c)$	$\searrow$	

이를 정리하면 다음과 같다.

정리 3.2. 미분가능한 함수 $f: I \to \mathbb{R}$에 대하여, $f'(c) = 0$인 점 c가 열린 구간 (a, b)에 존재하면 다음이 성립한다.

(가) 열린 구간 (a, c)에서 $f'(x) > 0$이고 열린 구간 (c, b)에서 $f'(x) < 0$이면 $f(c)$는 함수 f의 극댓값이다.

(나) 열린 구간 (a, c)에서 $f'(x) < 0$이고 열린 구간 (c, b)에서 $f'(x) > 0$ 이면 $f(c)$는 f의 극솟값이다.

(다) 열린 구간 (a, c)와 (c, b)에서 $f'(x) > 0$이면 함수 f는 구간 (a, b) 에서 증가한다.

(라) 열린 구간 (a, c)와 (c, b)에서 $f'(x) < 0$이면 함수 f는 구간 (a, b) 에서 감소한다.

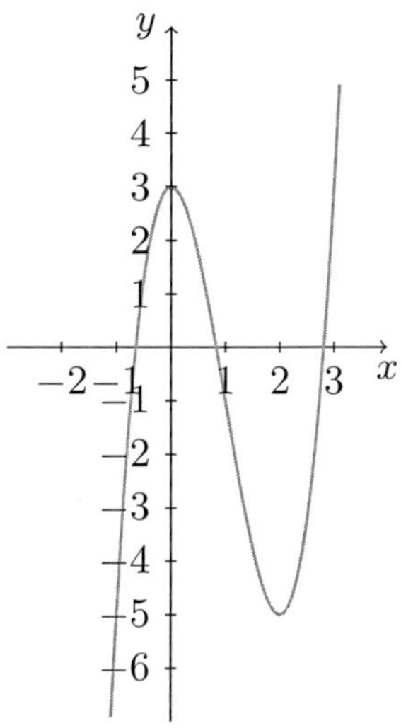

그림 3.2 함수 $f(x) = 2x^3 - 6x^2 + 3$의 그래프

예제 3.1. 함수 $f(x) = 2x^3 - 6x^2 + 3$의 극댓값과 극솟값을 구하여라.

풀이 함수 f의 도함수는

$$f'(x) = 6x^2 - 12x = 6x(x - 2)$$

이므로 다음의 표를 구할 수 있다.

x	$\cdots$	0	$\cdots$	2	$\cdots$
$f'(x)$	$+$	0	$-$	0	$+$
$f(x)$	$\nearrow$	3	$\searrow$	-5	$\nearrow$

따라서 $f(0) = 3$이 f의 극댓값이고, $f(2) = -5$가 f의 극솟값이다. ■

3.1.3 이계 충분조건

도함수 f'의 도함수를 함수 f의 **이계 도함수**라고 하고 f''으로 나타낸다. 일반적으로 $(n-1)$계 도함수 $f^{(n-1)}$의 도함수를 f의 n**계 도함수**라고 하고 $f^{(n)}$으로 나타낸다.

예제 3.2. 함수 $f(x) = 4x^3 - x^2 + 2x - 5$의 일계 도함수와 이계 도함수를 구하여라.

풀이 함수 f의 일계 도함수는

$$f'(x) = 12x^2 - 2x + 2$$

이고, f의 이계 도함수는 일계 도함수의 도함수이므로

$$f''(x) = (f')'(x) = 24x - 2$$

이다. ■

앞 절에서 함수 f의 극점을 구하기 위해서는 먼저 일계 필요조건 $f'(x) = 0$의 근 c를 구한 후에 점 c 근방에서의 도함수 f'의 변화를 살펴 보았다. 만약 f의 이계 도함수 f''이 존재하면 더 간단히 f의 극점을 구할 수 있다.

미분계수 $f'(c)$는 점 $(c, f(c))$에서 함수의 그래프 $y = f(x)$의 접선의 기울기이므로, 그림 3.3와 같이 어느 구간에서 $f''(x) < 0$이면 그 구간에서 f'가 감소하고 함수의 그래프 $y = f(x)$의 접선이 시계방향으로 회전하며 함수의 그래프 $y = f(x)$는 **위로 볼록**하다.

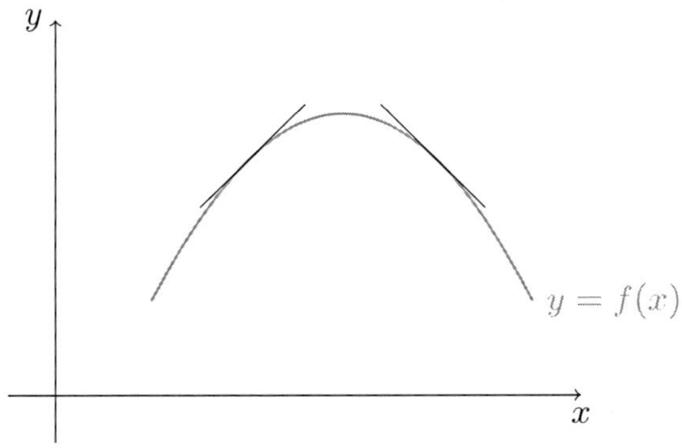

그림 3.3 위로 볼록한 함수의 그래프

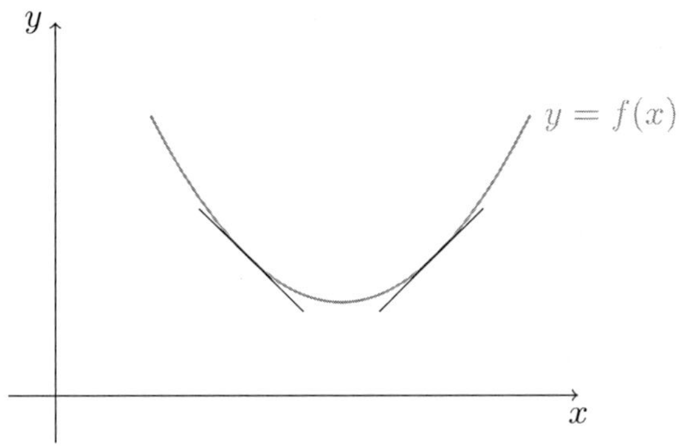

그림 3.4 아래로 볼록한 함수의 그래프

그림 3.4와 같이, 어느 구간에서 $f''(x) > 0$이면 f'가 증가하고 그 구간에서 함수의 그래프 $y = f(x)$의 접선이 반시계 방향으로 회전하며 함수의 그래프 $y = f(x)$는 **아래로 볼록**하다.

그림 3.5와 같이, 함수의 그래프 $y = f(x)$에서 $f''(c) = 0$이고 점 c의 좌우에서 이계 도함수 f''의 함숫값의 부호가 변하면 점 $(c, f(c))$를 f의 **변곡점**이라고 한다. $x < c$일 때 $f''(x) > 0$이면 $x < c$인 구간에서 함수의 그래프는 아래로 볼록이고, $c < x$일 때 $f''(x) < 0$이면 $c < x$인 구간에서 함수의 그래프는 위로 볼록이다.

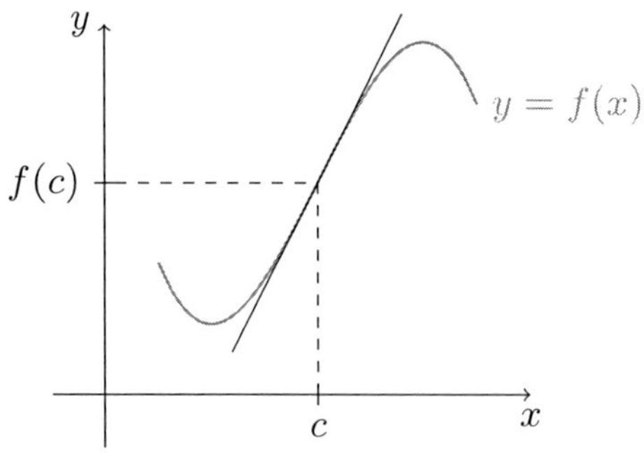

그림 3.5 함수의 그래프 $y = f(x)$의 변곡점

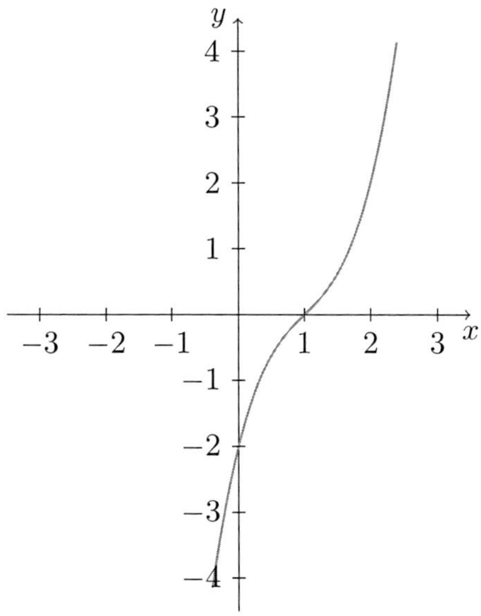

그림 3.6 함수 $f(x) = x^3 - 3x^2 + 4x - 2$의 그래프

예제 3.3. 함수 $f(x) = x^3 - 3x^2 + 4x - 2$의 그래프에서 위로 볼록한 구간과 아래로 볼록한 구간을 구하여라.

풀이 함수 f의 도함수는

$$f'(x) = 3x^2 - 6x + 4$$

이고 이계 도함수는

$$f''(x) = 6x - 6$$

이다.

$f''(x) < 0$인 구간이 그래프가 위로 볼록한 구간이므로, 구간

$$(-\infty, 1)$$

에서 함수의 그래프는 위로 볼록하다. 또한 $f''(x) > 0$인 구간이 그래프가 아래로 볼록한 구간이므로, 구간

$$(1, \infty)$$

에서 함수의 그래프는 아래로 볼록하다. (그림 3.6 참고) ■

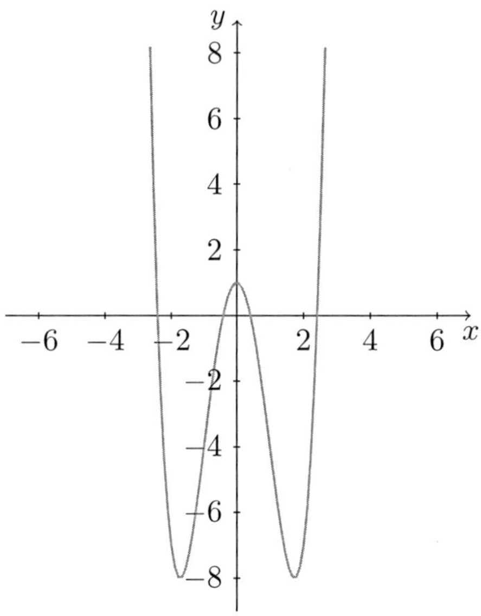

그림 3.7 함수 $f(x) = x^4 - 6x^2 + 1$의 그래프

예제 3.4. 함수 $f(x) = x^4 - 6x^2 + 1$에 대하여, 함수의 그래프 $y = f(x)$가 아래로 볼록인 구간과 위로 볼록인 구간 그리고 변곡점을 구하여라.

풀이 함수 f의 도함수는

$$f'(x) = 4x^3 - 12x = 4x(x^2 - 3)$$

이고 이계 도함수는

$$f''(x) = 12x^2 - 12 = 12(x+1)(x-1)$$

이다.

$f''(x) > 0$인 구간에서 f는 아래로 볼록하므로, 구간 $(-\infty, -1)$와 $(1, \infty)$에서 f는 아래로 볼록하다. $f''(x) < 0$인 구간에서 f는 위로 볼록하므로, 구간 $(-1, 1)$에서 f는 위로 볼록하다. $f''(x) = 0$인 근은 -1과 1이므로, 점 $(-1, -4)$와 $(1, -4)$가 f의 변곡점이다. (그림 3.7 참고) ■

만약 $f''(c) < 0$이면 c 근방에서 f'은 감소한다. 따라서 $f'(c) = 0$일 때, $f''(c) < 0$은 $f(c)$가 f의 극댓값이기 위한 충분조건이다. 이 때, 조건 $f''(x) < 0$을 $f(x)$가 f의 극댓값이기 위한 **이계 충분조건**이라고 한다.

만약 $f''(c) > 0$이면 c 근방에서 f'은 증가한다. 따라서 $f'(c) = 0$일 때, $f''(c) > 0$은 $f(c)$가 f의 극솟값이기 위한 충분조건이다. 이 때, 조건 $f''(x) > 0$을 $f(x)$가 f의 극솟값이기 위한 **이계 충분조건**이라고 한다.

정리 3.3. 함수 $f\colon [a, b] \to \mathbb{R}$와 $c \in (a, b)$에 대하여, $f'(c) = 0$이고 이계 도함수 f''가 존재하면 다음이 성립한다.

(가) $f''(c) < 0$이면 $f(c)$는 f의 극댓값이다.

(나) $f''(c) > 0$이면 $f(c)$는 f의 극솟값이다.

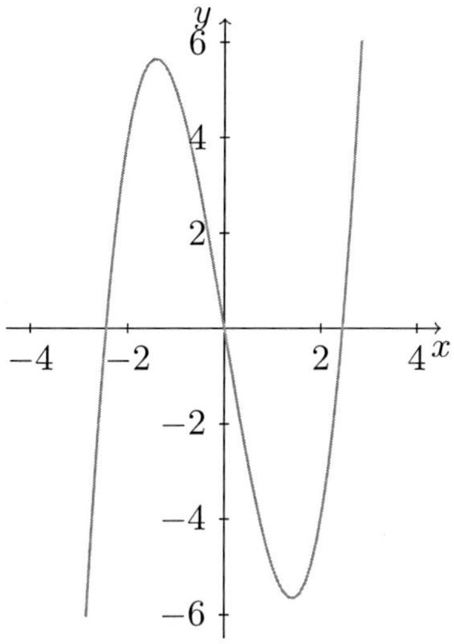

그림 3.8　함수 $f(x) = x^3 - 6x$의 그래프

예제 3.5. 함수 $f(x) = x^3 - 6x$에 대하여, f의 극댓값과 극솟값을 구하여라.

풀이 함수 f의 도함수는

$$f'(x) = 3x^2 - 6 = 3(x^2 - 2) = 3(x - \sqrt{2})(x + \sqrt{2})$$

이고 이계 도함수는

$$f''(x) = 6x$$

이다. 방정식 $f'(x) = 0$의 근은 $-\sqrt{2}$와 $\sqrt{2}$이다.

점 $-\sqrt{2}$에서

$$f'(-\sqrt{2}) = 0, \qquad f''(-\sqrt{2}) = -6\sqrt{2} < 0$$

이므로,

$$f(-\sqrt{2}) = -2\sqrt{2} + 6\sqrt{2} = 4\sqrt{2}$$

는 f의 극댓값이다.

점 $\sqrt{2}$에서

$$f'(\sqrt{2}) = 0, \qquad f''(\sqrt{2}) = 6\sqrt{2} > 0$$

이므로,

$$f(\sqrt{2}) = 2\sqrt{2} - 6\sqrt{2} = -4\sqrt{2}$$

는 f의 극솟값이다. (그림 3.8 참고.) ■

연습문제 3.1

1. 다음 함수의 극값을 구하여라.

   (가) $f(x) = x^2 - 4x + 1$

   (나) $f(x) = 2x^3 - 9x^2 + 3$

   (다) $f(x) = x^4 - 4x^3 + 4x^2$

   (라) $f(x) = x^3 - x^2 - x$

2. 다음 함수에서 위로 볼록한 구간과 아래로 볼록한 구간을 구하여라.

   (가) $f(x) = x^3 - 4x^2 + 1$

   (나) $f(x) = x^3 - 3x^2 + 4x - 3$

   (다) $f(x) = x^3 - x^2 - x$

   (라) $f(x) = x + \dfrac{1}{x}$

3.2 함수의 최댓값과 최솟값

자연현상이나 사회현상에서 최적의 선택을 하여야 할 때, 함수의 최댓값이나 최솟값을 구해야 하는 경우가 많다.

함수 $f: I \to \mathbb{R}$에 대하여,

$$\text{모든 } x \in I\text{에 대하여, } f(x) \leq f(c_1)$$

인 c_1가 정의역 I에 존재하면 c_1은 f의 **최대점**이라고 하고 $f(c_1)$를 f의 **최댓값**이라고 한다.

$$\text{모든 } x \in I\text{에 대하여, } f(c_2) \leq f(x)$$

인 c_2가 정의역 I에 존재하면 c_2는 f의 **최소점**이라고 하고 $f(c_2)$를 f의 **최솟값**이라고 한다. 함수 f의 최댓값은 f의 함숫값 중에서 가장 큰 값이고, f의 최솟값은 f의 함숫값 중에서 가장 작은 값이다.

닫힌 구간 $[a, b]$에 정의된 함수 f가 연속이면, f의 최댓값과 최솟값이 존재한다는 것은 알려진 사실이다.

> 정리 3.4. 함수 $f: [a, b] \to \mathbb{R}$에 대하여, f가 연속이면 f의 최댓값과 최솟값이 존재한다.

함수 f의 극댓값과 극솟값은 여러 개가 존재할 수 있지만 f의 최댓값과 최솟값이 존재하면 그 값은 유일하다.

보기 3.3. 함수의 그래프 $y = f(x)$가 그림 3.9와 같을 때, 점 b가 f의 최대점이고 $f(b)$가 f의 최댓값이다. 또한 c_3가 f의 최소점이고 $f(c_3)$가 f의 최솟값이다.

함수 f가 미분가능할 때는, 일계 필요조건과 이계 충분조건을 이용하여 함수의 극값을 구할 수 있다. 이 값들을 이용하면 함수의 최댓값과 최솟값을 구할 수 있다.

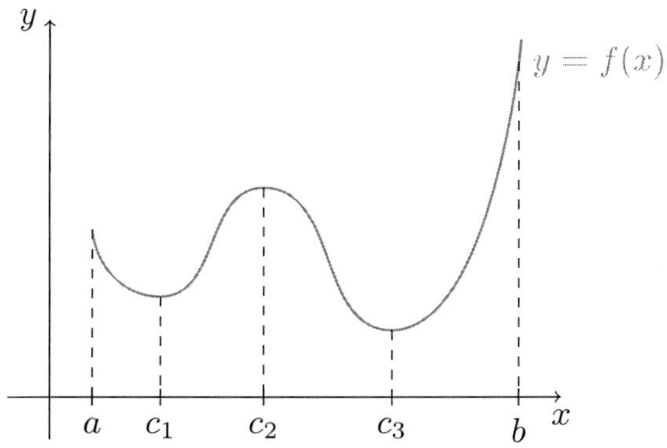

그림 3.9 함수의 그래프 $y = f(x)$

정리 3.5. 미분가능한 함수 $f\colon [a,b] \to \mathbb{R}$에 대하여,

$$a < c_1 < c_2 < \ldots < c_m < b$$

인 $c_1, c_2, \ldots, c_m$이 f의 모든 극점들이면

$$f(a), f(c_1), f(c_2), \ldots, f(c_m), f(b)$$

중에서 가장 큰 값이 f의 최댓값이고 가장 작은 값이 f의 최솟값이다.

보기 3.4. 구간 $[1,7]$에 정의된 함수 f의 그래프 $y = f(x)$가 그림 3.10과 같을 때, 다음을 알 수 있다.

(가) 점 3과 6은 f의 극소점들이고 극소점에 대응하는 극솟값들은 각각 12와 13이다. 또한 구간 $[1,7]$의 끝점에서 함숫값이 $f(1) = 11$이고 $f(7) = 14.5$이므로 함수 f의 최솟값은 11이다. 이 때, 극소점 3 근방에서 도함수 f'의 값들을 살펴보면 $f'(3) = 0$이고 구간 $(2,3)$에서 $f'(x) < 0$이며 구간 $(3,4)$에서 $f'(x) > 0$이다. 극소점 6 근방에서 도함

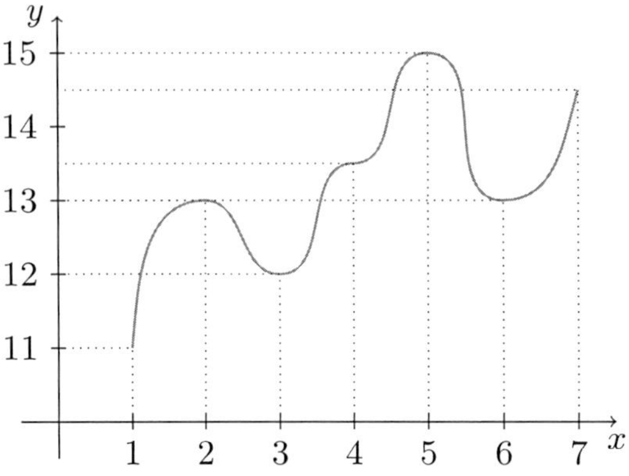

그림 3.10 함수의 그래프 $y = f(x)$

수 f의 값들을 살펴보면 $f'(6) = 0$이고 구간 $(5, 6)$에서 $f'(x) < 0$이며 구간 $(6, 7)$에서 $f'(x) > 0$이다.

(나) 점 2와 5는 f의 극대점들이고 극대점들에 대응하는 극댓값들은 각각 13과 15이다. 또한 구간 $[1, 7]$의 끝점에서 함숫값이 $f(1) = 11$이고 $f(7) = 14.5$이므로 함수 f의 최댓값은 15이다. 이 때, 극대점 2 근방에서 도함수 f'의 값들을 살펴보면 $f'(2) = 0$이고 구간 $(1, 2)$에서 $f'(x) > 0$이며 구간 $(2, 3)$에서 $f'(x) < 0$이다. 극대점 5 근방에서 도함수 f'의 값들을 살펴보면 $f'(5) = 0$이고 구간 $(4, 5)$에서 $f'(x) > 0$이며 구간 $(5, 6)$에서 $f'(x) < 0$이다.

(다) $f'(4) = 0$이지만 구간 $(3, 4)$에서 $f'(x) > 0$이고 구간 $(4, 5)$에서 $f'(x) > 0$이므로, 점 4는 f의 변곡점이고 구간 $(3, 5)$에서 f는 증가한다.

예제 3.6. 닫힌 구간 $[0, 2]$에 정의된 함수 $f(x) = x^3 - 3x + 5$의 최댓값과 최솟값을 구하여라.

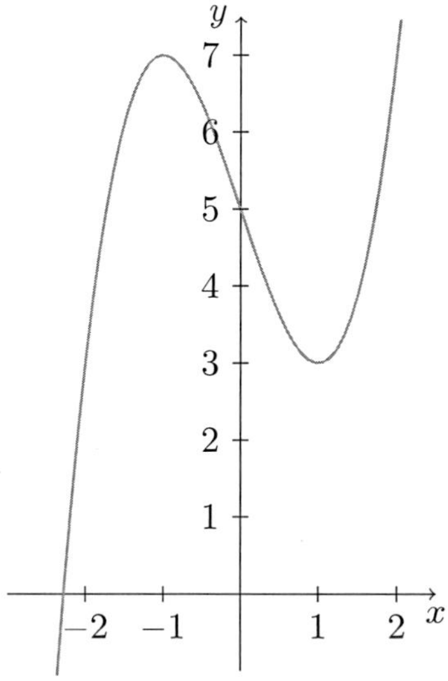

그림 3.11 함수 $f(x) = x^3 - 3x + 5$의 그래프

풀이 함수 f의 도함수는

$$f'(x) = 3x^2 - 3 = 3(x+1)(x-1)$$

이므로, $f'(1) = 0$이다. 함수 f의 이계 도함수는

$$f''(x) = 6x$$

이므로, $f''(1) = 6 > 0$이다. 따라서, 1은 f의 극소점이다. 그림 3.11와 같이 구간의 끝점들과 극점에서 함숫값이

$$f(0) = 5, \quad f(1) = 3, \quad f(2) = 7$$

이므로, f의 최댓값은 7이고 최솟값은 3이다. ■

예제 3.7. 합이 20인 두 양수 중에서 곱이 최대가 되는 두 양수는 무엇인가? 그리고 그 때의 곱의 최댓값은 무엇인가?

풀이 이것을 구하기 위하여 합이 20인 두 양의 정수를 x와 y로 놓자. 그러면

$$x + y = 20, \quad 0 < x, \quad 0 < y$$

이다. 두 수의 곱을 P라고 놓으면,

$$P = xy = x(20 - x) = -x^2 + 20x$$

이므로, P를 x에 대한 함수로 취급할 수 있으며 이 때 P를 x에 대하여 미분하면,

$$P'(x) = -2x + 20$$

이다. 그러므로 $x = 10$이 $P'(x) = 0$이기 위한 필요충분조건이다. 그리고 $x < 10$일 때 $P'(x) > 0$이므로 P는 증가하고, $x > 10$일 때 $P'(x) < 0$이므로 P는 감소한다. 그러므로 $x = 10$, $y = 10$일 때, 두 수의 곱 $xy = 100$은 최댓값이다. ■

예제 3.8. 넓이가 450 m^2인 직사각형의 정원이 한 쪽면(세로면)은 담으로 막혀 있다. 이 정원을 줄로 둘러 쌀 때, 줄을 가장 적게 사용할 수 있는 가로와 새로의 길이는 얼마인가?

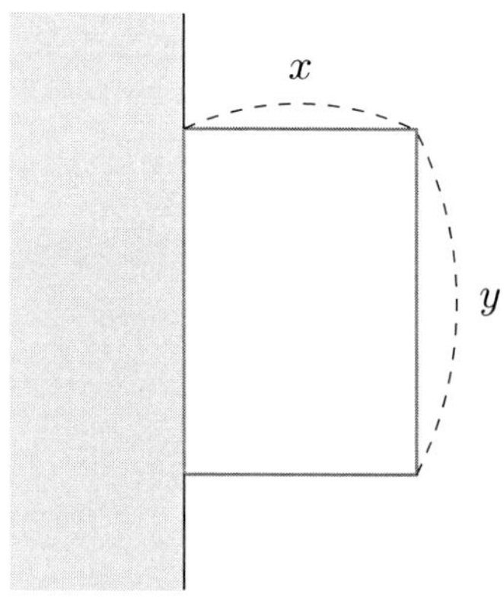

그림 3.12 세로면이 담인 직사각형 정원

풀이 이것을 구하기 위하여, 그림 3.12와 같이 가로와 세로를 각각 x와 y로 놓자. 그러면,

$$xy = 450, \quad 0 < x, \quad 0 < y$$

이다. 이 정원을 둘러 싸는 줄의 길이를 L이라고 놓으면

$$L = 2x + y = 2x + \frac{450}{x}$$

이다. L을 x에 대한 함수로 취급하면

$$L'(x) = 2 - \frac{450}{x^2}$$

이므로, $L'(15) = 0$이며, $x < 15$일 때 $L'(x) < 0$이며, $x > 15$일 때 $L'(x) > 0$이다. 그러므로 $x = 15$이고 $y = \frac{450}{15} = 30$일 때 정원을 둘러 싼 줄의 길이가 가장 작다. ■

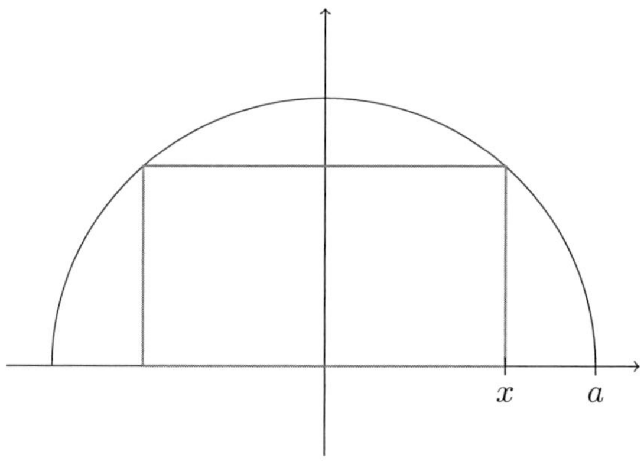

그림 3.13 반원에 내접하는 직사각형

예제 3.9. 반지름이 a인 반원에 내접하는 직사각형의 넓이가 최대가 될 때는 언제이며 그 때 직사각형의 넓이는 얼마인가?

풀이 그림 3.13와 같이, 반원의 중심을 원점으로 하고 내접하는 직사각형의 한 변이 x-축에 있다고 생각하자.

직사각형의 밑변의 길이가 $2x$이고 직사각형의 옆변의 길이가 $\sqrt{a^2 - x^2}$이므로, 직사각형의 넓이는

$$A(x) = 2x\sqrt{a^2 - x^2}$$

이다. 이 함수의 도함수는

$$\begin{aligned} A'(x) &= 2\sqrt{a^2 - x^2} - \frac{2x^2}{\sqrt{a^2 - x^2}} \\ &= \frac{2(a^2 - x^2) - 2x^2}{\sqrt{a^2 - x^2}} \\ &= \frac{2(a^2 - 2x^2)}{\sqrt{a^2 - x^2}} \end{aligned}$$

이다. 방정식 $A'(x) = 0$을 풀면,

$$x = \pm\frac{a}{\sqrt{2}}$$

이다. 한 편, $0 < x \leq a$이므로 $x = a/\sqrt{2}$이다. $0 < x < a/\sqrt{2}$일 때 $0 < A'(x)$이고 $a/\sqrt{2} < x$일 때 $A'(x) < 0$이므로, $x = a/\sqrt{2}$가 A의 최대점이고 이 때 최댓값은

$$A\left(\frac{a}{\sqrt{2}}\right) = 2\frac{a}{\sqrt{2}}\frac{a}{\sqrt{2}} = a^2$$

이다. ■

예제 3.10. 양철판으로 1 ℓ의 깡통을 만들려고 한다. 직원기둥 모양으로 만들 때, 어떻게 만들어야 양철판을 가장 적게 쓸 수 있는가?

풀이 깡통의 높이와 밑면의 반지름을 각각 h와 r이라고 놓자. 그러면, 깡통의 부피는

$$V = \pi r^2 h = 1000$$

이다. 여기서 단위는 cm를 사용하였다. ($1\ \ell = 1000\ cm^3$)

깡통의 겉넓이

$$A = 2\pi r^2 + 2\pi rh$$

를 최소로 해야 하는데, 앞의 부피식에서

$$h = \frac{1000}{\pi r^2}$$

이므로,

$$A = 2\pi r^2 + \frac{2000}{r}, \quad 0 < r$$

이다. A를 r에 대한 함수로 취급하여 A를 r에 대하여 미분하면

$$A'(r) = 4\pi r - 2000r^{-2}$$

이다. A의 극점 c에서 $A'(c) = 0$이므로,

$$4\pi c = \frac{2000}{c^2}$$

즉,

$$c = \frac{10}{\sqrt[3]{2\pi}}$$

이다. 이 때,

$$A''(c) = 4\pi + 4000c^{-3} = 12\pi > 0$$

이므로 $c = \frac{10}{\sqrt[3]{2\pi}}$가 A의 최소점이다. ■

연습문제 3.2

1. 함수 $f(x) = 3x^4 - 8x^3 + 12x^2 - 12x + 2$에 대하여, 구간 $[0, 10]$에서 f의 최댓값과 최솟값을 구하여라.

2. 곡선 $y = x^3 - 3x^2 + 5x$의 접선 중에서 기울기가 가장 작은 접선을 구하여라.

3. 길이가 $10m$인 줄을 두 조각으로 잘라서, 한 조각으로는 정사각형을 만들고 다른 조각으로는 원을 만든다.

   (가) 정사각형과 원의 넓이의 합이 최대일 때는 어느 경우인가?

   (나) 정사각형과 원의 넓이의 합이 최소일 때는 어느 경우인가?

4. 둘레의 길이가 일정한 이등변삼각형 중에서 넓이가 가장 넓은 삼각형은 정삼각형임을 보여라.

3.3 이윤의 극대화

기업이 재화 A를 생산할 때, 생산량 q에 대한 수입함수 R와 비용함수 C에 대하여, 이윤은 수입에서 비용을 빼는 것이므로 **이윤함수** E는

$$E(q) = R(q) - C(q)$$

로 정의한다.

생산량 q_0에서 이윤이 극대이면, 일계 필요조건 $E'(q_0) = 0$ 즉

$$R'(q_0) = C'(q_0)$$

이 성립한다. 생산량 q_1에서 일계 필요조건

$$E'(q_1) = 0$$

이 성립하고, 이계 충분조건

$$E''(q_1) < 0$$

이 성립하면 생산량 q_1에서 이윤은 극대이다.

예제 3.11. (주)경상이 재화 A를 생산할 때, 가격 p에 대한 수요함수가

$$D(p) = 50 - 2p$$

이고, 제품의 생산량 q에 대한 비용함수가

$$C(q) = \frac{1}{2}q^2 + 10q + 8$$

이다. 다음의 물음에 답하여라.

(가) 총수입(R)과 평균수입(AR)과 한계수입(MR)을 생산량 q에 대한 함수로 나타내어라.

(나) 평균비용(AC)과 한계비용(MC)을 생산량 q에 대한 함수로 나타내어라.

(다) 평균비용과 한계비용이 일치할 때의 생산량을 구하여라.

(라) 한계비용과 한계수입이 일치할 때의 생산량을 구하여라.

(마) 이윤을 최대화하는 최적생산량과 최대이윤을 구하여라.

풀이 (가) 생산량 q에 대한 수입함수는

$$R(q) = pq = D^{-1}(q)q = \frac{50-q}{2}q = 25q - \frac{q^2}{2}$$

이고, 생산량 q에 대한 평균수입함수는

$$AR(q) = \frac{R(q)}{q} = \frac{D^{-1}(q)q}{q} = D^{-1}(q) = 25 - \frac{q}{2}$$

이며, 생산량 q에 대한 한계수입함수는

$$MR(q) = \frac{dR}{dq}(q) = 25 - q$$

이다.

(나) 생산량 q에 대한 평균비용함수는

$$AC(q) = \frac{C(q)}{q} = \frac{\frac{1}{2}q^2 + 10q + 8}{q} = \frac{q}{2} + 10 + \frac{8}{q}$$

이고, 생산량 q에 대한 한계비용함수는

$$MC(q) = \frac{dC}{dq}(q) = q + 10$$

이다.

(다) 평균비용과 한계비용이 일치하면 $AC(q) = MC(q)$ 즉,

$$\frac{q}{2} + \frac{8}{q} + 10 = q + 10$$

이다. 따라서 $q^2 = 16$이다. 그런데 , 생산량 q는 양수이므로

$$q = 4$$

이다.

(라) 한계비용과 한계수입이 일치하면 $MC(q) = MR(q)$ 즉,

$$q + 10 = -q + 25$$

이다. 따라서

$$q = \frac{15}{2}$$

이다.

(마) 생산량 q에 대한 이윤함수는

$$E(q) = R(q) - C(q) = \left(25q - \frac{q^2}{2}\right) - \left(\frac{1}{2}q^2 + 10q + 8\right) = -q^2 + 15q - 8$$

이다. 따라서, 이윤함수 E의 도함수와 이계 도함수는 각각

$$E'(q) = -2q + 15, \qquad E''(q) = -2$$

이다. 만약 생산량 q_0이 이윤함수의 극점이면, 일계 필요조건 $E'(q_0) = 0$ 즉 $-2q_0 + 15 = 0$이 성립하므로 $q_0 = \frac{15}{2}$이다. 그런데

$$E''\left(\frac{15}{2}\right) = -2 < 0$$

이므로, $\frac{15}{2}$는 이윤함수 E의 극대점이고, 이 극대점이 유일하므로 $\frac{15}{2}$는 이윤함수 E의 최대점이다. 즉, $\frac{15}{2}$가 이윤을 최대화하는 최적생산량이며 이 때의 최대이윤은

$$E\left(\frac{15}{2}\right) = -\frac{225}{4} + \frac{225}{2} - 8 = \frac{193}{4}$$

이다. ■

예제 3.12. (주)전라가 노트북을 생산하여 판매하고 있다. 노트북의 가격은 100만원이다. 노트북의 생산량 q에 대한 비용함수가

$$C(q) = \frac{1}{3}q^3 - 17q^2 + 220q + 200 \text{ (단위: 100개)}$$

일 때, 최대이윤을 얻기 위한 판매량은 얼마인가 계산하여라.

풀이 판매량 q에 대한 수입은

$$R(q) = 100q$$

이고 비용은

$$C(q) = \frac{1}{3}q^3 - 17q^2 + 220q + 200$$

이므로, 판매량 q에 대한 이윤은

$$\begin{aligned} E(q) &= R(q) - C(q) \\ &= 100q - \left(\frac{1}{3}q^3 - 17q^2 + 220q + 200\right) \\ &= -\frac{1}{3}q^3 + 17q^2 - 120q - 200 \end{aligned}$$

이다. 이윤함수 E의 그래프는 다음과 같다.

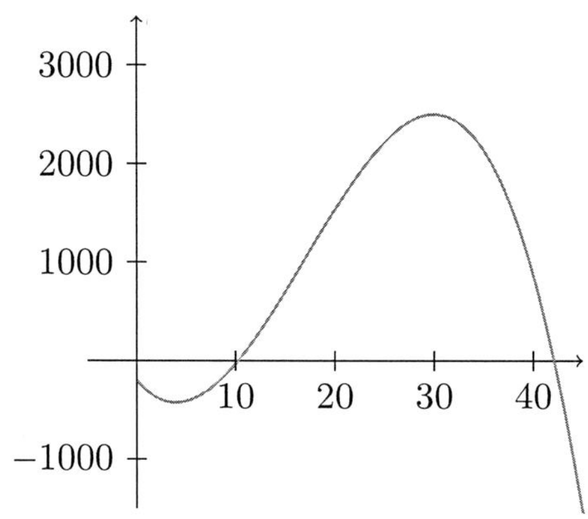

이윤함수 E의 도함수는

$$E'(q) = -q^2 + 34q - 120 = -(q-4)(q-30)$$

이므로, 생산량 $q = 4$와 $q = 30$이 이윤함수 E의 임계점이다. 이윤함수 E의 이계 도함수는

$$E''(q) = -2q + 34$$

이므로,

$$E''(4) = (-2) \cdot 4 + 34 = 28 > 0$$

이고

$$E''(30) = (-2) \cdot 30 + 34 = -26 < 0$$

이다. 따라서, 생산량이 $q = 30$일 때 최대이윤을 얻는다. ■

연습문제 3.3

1. 스마트폰 생산업체에서 원가가 10만원인 스마트폰을 20만원에 판매할 때 1500개를 판매할 수 있다. 스마트폰 가격을 1,000원 내릴 때마다 25개씩 더 판매된다고 한다. 최대의 이윤을 얻기 위해서는 스마트폰 가격을 얼마로 해야 하는지를 계산하여라.

2. (주)충정이 생산판매하는 네비게이션에 대하여, 수요함수가 $q = D(p) = 120 - p$이고 생산비용은

$$C(q) = \frac{1}{3}q^3 - 5q^2 + 132q + 10$$

이다. 최대의 이윤을 얻기 위한 생산량을 계산하여라.

제 4 장

적분

이 장에서는 함수의 적분을 탐구한다. 함수의 정적분은 여러 분야에서 다양하게 응용되고 있다. 이 장에는 여러 함수들의 정적분을 구하는 방법을 알아보고, 여러 응용도 살펴본다.

4.1 부정적분

4.1.1 부정적분

지난 단원까지는 주어진 함수의 도함수를 찾는 것을 알아 보았다. 이 단원에서는 그것에 반대되는 경우를 알아 본다. 즉 함수 f에 대하여, $F' = f$인 함수 F를 찾는 문제를 생각하려 한다. 이때, 함수 F를 f의 **원시함수**라고 한다.

보기 4.1. 함수 $f(x) = 2x$에 대하여, f의 원시함수를 찾아 보자.

(가) 함수 $F(x) = x^2$에 대하여, $F'(x) = 2x = f(x)$이므로 함수 F는 f의 원시함수이다.

(나) 원시함수 $F(x) = x^2$와 임의의 상수 c에 대하여, $G(x) = F(x) + c$이면 $G'(x) = f(x)$이므로 함수 G도 함수 f의 원시함수이다.

위의 보기에서와 같이, 일반적으로 F가 f의 원시함수이면 임의의 상수 c에 대하여 함수 $G(x) = F(x) + c$도 f의 원시함수이다. 그러면 $F(x) + c$ 꼴이 아닌 원시함수는 존재할 수 있는가? 답은 '존재하지 않는다'인데, 이것은 다음의 정리로부터 알 수 있다.

정리 4.1. 미분가능한 함수 $F\colon I \to \mathbb{R}$와 $G\colon I \to \mathbb{R}$에 대하여, $F' = G'$은 $F(x) = G(x) + c$인 상수 c가 존재하기 위한 필요충분조건이다.

함수 f의 모든 원시함수들로 이루어진 집합을 f의 x에 대한 **부정적분**이라고 하며

$$\int f(x)\,dx$$

로 나타낸다. 만약 F는 f의 원시함수이면 f의 부정적분을

$$\int f(x)\,dx = F(x) + c$$

로 나타낸다. 이때 c를 **적분상수**라고 한다.

함수에 대한 미분이론에 의하여 다음 정리가 성립한다.

정리 4.2. 다음이 성립한다.

(가) $\displaystyle\int x^n\,dx = \frac{x^{n+1}}{n+1} + c$ (여기서 n은 $n \neq -1$인 정수이다.)

(나) $\displaystyle\int (f(x) + g(x))\,dx = \int f(x)\,dx + \int g(x)\,dx$

(다) $\displaystyle\int af(x)\,dx = a\int f(x)\,dx$ (여기서 a는 상수이다.)

따라서 차수가 n인 다항함수

$$p(x) = a_n x^n + a_{n-1}x^{n-1} + \cdots + a_1 x + a_0$$

에 대하여,

$$\int p(x)\,dx = \frac{a_n}{n+1}x^{n+1} + \frac{a_{n-1}}{n}x^n + \cdots \frac{a_1}{2}x^2 + a_0 x + c$$

이다.

예제 4.1. 다음의 부정적분을 구하여라.

(가) $\displaystyle\int x^3\,dx$ (나) $\displaystyle\int x^{-4}\,dx$

(다) $\displaystyle\int (x^2 - 3x + 2)\,dx$ (라) $\displaystyle\int (3x^4 + 4x^2)\,dx$

풀이 (가) $\displaystyle\int x^3\,dx = \frac{1}{3+1}x^{3+1} + c = \frac{1}{4}x^4 + c$

(나) $\displaystyle\int x^{-4}\,dx = \frac{1}{-4+1}x^{-4+1} + c = -\frac{1}{3}x^{-3} + c$

(다) $\displaystyle\int (x^2 - 3x + 2)\,dx = \frac{1}{3}x^3 - \frac{3}{2}x^2 + 2x + c$

(라) $\int (3x^4 + 4x^2)\, dx = \frac{3}{5}x^5 + \frac{4}{3}x^3 + c$ ■

1이 아닌 양의 상수 a에 대하여, 함수 $f(x) = a^x$이면 $f'(x) = a^x \ln a$이므로

$$\int a^x\, dx = \frac{1}{\ln a}a^x + c$$

이다.

정리 4.3. 1이 아닌 양의 상수 a에 대하여,

$$\int a^x\, dx = \frac{1}{\ln a}a^x + c$$

이다. 특히 네어피스의 상수 e에 대하여

$$\int e^x\, dx = e^x + c$$

이다.

예제 4.2. 다음의 부정적분을 구하여라.

(가) $\int 3^x + 1\, dx$ (나) $\int (e^x + x + 1)\, dx$

(다) $\int (x^2 - 3x + 2^x)\, dx$ (라) $\int (2^x + 3^x)\, dx$

풀이 (가) $\int (3^x + 1)\, dx = \frac{1}{\ln 3}3^x + x + c$

(나) $\int (e^x + x + 1)\, dx = e^x + \frac{1}{2}x^2 + x + c$

(다) $\int (x^2 - 3x + 2^x)\, dx = \frac{1}{3}x^3 - \frac{3}{2}x^2 + \frac{1}{\ln 2}2^x + c$

(라) $\int (2^x + 3^x)\, dx = \frac{1}{\ln 2}2^x + \frac{1}{\ln 3}3^x + c$ ■

4.1.2 치환적분법

미분가능한 함수 f와 g의 합성함수 $h = g \circ f$에 대하여 함수 h의 도함수는

$$h'(x) = g'(f(x))f'(x)$$

이므로,

$$\int g'(f(x))f'(x)\,dx = h(x) + c$$

이다. 여기서 $u = f(x)$로 놓으면

$$h(x) = g(f(x)) = g(u)$$

이고

$$\int g'(u)\,du = g(u) + c$$

이므로

$$\int g'(f(x))f'(x)\,dx = \int g'(u)\,du$$

이다. 왼쪽 항의 적분함수 $g'(f(x))f'(x)$가 복잡하여 이 함수의 부정적분을 구하기 힘들지만 오른쪽 항의 적분함수 $g'(u)$가 간단하여 이 함수의 부정적분을 구할 수 있으면 왼쪽 항의 부정적분을 오른쪽 항의 부정적분으로 구할 수 있다. 이 등식을 이용하여 부정적분을 구하는 방법을 **치환적분법**이라고 한다.

예제 4.3. 다음의 부정적분을 구하여라.

(가) $\int(3x+1)^{20}\,dx$ (나) $\displaystyle\int(3x^2+1)^{1/3}4x\,dx$

풀이 (가) 부정적분 $\int(3x+1)^{20}\,dx$을 구하기 위하여, 적분함수 $(3x+1)^{20}$을 전개하기는 너무 복잡하다. 여기서는 치환적분법이 매우 유용하다. $u =$

$3x+1$로 놓으면 $du/dx = 3$이므로

$$\begin{aligned}\int (3x+1)^{20}\,dx &= \frac{1}{3}\int (3x+1)^{20}\frac{du}{dx}\,dx \\ &= \frac{1}{3}\int u^{20}\,du = \frac{1}{3}\frac{1}{21}u^{21}+c = \frac{1}{63}(3x+1)^{21}+c\end{aligned}$$

이다.

(나) $u = 3x^2+1$로 놓으면 $du/dx = 6x$이므로

$$\begin{aligned}\int (3x^2+1)^{1/3}4x\,dx = \int u^{1/3}\frac{4}{6}\frac{du}{dx}\,dx &= \frac{2}{3}\int u^{1/3}\,du \\ &= \frac{2}{3}\frac{1}{4/3}u^{4/3}+c = \frac{1}{2}(3x^2+1)^{4/3}+c\end{aligned}$$

이다. ■

자연로그함수 $g(x) = \ln x$의 도함수는 $g'(x) = 1/x$이므로, $0 < x$일 때

$$\int \frac{1}{x}\,dx = \ln x + c$$

이다. $x < 0$일 때, $u = -x$로 치환하면 $du/dx = -1$이므로

$$\int \frac{1}{x}\,dx = \int \frac{1}{-x}\frac{du}{dx}\,dx = \int \frac{1}{u}\,du = \ln u + c = \ln(-x)+c$$

이다. 따라서 0이 아닌 실수 x에 대하여,

$$|x| = \begin{cases} x & 0 < x\text{일 때}, \\ -x & x < 0\text{일 때} \end{cases}$$

이므로

$$\int \frac{1}{x}\,dx = \ln|x| + c$$

이다.

정리 4.4. 0이 아닌 실수 x에 대하여,

$$\int \frac{1}{x}\,dx = \ln|x| + c$$

이다.

예제 4.4. 다음의 부정적분을 구하여라.

(가) $\int \frac{1}{3x+1}\,dx$ (나) $\int \frac{2x+1}{x^2+x+1}\,dx$

풀이 (가) $u = 3x+1$로 놓으면 $du/dx = 3$이므로

$$\begin{aligned}\int \frac{1}{3x+1}\,dx &= \frac{1}{3}\int \frac{1}{3x+1}\frac{du}{dx}\,dx \\ &= \frac{1}{3}\int \frac{1}{u}\,du = \frac{1}{3}\ln|u| + c = \frac{1}{3}\ln|3x+1| + c\end{aligned}$$

이다.

(나) $u = x^2+x+1$로 놓으면 $du/dx = 2x+1$이므로

$$\begin{aligned}\int \frac{2x+1}{x^2+x+1}\,dx &= \int \frac{1}{x^2+x+1}\frac{du}{dx}\,dx \\ &= \int \frac{1}{u}\,du = \ln|u| + c = \ln|x^2+x+1| + c\end{aligned}$$

이다. ■

4.1.3 부분적분법

미분가능한 함수 f와 g에 대하여, $h(x) = f(x)\cdot g(x)$으로 놓으며

$$h'(x) = f'(x)\cdot g(x) + f(x)\cdot g'(x)$$

이다. 따라서

$$\int (f(x) \cdot g'(x))\ dx = f(x) \cdot g(x) - \int f'(x) \cdot g(x)\ dx$$

이다. 왼쪽 항의 적분을 구하기 위하여 오른쪽 항을 이용하는 방법을 **부분적분법**이라고 한다.

일반적으로

(가) F의 도함수가 간단한 함수이거나,

(나) g의 부정적분이 간단한 함수인 경우에,

두 함수 F와 g의 곱 $F \cdot g$의 적분을 부분적분법으로 구하는 경우가 많다. 즉, 기존의 함수 $F \cdot g$의 적분을 좀 더 간단한 함수인 $f \cdot G$의 적분을 이용하여 구하는 것이다.

예제 4.5. 부정적분

$$\int \ln x\ dx$$

를 구하여라.

풀이 부분적분법을 적용하기 위하여

$$F(x) = \ln x, \quad g(x) = 1$$

로 놓으면

$$f(x) = F'(x) = \frac{1}{x}, \quad G(x) = x$$

이다. 따라서 부분적분법에 의하여

$$\begin{aligned}\int \ln x\ dx = \int F(x) \cdot g(x)\ dx &= F(x) \cdot G(x) - \int f(x) \cdot G(x)\ dx \\ &= x \cdot \ln x - \int x \cdot \frac{1}{x}\ dx = x \cdot \ln x - x + c\end{aligned}$$

이다. ■

예제 4.6. 부정적분

$$\int x^2 \cdot e^x \, dx$$

를 구하여라.

증명 부분적분법을 적용하기 위하여,

$$F(x) = x^2, \quad g(x) = e^x$$

로 놓으면

$$f(x) = 2x, \quad G(x) = e^x$$

이다. 따라서 부분적분법에 의하여

$$\begin{aligned} \int x^2 \cdot e^x \, dx &= \int F(x) \cdot g(x) \, dx \\ &= F(x) \cdot G(x) - \int f(x) \cdot G(x) \, dx \\ &= x^2 \cdot e^x - \int 2x \cdot e^x \, dx \end{aligned}$$

이다. 여기서

$$\int 2x \cdot e^x \, dx = 2x \cdot e^x - \int 2e^x \, dx = 2x \cdot e^x - 2 \cdot e^x + c$$

이므로

$$\int x^2 \cdot e^x \, dx = x^2 \cdot e^x - 2x \cdot e^x + 2 \cdot e^x + c$$

이다. ■

연습문제 4.1

1. 다음의 부정적분을 구하여라.

(가) $\int (4x^2 + x + 5)\, dx$ (나) $\int x^{-3}\, dx$

(다) $\int (x^2 - 2x + 4)\, dx$ (라) $\int (x^4 + 3x^2 + x)\, dx$

(마) $\int x\sqrt{x}\, dx$ (바) $\int \frac{3x^2 + x + 5}{x^2}\, dx$

2. 다음의 부정적분을 구하여라.

(가) $\int 3^x + 4^x\, dx$ (나) $\int (3^x + x^2 - x + 1)\, dx$

(다) $\int (x^3 - 3x^2 + e^x)\, dx$ (라) $\int (e^x + 2^x + 1)\, dx$

(마) $\int (e^x + e)\, dx$ (바) $\int (3e^x - 2^{2x})\, dx$

3. 다음의 부정적분을 구하여라.

(가) $\int \frac{1}{3x + 2}\, dx$ (나) $\int \frac{2x + 1}{x^2 + x + 2}\, dx$

(다) $\int e^{3x+10}\, dx$ (라) $\int x(x^2 - 1)^3\, dx$

(마) $\int xe^x\, dx$ (바) $\int x^2 \ln x\, dx$

4.2 정적분

4.2.1 직사각형의 면적

직사각형의 넓이를 생각하여 보자.

가로의 길이가 a이고 세로의 길이가 b인 직사각형의 넓이는 ab이다. 가로의 길이가 a로 일정하고 세로의 길이가 b_1과 b_2인 두 직사각형의 넓이의 합은 $a(b_1 + b_2)$이다. 그리고 세로의 길이가 b로 일정하고 가로의 길이가 a_1과 a_2인 두 직사각형의 넓이의 합은 $(a_1 + a_2)b$이다. 일반적으로 음수를 도입하면 여러 상황에서 매우 편리하다. 여기서도 길이가 음수일 수도 있다고 생각하자.

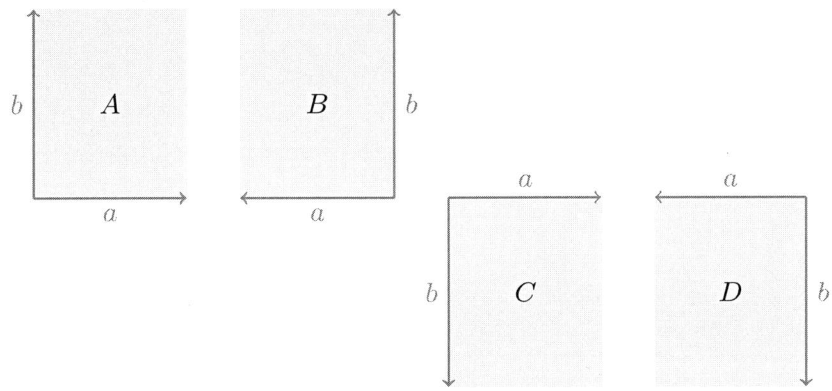

그림 4.1 직사각형의 넓이

그림 4.1에서, 직사각형의 넓이의 부호를 다음과 같이 알 수 있다.

(가) 직사각형 A의 가로의 길이 a와 세로의 길이 b가 모두 양수이므로 직사각형 A의 넓이 ab는 양수이다.

(나) 직사각형 B의 가로의 길이 a는 음수이고 세로의 길이 b는 양수이므로 직사각형 B의 넓이 ab는 음수이다.

(다) 직사각형 C의 가로의 길이 a는 양수이고 세로의 길이 b는 음수이므로 직사각형 C의 넓이 ab는 음수이다.

(라) 직사각형 D의 가로의 길이 a와 세로의 길이 b가 모두 음수이므로 직사각형 D의 넓이 ab는 양수이다.

4.2.2 정적분

닫힌 구간 $[a, b]$에 정의된 연속함수 f에 대하여, 그림 4.2와 같이, $x = a$와 $x = b$와 $y = 0$ 그리고 그래프 $y = f(x)$로 둘러싸인 영역의 넓이를 구간 $[a, b]$에서 함수 f의 **정적분**이라고 하고

$$\int_a^b f(x)\,dx$$

로 나타낸다.

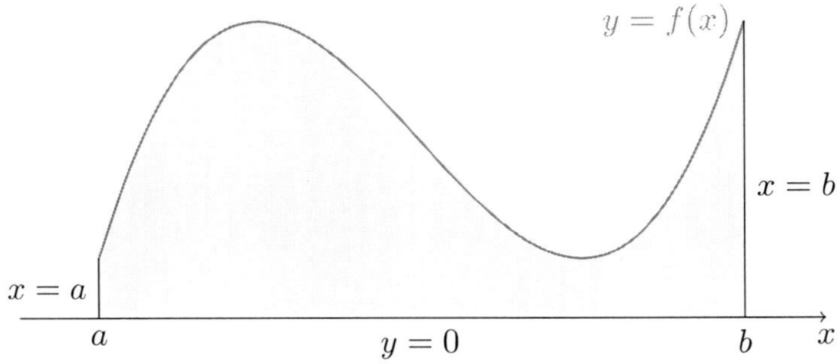

그림 4.2 정적분 $\int_a^b f(x)\,dx$의 이해

다음과 같이 정적분의 부호가 정해진다.

(가) 모든 $x \in (a, b)$에 대하여 $0 < f(x)$이면, 정적분 $\int_a^b f(x)\,dx$는 양수이다.

(나) 모든 $x \in (a, b)$에 대하여 $f(x) < 0$이면, 정적분 $\int_a^b f(x)\,dx$는 음수이다.

(다) 구간 (a, b)에서 방정식 $f(x) = 0$의 유한개의 근 $x_1 < x_2 < \ldots < x_k$이 존재하면

$$\int_a^b f(x)\,dx = \int_a^{x_1} f(x)\,dx + \int_{x_1}^{x_2} f(x)\,dx + \cdots + \int_{x_{k-1}}^{x_k} f(x)\,dx + \int_{x_k}^b f(x)\,dx$$

이다. 여기서 $x_0 = a$와 $x_{k+1} = b$로 놓으면, $i = 1, \ldots, k+1$일 때 $\int_{x_{i-1}}^{x_i} f(x)\,dx$의 부호는 (가)와 (나)에 의하여 결정된다.

연속함수 f에 대하여, 위의 (가)와 (나)와 (다)보다 더 복잡한 경우가 있으나, 일반적으로 정적분 $\int_a^b f(x)\,dx$는 위와 같은 방법으로 구할 수 있다.

닫힌 구간 $[a, b]$를 일정한 간격으로 n등분한 점을

$$x_0 = a, x_1, x_2, \ldots, x_n = b$$

라고 놓으면,

$$F(b) - F(a) = \sum_{i=1}^{n} [F(x_i) - F(x_{i-1})]$$

이다. 한편, 평균값의 정리에 의하여 각 구간 $[x_{i-1}, x_i]$에서

$$F(x_i) - F(x_{i-1}) = F'(s_i)(x_i - x_{i-1})$$

인 점 s_i가 (x_{i-1}, x_i)에 존재하므로

$$F(b) - F(a) = \sum_{i=1}^{n} F'(s_i)(x_i - x_{i-1})$$

이다. 등분 n을 무한대로 증가시키면

$$F(b) - F(a) = \lim_{n \to \infty} \sum_{i=1}^{n} f(s_i)(x_i - x_{i-1})$$

이다. 위의 등식의 오른쪽항으로부터 정적분을 $\int_a^b f(x)\,dx$으로 나타낸다.

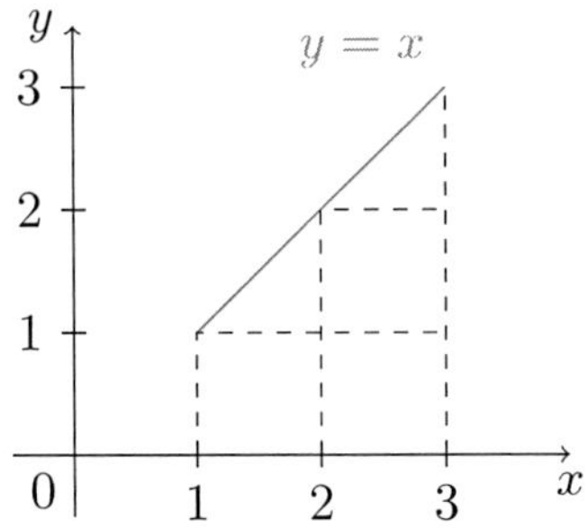

그림 4.3 구간 $[1,3]$에서 $f(x) = x$의 그래프

보기 4.2. 구간 $[1,3]$에서 $f(x) = x$의 그래프가 그림 4.3와 같고 정적분 $\int_1^3 x\,dx$은 $x = 1$와 $x = 3$와 $y = 0$과 $y = x$로 둘러싸인 영역의 넓이이므로

$$\int_1^3 x\,dx = 4$$

이다.

정적분의 정의에 의하여 다음의 정리가 성립한다.

정리 4.5. 닫힌 구간 $[a,b]$에 정의된 연속함수 f와 g와 상수 k에 대하여, 다음이 성립한다.

(가) $\displaystyle\int_a^b (f(x) + g(x))\,dx = \int_a^b f(x)\,dx + \int_a^b g(x)\,dx$

(나) $\displaystyle\int_a^b kf(x)\,dx = k\int_a^b f(x)\,dx$

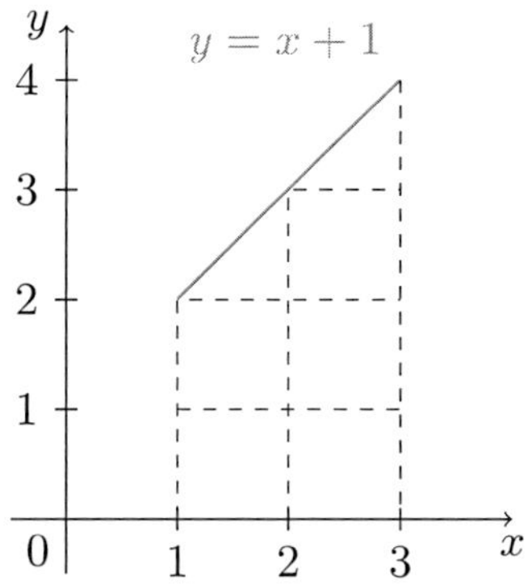

그림 4.4 구간 $[1, 3]$에서 $f(x) = x + 1$의 그래프

보기 4.3. 구간 $[1, 3]$에서 $f(x) = x + 1$의 그래프가 그림 4.4와 같으므로

$$\int_1^3 (x+1)\,dx = 6$$

이다. 한편

$$\int_1^3 x\,dx = 4 \quad \text{그리고} \quad \int_1^3 1\,dx = 2$$

이므로

$$\int_1^3 (x+1)\,dx = \int_1^3 x\,dx + \int_1^3 1\,dx$$

이다.

닫힌 구간 $[a, b]$에 정의된 연속함수 f에 대하여, 정적분 $\int_b^a f(x)\,dx$를

$$\int_b^a f(x)\,dx = -\int_a^b f(x)\,dx$$

로 정의한다. 이것은 직사각형에서 가로의 길이가 음수인 경우와 같은 상황이다.

정리 4.6. 연속함수 f가 정의된 구간에서

$$\int_a^c f(x)\,dx = \int_a^b f(x)\,dx + \int_b^c f(x)\,dx$$

이다.

4.2.3 미분적분학의 기본정리

일반적인 연속함수 f에 대하여, 정적분 $\int_a^b f(x)\,dx$를 구하는 것은 쉬운 일이 아니다. 그러나, f의 원시함수 F를 알고 있는 경우에는 정적분 $\int_a^b f(x)\,dx$를 아주 쉽게 구할 수 있는데 그 방법을 알아 보자.

닫힌 구간 $[a, b]$에서 연속인 함수 f에 대하여, 함수 $h\colon [a, b] \to \mathbb{R}$을

$$h(x) = \int_a^x f(t)\,dt$$

로 정의하자. 그러면

$$\begin{aligned} h'(x) &= \lim_{s \to 0} \frac{h(x+s) - h(x)}{s} \\ &= \lim_{s \to 0} \frac{1}{s} \left[\int_a^{x+s} f(t)\,dt - \int_a^x f(t)\,dt \right] \\ &= \lim_{s \to 0} \frac{1}{s} \int_x^{x+s} f(t)\,dt \end{aligned}$$

이다. 여기서 구간 $[x, x+s]$에서 f의 최솟값을 $m(x; s)$로 최댓값을 $M(x; s)$로 놓으면

$$m(x; s) \cdot s \le \int_x^{x+s} f(t)\,dt \le M(x; s) \cdot s$$

이고

$$\lim_{s \to 0} m(x; s) = f(x) = \lim_{s \to 0} M(x; s)$$

이므로

$$h'(x) = f(x)$$

이다. 한편 함수 F가 f의 원시함수 즉, $F' = f$이면

$$F(x) = h(x) + c$$

인 상수 c가 존재한다. 그런데 $h(a) = \int_a^a f(t)\,dt = 0$이므로 $c = F(a)$이다. 따라서

$$\int_a^b f(t)\,dt = h(b) = F(b) - c = F(b) - F(a)$$

이다.

위의 내용을 다음과 같이 정리할 수 있다.

정리 4.7 (미분적분학의 기본정리). 연속함수 $f : [a,b] \to \mathbb{R}$에 대하여, 함수 F가 f의 원시함수이면

$$\int_a^b f(x)\,dx = F(b) - F(a)$$

이다.

$F(b) - F(a)$를

$$[F(x)]_a^b$$

로 나타내기도 한다.

보기 4.4. $f(x) = \int_2^x (2t+5)^3\,dt$이면 $f'(x) = (2x+5)^3$이다.

보기 4.5. $F(x) = x^3$일 때, $f(x) = F'(x) = 3x^2$이므로

$$\int_0^b x^2\,dx = \left[\frac{1}{3}x^3\right]_0^b = \frac{b^3}{3}$$

이다.

보기 4.6. $F(x) = (x-7)^5$일 때, $f(x) = F'(x) = 5(x-7)^4$이므로

$$\int_a^b (x-7)^4\,dx = \left[\frac{1}{5}(x-7)^5\right]_a^b = \frac{(b-7)^5}{5} - \frac{(a-7)^5}{5}$$

이다.

예제 4.7. 다음의 정적분을 계산하여라.

(가) $\int_{-1}^{2} x^3\,dx$ (나) $\int_4^9 \sqrt{x}\,dx$

(다) $\int_1^4 \frac{1}{x^2}\,dx$ (라) $\int_{10}^{11} (x-10)^{14}\,dx$

풀이 (가) $\int_{-1}^{2} x^3\,dx = \left[\frac{1}{4}x^4\right]_{-1}^{2} = \frac{1}{4}2^4 - \frac{1}{4}1^4 = \frac{16-1}{4} = \frac{15}{4}$

(나) $\int_4^9 \sqrt{x}\,dx = \left[\frac{2}{3}x^{3/2}\right]_4^9 = \frac{2}{3}9^{3/2} - \frac{2}{3}4^{3/2} = \frac{2}{3}\cdot 27 - \frac{2}{3}\cdot 8 = \frac{2}{3}\cdot 19 = \frac{38}{3}$

(다) $\int_1^4 \frac{1}{x^2}\,dx = \left[-x^{-1}\right]_1^4 = -4^{-1} - (-1^{-1}) = -\frac{1}{4} + 1 = \frac{3}{4}$

(라) $\int_{10}^{11} (x-10)^{14}\,dx = \left[\frac{1}{15}(x-10)^{15}\right]_{10}^{11} = \frac{1}{15}(11-10)^{15} - \frac{1}{15}(10-10)^{15} = \frac{1}{15}$ ■

예제 4.8. 함수 $f(x) = \int_0^{x^2} e^{3t+1}\,dt$의 도함수 f'을 구하여라.

풀이 연쇄법칙을 적용하기 위하여

$$u = g(x) = x^2, \quad h(u) = \int_0^u e^{3t+1}\,dt$$

로 놓으면

$$g'(x) = 2x, \quad h'(u) = e^{3u+1}$$

이다. 한편 $f = h \circ g$이므로 연쇄법칙에 의하여

$$f'(x) = h'(g(x))g'(x) = e^{3x^2+1}2x$$

이다. ■

4.2.4 치환적분법

미분가능한 함수 f와 g의 합성함수 $h = g \circ f$에 대하여, 함수 h의 도함수는

$$h'(x) = g'(f(x))f'(x)$$

이므로

$$\int_a^b g'(f(x))f'(x)\,dx = \int_a^b h'(x)\,dx = h(b) - h(a)$$

이다. 여기서 $u = f(x)$로 놓으면

$$h(x) = g(f(x)) = g(u)$$

이고

$$\int_{f(a)}^{f(b)} g'(u)\,du = g(f(b)) - g(f(a)) = h(b) - h(a)$$

이므로

$$\int_a^b g'(f(x))f'(x)\,dx = \int_{f(a)}^{f(b)} g'(u)\,du$$

이다. 왼쪽 항의 적분함수 $g'(f(x))f'(x)$가 복잡하여 이 함수의 정적분을 구하기 힘들지만 오른쪽 항의 적분함수 $g'(u)$가 간단하여 이 함수의 정적분을 구할 수 있으면 이 정적분을 왼쪽 항의 정적분으로 구한다. 이 등식을 이용하여 정적분을 구하는 방법을 **치환적분법**이라고 한다.

정적분의 치환적분법은 다음과 같이 정리할 수 있다.

정리 4.8. 미분가능한 함수 f와 연속함수 g의 합성함수 $h = g \circ f$에 대하여,

$$\int_a^b g(f(x))f'(x)\,dx = \int_{f(a)}^{f(b)} g(u)\,du$$

이다.

예제 4.9. 정적분 $\int_0^1 9x^2\sqrt{3x^3+7}\,dx$을 구하여라.

풀이 치환적분법을 적용하기 위하여, $f(x) = 3x^3 + 7$로 놓으면 $f'(x) = 9x^2$이므로

$$\int_0^1 9x^2\sqrt{3x^3+7}\,dx = \int_7^{10} \sqrt{u}\,du = \frac{2}{3}(10^{3/2} - 7^{3/2}) = \frac{2}{3}(10\sqrt{10} - 7\sqrt{7})$$

이다. ■

4.2.5 부분적분법

미분가능한 함수 $f\colon [a,b] \to \mathbb{R}$와 $g\colon [a,b] \to \mathbb{R}$에 대하여, $h(x) = f(x)\cdot g(x)$으로 놓으며

$$h'(x) = f'(x)\cdot g(x) + f(x)\cdot g'(x)$$

이다. 따라서

$$\begin{aligned}\int_a^b (f(x)\cdot g'(x))\ dx &= \int_a^b h'(x)\,dx - \int_a^b f'(x)\cdot g(x)\,dx \\ &= [h(x)]_a^b - \int_a^b f'(x)\cdot g(x)\,dx \\ &= [f(x)g(x)]_a^b - \int_a^b f'(x)\cdot g(x)\,dx\end{aligned}$$

이다. 왼쪽 항의 정적분을 구하기 위하여 오른쪽 항을 이용하는 방법을 **부분적분법**이라고 한다.

일반적으로

(가) F의 도함수가 간단한 함수이거나,

(나) g의 원시함수가 간단한 경우에,

두 함수 F와 g의 곱 $F \cdot g$의 적분을 부분적분법으로 구하는 경우가 많다. 즉, 기존의 함수 $F \cdot g$의 적분을 좀 더 간단한 함수인 $f \cdot G$의 적분을 이용하여 구하는 것이다.

예제 4.10. 정적분

$$\int_a^b x \ln x \, dx$$

를 구하여라.

풀이 부분적분법을 적용하기 위하여

$$F(x) = \ln x, \quad g(x) = x$$

로 놓으면

$$f(x) = F'(x) = \frac{1}{x}, \quad G(x) = \frac{1}{2}x^2$$

이다. 따라서 부분적분법에 의하여

$$\begin{aligned}
\int_a^b x \ln x \, dx &= \int_a^b F(x) \cdot g(x) \, dx \\
&= G(b) \cdot F(b) - G(a) \cdot F(a) - \int_a^b G(x) \cdot f(x) \, dx \\
&= \frac{1}{2}b^2 \cdot \ln b - \frac{1}{2}a^2 \cdot \ln a - \int_a^b \frac{1}{2}x^2 \frac{1}{x} \, dx \\
&= \frac{1}{2}b^2 \cdot \ln b - \frac{1}{2}a^2 \cdot \ln a - \frac{1}{4}(b^2 - a^2)
\end{aligned}$$

이다. ■

예제 4.11. 정적분

$$\int_0^2 x^2 \cdot e^x \, dx$$

를 구하여라.

증명 부분적분법을 적용하기 위하여,

$$F(x) = x^2, \quad g(x) = e^x$$

로 놓으면

$$f(x) = 2x, \quad G(x) = e^x$$

이다. 따라서 부분적분법에 의하여

$$\begin{aligned}\int_0^2 x^2 \cdot e^x \, dx &= \int_0^2 F(x) \cdot g(x) \, dx \\ &= F(2) \cdot G(2) - F(0) \cdot G(0) - \int_0^2 f(x) \cdot G(x) \, dx \\ &= 4e^2 - \int_0^2 2x \cdot e^x \, dx\end{aligned}$$

이다. 여기서 부분적분법을 이용하여

$$\int_0^2 2x \cdot e^x \, dx$$

를 구하기 위하여

$$F_1(x) = 2x, \quad g_1(x) = e^x$$

로 놓으면

$$f_1(x) = 2, \quad G_1(x) = e^x$$

이므로

$$\int_0^2 2x \cdot e^x \, dx = [2xe^x]_0^2 - \int_0^2 2e^x \, dx = 4e^2 - 2(e^2 - 1)$$

이다. 따라서

$$\int_0^2 x^2 \cdot e^x \, dx = 2(e^2 - 1)$$

이다. ■

4.2.6 이상적분

이때까지, 유한 구간 $[a, b]$에서의 연속인 함수들의 정적분

$$\int_a^b f(x) \, dx$$

을 다루었다. 여기서는 무한 구간 또는 불연속인 함수들의 정적분을 다룬다.

구간 $[a, \infty) = \{x \in \mathbb{R} : a \le x\}$에서 연속인 함수 f의 정적분을 **이상적분**

$$\int_a^\infty f(x) \, dx := \lim_{t \to \infty} \int_a^t f(x) \, dx$$

로 정의한다. 오른쪽 항의 극한이 존재하면 이 이상적분은 **수렴한다**고 하고 오른쪽 항의 극한이 존재하지 않으면 이 이상적분은 **발산한다**고 한다.

구간 $(-\infty, b] = \{x \in \mathbb{R} : x \le b\}$에서 연속인 함수 f의 정적분을 **이상적분**

$$\int_{-\infty}^b f(x) \, dx := \lim_{t \to -\infty} \int_t^b f(x) \, dx$$

로 정의한다. 오른쪽 항의 극한이 존재하면 이 이상적분은 **수렴한다**고 하고 오른쪽 항의 극한이 존재하지 않으면 이 이상적분은 **발산한다**고 한다.

함수 f가 실수 전체에서 연속이면, 이상적분 $\int_{-\infty}^\infty f(x) \, dx$을

$$\int_{-\infty}^\infty f(x) \, dx := \int_{-\infty}^0 f(x) \, dx + \int_0^\infty f(x) \, dx$$

로 정의한다.

예제 4.12. 이상적분

$$\int_0^\infty e^{-x}\,dx$$

을 계산하여라.

풀이 이상적분의 정의에 의하여

$$\int_0^\infty e^{-x}\,dx = \lim_{t\to\infty}\int_0^t e^{-x}\,dx = \lim_{t\to\infty}\left(-e^{-t}+1\right) = 1$$

이다. ■

예제 4.13. 이상적분

$$\int_1^\infty \frac{1}{x^2}\,dx$$

을 계산하여라.

풀이 이상적분의 정의에 의하여

$$\int_1^\infty \frac{1}{x^2}\,dx = \lim_{t\to\infty}\int_1^t \frac{1}{x^2}\,dx = \lim_{t\to\infty}\left(-\frac{1}{t}+1\right) = 1$$

이다. ■

예제 4.14. 이상적분

$$\int_1^\infty \frac{1}{x}\,dx$$

을 계산하여라.

풀이 이상적분의 정의에 의하여

$$\int_1^\infty \frac{1}{x}\,dx = \lim_{t\to\infty}\int_1^t \frac{1}{x}\,dx = \lim_{t\to\infty}\ln t = \infty$$

이다. ■

예제 4.15. 양수 p에 대하여, 이상적분

$$\int_1^\infty \frac{1}{x^p}\,dx$$

이 $1 < p$이면 수렴하고 $p \le 1$이면 발산함을 보여라.

풀이 $p = 1$일 때는 앞의 보기에서 이미 보였으므로 여기서는 $p \neq 1$라고 가정하자. 그러면

$$\begin{aligned}\int_1^\infty \frac{1}{x^p}\,dx &= \lim_{t\to\infty}\int_1^t \frac{1}{x^p}\,dx \\ &= \lim_{t\to\infty}\left[\frac{x^{-p+1}}{-p+1}\right]_1^t = \lim_{t\to\infty}\left[\frac{t^{-p+1}-1}{-p+1}\right] \\ &= \begin{cases}\frac{1}{p-1}, & \text{if } p > 1, \\ \infty, & \text{if } p < 1\end{cases}\end{aligned}$$

이다. ■

구간 $[a, b)$에서 연속함수 f의 정적분을 이상적분

$$\int_a^b f(x)\,dx := \lim_{t\to b-}\int_a^t f(x)\,dx$$

로 정의한다. 여기서 $t \to b-$는 t가 b에 접근하는데, 수직선에서 보면 b의 왼쪽에서 b로 접근한다는 것이다. 위의 오른쪽 항의 극한이 존재하면 이 이상적분은 **수렴한다**고 하고, 오른쪽 항의 극한이 존재하지 않으면 이 이상적분은 **발산한다**고 한다.

구간 $(a, b]$에서 연속함수 f의 정적분을 이상적분

$$\int_a^b f(x)\,dx := \lim_{t\to a+}\int_t^b f(x)\,dx$$

로 정의한다. 여기서 $t \to a+$는 t가 a에 접근하는데, 수직선에서 보면 a의 오른쪽에서 a에 접근한다는 것이다. 위의 오른쪽 항의 극한이 존재하면 이 이상적분은 **수렴한다**고 하고, 오른쪽 항의 극한이 존재하지 않으면 이 이상적분은 **발산한다**고 한다.

연속함수 $f\colon (a,b) \to \mathbb{R}$에 대하여, 이상적분 $\int_a^b\, dx$을

$$\int_a^b f(x)\, dx := \lim_{t\to a+} \int_t^b f(x)\, dx$$

로 정의한다.

예제 4.16. 이상적분

$$\int_0^1 \frac{1}{\sqrt{1-x}}\, dx$$

을 계산하여라.

풀이 이상적분의 정의에 의하여

$$\begin{aligned}\int_0^1 \frac{1}{\sqrt{1-x}}\, dx = \lim_{t\to 1-} \int_0^t \frac{1}{\sqrt{1-x}}\, dx &= \lim_{t\to 1-} [-2\sqrt{1-x}]_0^t \\ &= \lim_{t\to 1-} [-2\sqrt{1-t}+2] = 2\end{aligned}$$

이다. ■

연습문제 4.2

다음 정적분을 구하여라.

1. $\int_0^2 4x\,dx$

2. $\int_{-3}^3 x^2\,dx$

3. $\int_1^2 (3x^2+x+4)\,dx$

4. $\int_1^2 (-3x-1)\,dx$

5. $\int_{-1}^1 x\ln(x+2)\,dx$

6. $\int_0^2 x\,3^x\,dx$

7. $\int_0^1 x\,e^x\,dx$

8. $\int_0^2 x(x^2-1)^3\,dx$

9. $\int_1^2 x^2\sqrt{1+x^3}\,dx$

10. $\int_1^2 x^2\ln x\,dx$

4.3 적분의 응용

4.3.1 한계수입의 적분과 수입

기업이 재화 A를 판매할 때, 생산량 q에 대한 수입을 $R(q)$라고 하고 한계수입을 $MR(q)$라고 놓으면 한계수입함수는 수입함수의 도함수 즉,

$$MR(q) = R'(q)$$

이므로

$$\int MR(q)\, dq = R(q) + c$$

이다. 여기서 c는 적분상수이다.

생산량 q에 대한 비용을 $C(q)$라고 하고 한계비용을 $MC(q)$라고 놓으면 한계비용함수는 비용함수의 도함수 즉,

$$MC(q) = C'(q)$$

이므로

$$\int MC(q)\, dq = C(q) + c$$

이다.

예제 4.17. (주)경상이 타블렛컴퓨터를 생산판매할 때, 판매량 q에 대한 한계수입과 한계비용이 각각

$$MR(q) = 30 - 2q, \qquad MC(q) = 2q$$

이다. 다음의 물음에 답하여라. (단위: 백만원)

(가) 판매량 q에 대한 수입 $R(q)$를 구하여라. 단 $R(0) = 0$이다

(나) 판매량 q에 대한 비용 $C(q)$를 구하여라. 단, $C(0) = 2$이다.

풀이 (가) 수입함수 R은 한계수입함수 MR의 원시함수이므로,

$$R(q) = R(0) + \int_0^q (30 - 2x)\, dx = 0 + \left[30x - x^2\right]_0^q = 30q - q^2$$

이다.

(나) 비용함수 C는 한계비용함수 MC의 원시함수이므로,

$$C(q) = C(0) + \int_0^q (2x)\, dx = 2 + \left[x^2\right]_0^q = 2 + q^2$$

이다. ■

4.3.2 소비자잉여와 생산자잉여

소비자가 상품 A를 구입할 때, 소비자가 최대한 지불해도 좋다고 생각하는 가격을 **수요가격**이라고 하고, 실제로 지불하는 가격을 **시장가격**이라고 한다. 소비자가 자신의 수요가격보다 시장가격이 작을 때 상품 A를 실제로 구매할 것이고, 이때, 소비자는 수요가격에서 시장가격을 뺀 금액만큼 이익이라고 생각할 것이다. 시장에서 상품 A가 거래될 때, 모든 소비자들이 느끼는 이익금액의 총합을 **소비자잉여**라고 한다.

수요함수를 통하여, 소비자잉여를 자세히 살펴보자. 수요함수 $q = D(p)$는 가격 p에 대한 수요량 $D(p)$을 나타내는 함수이다. 수요함수는 일반적으로 감소함수이므로, D는 감소함수라고 가정하고 시장에서 상품 A의 가격은 p_0이고 이때, 수요량은 $q_0 = D(p_0)$으로 놓자.

소비자잉여는 가격에 대한 계산이므로, 수요함수 $q = D(p)$ 대신에 역함수 $p = D^{-1}(q)$를 생각하자. 수요함수 D의 역함수를 $f = D^{-1}$로 놓자. 수요함수 D가 감소함수이므로 역함수 f도 감소함수이다. 그림 4.5 은 시장에서의 상품 A의 수요곡선 $p = f(q)$를 나타낸다. 이때, 상품 A의 구매는 소비자의 수요가격이 시장가격보다 높을 때 발생하므로, 구간 $[0, q_0]$에서 상품 A가 거래된다.

그림 4.5 에서 구간 $[0, q_0]$을 n등분하여

$$s_i = \frac{q_0}{n} \cdot i \qquad (i = 0, 1, \ldots, n-1, n)$$

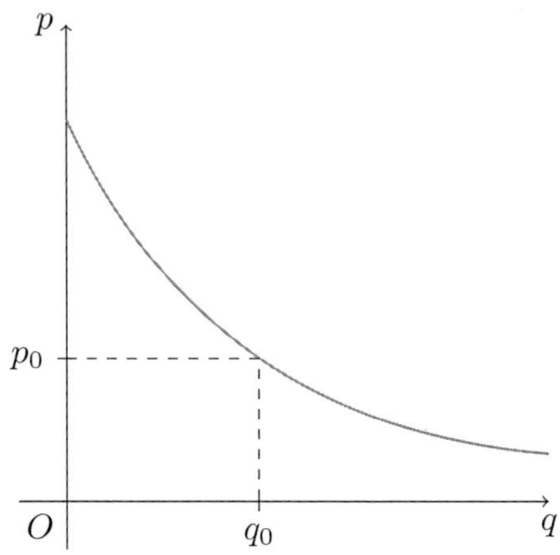

그림 4.5 수요곡선 $p = f(q)$

으로 놓자. 그러면 $i = 1, 2, \ldots, n$일 때, i번째 구간 $[s_{i-1}, s_i]$에서

$$\Delta q = s_i - s_{i-1} = \frac{q_0}{n}$$

명의 소비자들에 대하여,

(가) 이들의 수요가격은 $f(s_i)$보다 크거나 같으므로 이들의 총이익금액은

$$(f(s_i) - p_0) \cdot \Delta q$$

보다 크거나 같고

(나) 이들의 수요가격은 $f(s_{i-1})$보다 작거나 같으므로 이들의 총이익금액은

$$(f(s_{i-1}) - p_0) \cdot \Delta q$$

보다 작거나 같으므로,

소비자잉여에 대하여

$$\sum_{i=1}^{n}((f(s_i) - p_0) \cdot \Delta q) \leq \text{소비자잉여} \leq \sum_{i=1}^{n}((f(s_{i-1}) - p_0) \cdot \Delta q)$$

이다. 그런데 함수 f는 연속이므로

$$\lim_{n\to\infty}\sum_{i=1}^{n}((f(s_i)-p_0)\cdot\Delta q)=\lim_{n\to\infty}\sum_{i=1}^{n}((f(s_{i-1})-p_0)\cdot\Delta q)$$

이고 이때의 극한이 정적분

$$\int_0^{q_0}(f(q)-p_0)\,dq$$

와 같으므로

$$\text{소비자잉여}=\int_0^{q_0}(f(q)-p_0)\,dq=\int_0^{q_0}f(q)\,dq-p_0q_0$$

이다.

생산자가 상품 A를 생산하여 판매할 때, 생산자가 최소한 받고싶은 가격을 **공급가격**이라고 하고, 실제로 지불하는 가격을 **시장가격**이라고 한다. 생산자가 자신의 공급가격보다 시장가격이 클 때 상품 A를 실제로 판매할 것이고, 이때, 생산자는 시장가격에서 공급가격을 뺀 금액만큼 이익이라고 생각할 것이다. 시장에서 상품 A가 거래될 때, 모든 생산자들이 느끼는 이익금액의 총합을 **생산자잉여**라고 한다.

공급함수를 통하여, 생산자잉여를 자세히 살펴보자. 공급함수 $q=S(p)$는 가격 p에 대한 공급량 $S(p)$을 나타내는 함수이다. 공급함수는 일반적으로 증가하므로, S는 증가함수라고 가정하고 시장에서 상품 A의 가격은 p_0이고 이때, 공급량은 $q_0=S(p_0)$으로 놓자.

생산자잉여는 가격에 대한 계산이므로, 공급함수 $q=S(p)$ 대신에 역함수 $p=S^{-1}(q)$를 생각하자. 공급함수 S의 역함수를 $g=S^{-1}$로 놓자. 공급함수 S가 증가함수이므로 역함수 g도 증가함수이다. 그림 4.6 은 시장에서의 상품 A의 공급곡선 $p=g(q)$를 나타낸다. 이때, 상품 A의 판매는 생산자의 공급가격이 시장가격보다 더 낮을 때 발생하므로, 구간 $[0,q_0]$에서 상품 A가 거래된다.

그림 4.6에서 구간 $[0,q_0]$을 n등분하여

$$s_i=\frac{q_0}{n}\cdot i\qquad(i=0,1,\ldots,n-1,n)$$

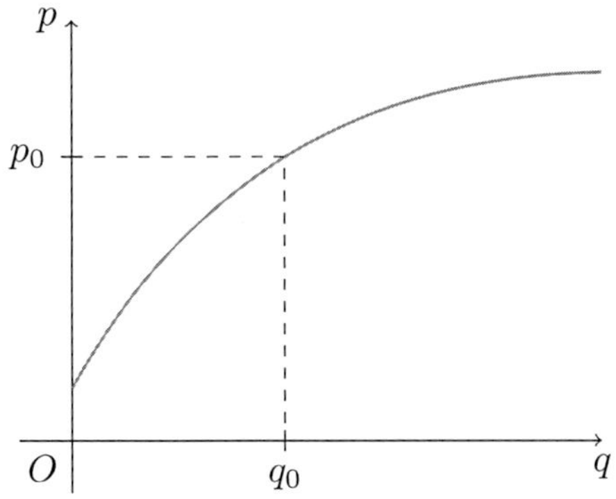

그림 4.6 공급곡선 $p = g(q)$

으로 놓자. 그러면 $i = 1, 2, \ldots, n$일 때, i번째 구간 $[s_{i-1}, s_i]$에서

$$\Delta q = s_i - s_{i-1} = \frac{q_0}{n}$$

명의 생산자들에 대하여,

(가) 이들의 공급가격은 $g(s_i)$보다 작거나 같으므로 이들의 총이익금액은

$$(p_0 - g(s_i)) \cdot \Delta q$$

보다 작거나 같고

(나) 이들의 공급가격은 $g(s_{i-1})$보다 크거나 같으므로 이들의 총이익금액은

$$(p_0 - g(s_{i-1})) \cdot \Delta q$$

보다 크거나 같으므로,

생산자잉여에 대하여

$$\sum_{i=1}^{n}((p_0 - g(s_{i-1})) \cdot \Delta q) \leq \text{생산자잉여} \leq \sum_{i=1}^{n}((p_0 - g(s_i)) \cdot \Delta q)$$

이다. 그런데 함수 g는 연속이므로

$$\lim_{n\to\infty}\sum_{i=1}^{n}((p_0 - g(s_{i-1}))\cdot\Delta q) = \lim_{n\to\infty}\sum_{i=1}^{n}((p_0 - g(s_i))\cdot\Delta q)$$

이고 이때의 극한이 정적분

$$\int_0^{q_0}(p_0 - g(q))dq$$

와 같으므로

$$\text{생산자잉여} = \int_0^{q_0}(p_0 - g(q))dq = p_0q_0 - \int_0^{q_0} g(q)dq$$

이다.

수요곡선의 그래프와 공급곡선의 그래프가 만나는 점이 (p_0, q_0)일 때, p_0을 **균형가격**이라고 하고 q_0을 **균형거래량**이라고 한다. 시장에서는 균형가격으로 상품의 가격이 안정된다. 이때, 소비자잉여와 생산자잉여의 합을 **경제적 잉여**라고 한다.

예제 4.18. 시장에서 거래되는 상품 A에 대하여, 수요함수가 $D(p) = 9 - p$이고 공급함수가 $S(p) = p - 1$일 때 다음의 물음에 답하여라.

(가) 상품 A에 대한 균형가격과 균형거래량을 구하여라.

(나) 상품 A에 대한 시장균형가격에서의 소비자잉여와 생산자잉여를 구하여라.

풀이 (가) 균형가격은 가격 p에 대한 방정식 $D(p) = S(p)$의 근이다. 따라서 방정식 $9 - p = p - 1$의 근인 $p_0 = 5$가 균형가격이다. 이때 균형거래량은 $q_0 = D(5) = 4$이다.

(나) 수요함수 $D(p) = 9 - p$의 역함수가 $f(q) = 9 - q$이므로, 상품 A에

대한 소비자잉여는

$$\int_0^4 (9-q-5)\,dq = \left[4q - \frac{q^2}{2}\right]_0^4 = 16-8=8$$

이다. 공급함수 $S(p)=p-1$의 역함수는 $g(q)=q+1$이므로, 상품 A에 대한 생산자잉여는

$$\int_0^4 (5-q-1)\,dq = \left[4q - \frac{q^2}{2}\right]_0^4 = 16-8=8$$

이다. ■

연습문제 4.3

1. (주)강원이 네비게이션을 생산판매할 때, 판매량 q에 대한 한계수입과 한계비용이 각각

$$MR(q) = 40 - 3q, \qquad MC(q) = 3q + 1$$

이다. 다음의 물음에 답하여라.

(가) 판매량 q에 대한 수입 $R(q)$를 구하여라. 단 $R(0) = 0$이다.

(나) 판매량 q에 대한 비용 $C(q)$를 구하여라. 단, $C(0) = 20$이다.

2. 수요함수가 $D(p) = 40 - 2p$일 때, 다음 물음에 답하여라.

(가) 시장가격이 $p_0 = 10$일 때, 소비자잉여를 구하여라.

(나) 시장가격이 $p_1 = 15$일 때, 소비자잉여를 구하여라.

3. 수요함수가 $D(p) = 60 - 3p$이고 공급함수가 $S(p) = 2p + 10$일 때, 다음 물음에 답하여라.

(가) 균형가격과 균형거래량을 구하여라.

(나) 소비자잉여를 구하여라.

(다) 생산자잉여를 구하여라.

제 5 장

행렬

동형일차사상은 행렬로 표현된다. 행렬의 덧셈과 곱은 동형일차사상의 합과 합성을 나타낸다. 연립일차방정식은 행렬의 기본행연산을 이용하여 풀이할 수 있다.

5.1 행렬

5.1.1 동형일차사상과 행렬

식

$$(y_1, y_2) = F(x_1, x_2, x_3) = (2x_1 + x_2 - 3x_3, x_1 - x_2)$$

로 정의된 동형일차사상 $F\colon \mathbb{R}^3 \to \mathbb{R}^2$을

$$\begin{bmatrix} y_1 \\ y_2 \end{bmatrix} = \begin{bmatrix} 2x_1 + x_2 - 3x_3 \\ x_1 - x_2 \end{bmatrix} = \begin{bmatrix} 2 & 1 & -3 \\ 1 & -1 & 0 \end{bmatrix} \begin{bmatrix} x_1 \\ x_2 \\ x_3 \end{bmatrix}$$

와 같이 나타내는 방법을 생각해 보자. 동형일차사상을 위와 같이 표현함으로써, 이들 사상들의 여러 성질들을 쉽게 나타낼 수 있다.

일반적인 동형일차사상 $L\colon \mathbb{R}^n \to \mathbb{R}^m$은

$$\begin{aligned} &L(x_1, x_2, \ldots, x_n) = (a_{11}x_1 + a_{12}x_2 + \cdots + a_{1n}x_n, \\ &a_{21}x_1 + a_{22}x_2 + \cdots + a_{2n}x_n, \ldots, a_{m1}x_1 + a_{m_2}x_2 + \cdots + a_{mn}x_n) \end{aligned} \tag{5.1}$$

으로 나타낼 수 있다. 여기서 a_{ij} $(1 \le i \le m,\ 1 \le j \le n)$은 실수이다.

자연수 m과 n에 대하여 $m \times n$개의 실수 a_{ij} $(1 \le i \le m,\ 1 \le j \le n)$을

$$\begin{bmatrix} a_{11} & a_{12} & \cdots & a_{1n} \\ a_{21} & a_{22} & \cdots & a_{2n} \\ \vdots & \vdots & \ddots & \vdots \\ a_{m1} & a_{m2} & \cdots & a_{mn} \end{bmatrix}$$

과 같이 나타낸 것을, **크기가** $m \times n$**인 행렬** 또는 $m \times n$ **행렬**이라고 하며 간단히 $[a_{ij}]_{m\times n}$ 또는 $[a_{ij}]$로 나타낸다. 이 때 a_{ij}를 행렬 $[a_{ij}]_{m\times n}$의 (i, j) **성분**이라고 한다. 모든 성분이 0인 행렬을 **영행렬**이라고 하며 $\mathbf{O}_{m\times n}$ 또는 $\mathbf{O}$으로 나타낸다. 행렬에서 가로줄을 **행**이라고 하고, 세로줄을 **열**이라고 한다. 크기가 $m \times n$인 행렬에는 m개의 행들과 n개의 열들이 있다.

유클리드 공간 $\mathbb{R}^n$과 $\mathbb{R}^m$의 벡터 $(x_1, x_2, \ldots, x_n)$와 $(y_1, y_2, \ldots, y_m)$은 각

각

$$\begin{bmatrix} x_1 \\ x_2 \\ \vdots \\ x_n \end{bmatrix}, \qquad \begin{bmatrix} y_1 \\ y_2 \\ \vdots \\ y_m \end{bmatrix}$$

으로 나타낼 수 있다. 그러면 (5.1)로 표현되는 동형일차사상 L을

$$\begin{bmatrix} y_1 \\ y_2 \\ \vdots \\ y_m \end{bmatrix} = \begin{bmatrix} a_{11} & a_{12} & \cdots & a_{1n} \\ a_{21} & a_{22} & \cdots & a_{2n} \\ \vdots & \vdots & \ddots & \vdots \\ a_{m1} & a_{m2} & \cdots & a_{mn} \end{bmatrix} \begin{bmatrix} x_1 \\ x_2 \\ \vdots \\ x_n \end{bmatrix}$$

와 같이 나타낼 수 있다. 여기서 행렬 $[a_{ij}]_{m\times n}$을 동형일차사상 L의 **행렬표현**이라고 한다.

예제 5.1. 동형일차사상 $L(x_1, x_2) = (2x_1 - x_2, x_1 + 3x_2, -4x_1 + x_2)$의 행렬표현을 구하여라.

풀이 동형일차사상 L의 행렬표현은

$$\begin{bmatrix} 2 & -1 \\ 1 & 3 \\ -4 & 1 \end{bmatrix}$$

이다. ■

예제 5.2. 등식

$$\begin{bmatrix} 2+a & 4+2b \\ 1-c & 4 \end{bmatrix} = \begin{bmatrix} 3 & 1+a \\ 2-b & 1+d \end{bmatrix}$$

이 성립하는 상수 a, b, c, d를 구하여라.

풀이 등식에서

$$2+a=3,\quad 4+2b=1+a,\quad 1-c=2-b,\quad 4=1+d$$

을 알 수 있으므로,

$$a=1,\quad b=-1,\quad c=-2,\quad d=3$$

이다. ■

예제 5.3. 연립방정식

$$\begin{aligned} 2x+3y-z&=7\\ -x+2y&=3\\ x+y-2z&=-2 \end{aligned}$$

을 행렬로 나타내어라.

풀이 동형일차사상

$$F(x,y,z)=(2x+3y-z,-x+2y,x+y-2z)$$

에 대하여, 위의 연립방정식은

$$F(x,y,z)=(7,3,-2)$$

이다. 따라서, $F(x,y,z)$와 $(7,3,-2)$를 행렬로 각각

$$\begin{bmatrix} 2 & 3 & -1\\ -1 & 2 & 0\\ 1 & 1 & -2 \end{bmatrix}\begin{bmatrix} x\\ y\\ z \end{bmatrix},\quad \begin{bmatrix} 7\\ 3\\ -2 \end{bmatrix}$$

로 나타내므로, 위의 연립방정식은

$$\begin{bmatrix} 2 & 3 & -1 \\ -1 & 2 & 0 \\ 1 & 1 & -2 \end{bmatrix} \begin{bmatrix} x \\ y \\ z \end{bmatrix} = \begin{bmatrix} 7 \\ 3 \\ -2 \end{bmatrix}$$

로 나타낸다. ■

5.1.2 행렬의 합과 차와 실수배

사상 $L_1 : \mathbb{R}^n \to \mathbb{R}^m$와 $L_2 : \mathbb{R}^n \to \mathbb{R}^m$에 대하여, L_1과 L_2의 **합** $L_1 + L_2 \colon \mathbb{R}^n \to \mathbb{R}^m$과 **차** $L_1 - L_2 \colon \mathbb{R}^n \to \mathbb{R}^m$을 각각

$$(L_1 + L_2)(\mathbf{v}) = L_1(\mathbf{v}) + L_2(\mathbf{v}), \quad (L_1 - L_2)(\mathbf{v}) = L_1(\mathbf{v}) - L_2(\mathbf{v})$$

로 정의한다.

예제 5.4. 사상

$$L_1(x, y) = (2x + y, 4x), \quad L_2(x, y) = (3x - 2y, x - 3y)$$

에 대하여, $L_1 + L_2$와 $L_1 - L_2$를 구하여라.

풀이 사상 L_1과 L_2의 합은

$$(L_1 + L_2)(x, y) = (5x - y, 5x - 3y)$$

사상 L_1과 L_2의 차는

$$(L_1 - L_2)(x, y) = (-x + 3y, 3x + 3y)$$

이다. ■

동형일차사상들의 합과 차는 모두 동형일차사상이다. 크기가 $m \times n$인 행렬 $A = [a_{ij}]_{m\times n}$와 $B = [b_{ij}]_{m\times n}$에 대하여, A와 B의 **합** $A+B$과 **차** $A-B$

를 각각

$$A + B = [a_{ij} + b_{ij}]_{m\times n}, \qquad A - B = [a_{ij} - b_{ij}]_{m\times n}$$

으로 정의한다.

동형일차사상의 합과 차의 정의와 행렬의 합과 차의 정의에 의하여, 다음을 정리할 수 있다.

정리 5.1. 동형일차사상 $L_1 : \mathbb{R}^n \to \mathbb{R}^m$와 $L_2 : \mathbb{R}^n \to \mathbb{R}^m$에 대하여, 행렬 $A = [a_{ij}]_{m\times n}$와 $B = [b_{ij}]_{m\times n}$이 각각 L_1과 L_2의 행렬표현이면 다음이 성립한다.

(가) 행렬 $A + B$은 $L_1 + L_2$의 행렬표현이다.

(나) 행렬 $A - B$은 $L_1 - L_2$의 행렬표현이다.

예제 5.5. 동형일차사상

$$L_1(x, y, z) = (x + 3y - 2z, 3x + 4y - z),$$
$$L_2(x, y, z) = (2x + 3y + 4z, x + 4y - 2z)$$

에 대하여, 다음 물음에 답하여라.

(가) 동형일차사상 L_1과 L_2의 행렬표현을 구하여라.

(나) 동형일차사상의 합 $L_1 + L_2$의 행렬표현을 구하여라.

(다) 동형일차사상의 차 $L_1 - L_2$의 행렬표현을 구하여라.

풀이 (가) 동형일차사상 L_1과 L_2의 행렬표현은 각각

$$A = \begin{bmatrix} 1 & 3 & -2 \\ 3 & 4 & -1 \end{bmatrix}, \qquad B = \begin{bmatrix} 2 & 3 & 4 \\ 1 & 4 & -2 \end{bmatrix}$$

이다.

(나) 동형일차사상 L_1과 L_2의 합

$$(L_1 + L_2)(x, y, z) = (3x + 6y + 2z, 4x + 8y - 3z)$$

의 행렬표현은

$$A + B = \begin{bmatrix} 1+2 & 3+3 & -2+4 \\ 3+1 & 4+4 & -1-2 \end{bmatrix} = \begin{bmatrix} 3 & 6 & 2 \\ 4 & 8 & -3 \end{bmatrix}$$

이다.

(다) 동형일차사상 L_1과 L_2의 차

$$(L_1 - L_2)(x, y, z) = (-x - 6z, 2x + z)$$

의 행렬표현은

$$A - B = \begin{bmatrix} 1-2 & 3-3 & -2-4 \\ 3-1 & 4-4 & -1+2 \end{bmatrix} = \begin{bmatrix} -1 & 0 & -6 \\ 2 & 0 & 1 \end{bmatrix}$$

이다. ■

사상 $L\colon \mathbb{R}^n \to \mathbb{R}^m$과 실수 a에 대하여, L의 a배 $aL\colon \mathbb{R}^n \to \mathbb{R}^m$을

$$(aL)(\mathbf{v}) = aL(\mathbf{v})$$

로 정의한다.

행렬 $A = [a_{ij}]_{m\times n}$와 실수 b에 대하여, A의 b배인 bA를

$$bA = [ba_{ij}]_{m\times n}$$

으로 정의한다.

보기 5.1. 행렬

$$A = \begin{bmatrix} 2 & 3 & 1 \\ -1 & 4 & 2 \end{bmatrix}$$

에 대하여, A의 3배는

$$3A = \begin{bmatrix} 6 & 9 & 3 \\ -3 & 12 & 6 \end{bmatrix}$$

이다. 이 때, A는 동형일차사상

$$L(x, y, z) = (2x + 3y + z, -x + 4y + 2z)$$

의 행렬표현이며, $3A$는 동형일차사상

$$(3L)(x, y, z) = (6x + 9y + 3z, -3x + 12y + 6z)$$

의 행렬표현이다.

행렬과 동형일차사상의 실수배에 대하여, 다음이 성립한다.

> 정리 5.2. 동형일차사상 $L\colon \mathbb{R}^n \to \mathbb{R}^m$과 실수 $b \in \mathbb{R}$에 대하여, 행렬 $A = [a_{ij}]_{m\times n}$이 동형일차사상 L의 행렬표현이면 행렬 bA는 동형일차사상 bL의 행렬표현이다.

행렬 A에 대하여, A의 -1배인 $(-1)A$를 $-A$로 나타내자. 실수에서의 덧셈과 곱셈에 대한 성질에 의하여, 행렬들의 덧셈과 스칼라배에 대하여 다음과 같은 기본 성질들이 성립한다.

> 정리 5.3. 크기가 $m \times n$인 모든 행렬들의 집합 $M_{m\times n}(\mathbb{R})$에 대하여 다음이 성립한다.
>
> (가) 결합법칙: $(A + B) + C = A + (B + C)$
>
> (나) 항등원의 존재: $A + \mathbf{O} = A$ 그리고 $\mathbf{O} + A = A$
>
> (다) 역원의 존재: $A + (-A) = \mathbf{O}$ 그리고 $(-A) + A = \mathbf{O}$
>
> (라) 교환법칙: $A + B = B + A$;

(마) $a(A+B) = aA + aB$,
$(a+b)A = aA + bA, \quad (ab)A = a(bA), \quad 1A = A$

5.1.3 동형일차사상의 합성과 행렬의 곱

먼저 동형일차사상의 합성을 살펴보자.

예제 5.6. 동형일차사상

$$L_1(x, y) = (2x - 3y, x + y)$$

와

$$L_2(x, y) = (3x + y, -x - y, x)$$

에 대하여, 합성 $L_2 \circ L_1$을 구하여라.

풀이 동형일차사상 L_1의 공역과 L_2의 정의역이 $\mathbb{R}^2$로 같으므로 L_1과 L_2의 합성 $L_2 \circ L_1$이 정의되며

$$\begin{aligned}(L_2 \circ L_1)(x, y) &= L_2(L_1(x, y)) \\ &= L_2(2x - 3y, x + y) \\ &= (3(2x - 3y) + (x + y), -(2x - 3y) - (x + y), 2x - 3y) \\ &= (7x - 8y, -3x + 2y, 2x - 3y)\end{aligned}$$

즉

$$(L_2 \circ L_1)(x, y) = (7x - 8y, -3x + 2y, 2x - 3y)$$

이다. ■

위의 예제에서와 같이, 일반적인 경우에 두 동형일차사상의 합성은 다시 동형일차사상이다. 물론 합성사상 $L_2 \circ L_1$이 정의되려면 L_1의 공역과 L_2의 정의역이 같아야 한다.

> 정리 5.4. 사상 $L_1 : \mathbb{R}^n \to \mathbb{R}^m$와 $L_2 : \mathbb{R}^m \to \mathbb{R}^\ell$에 대하여, L_1과 L_2가 동형일차사상이면 합성사상 $L_2 \circ L_1$도 동형일차사상이다.

이제 두 행렬의 곱을 정의하자. 크기가 $m \times n$인 행렬 $A = [a_{ij}]_{m\times n}$와 크기가 $\ell \times m$인 형렬 $B = [b_{ij}]_{\ell\times m}$에 대하여, B와 A의 **곱** BA는, 크기가 $\ell \times n$이고 성분이

$$c_{ij} = b_{i1}a_{1j} + b_{i2}a_{2j} + \cdots + b_{im}a_{mj}$$

인, 행렬 $[c_{ij}]_{\ell\times n}$이다.

예제 5.7. 제주도에서 렌터카 사업을 하는 ㈜경상은 북부, 서부, 남부 영업점 3곳에 사무실과 주차장을 두고 있다. 고객 편의를 위해 어디에서 빌렸든 간에 상관없이 3곳 어디에나 차를 반납하고 갈 수 있다. 고객 편의를 위한 정책이긴 하지만 ㈜경상은 한 곳으로 반납 차량이 몰릴까 봐 우려하고 있다. 영업점의 과거 자료를 분석한 결과, 북부 영업점에서 차를 임대한 고객 중 70%는 북부영업점에 차를 반납하였고, 10%는 서부영업점, 나머지 20%는 남부영업점에 차를 반납하였다. 서부 영업점에서 차를 빌린 고객의 60%는 서부 영업점에 반납하였고 15%는 북부 영업점, 25%는 남부 영업점에 반납하였다. 남부영업점에서 차를 빌린 고객의 50%는 남부영업점에 차를 반납하고 30%는 북부영업점, 나머지 20%는 서부 영업점에 반납하였다. 현재 북부 영업점에 100대가 임대되었고, 서부영업점에서는 80대, 그리고 남부 영업점에서는 60대가 임대된 것으로 나타났다. 임대된 자동차가 나중에 각 영업점에 어떻게 나뉘어 반납될 것으로 예상하는가?

풀이 북부영업점에 반납될 자동차는 북부영업점에서 임대된 100대의 0.7배와 서부영업점에서 임대된 80대의 0.15배와 남부영업점에서 임대된 60대의 0.3배이다. 또한 서부영업점에 반납될 자동차는 북부영업장에서 임대된 100대의 0.1배와 서부영업점에서 임대된 80대의 0.6배와 남부영업점에서 임대된 60대의 0.2배이다. 그리고 남부영업점에 반납될 자동차는 북부영업장에

서 임대된 100대의 0.2배와 서부영업점에서 임대된 80대의 0.25배와 남부영업점에서 임대된 60대의 0.5배이다. 위의 내용을 행렬식으로 나타내면

$$\begin{bmatrix} 0.7 & 0.15 & 0.3 \\ 0.1 & 0.6 & 0.2 \\ 0.2 & 0.25 & 0.5 \end{bmatrix} \begin{bmatrix} 100 \\ 80 \\ 60 \end{bmatrix} = \begin{bmatrix} 100 \\ 70 \\ 70 \end{bmatrix}$$

이다. 따라서, 북부영업점에는 100대가 반납될 것이고, 서부영업점에는 70대가 반납될 것이며, 남부영업점에는 70대가 반납될 것이다. ■

예제 5.8. 크기가 1×3인 행렬 A와 크기가 3×1인 행렬 B가

$$A = \begin{bmatrix} 1 & 3 & 1 \end{bmatrix}, \qquad B = \begin{bmatrix} 2 \\ -2 \\ -1 \end{bmatrix}$$

에 대하여, AB와 BA를 구하여라.

풀이 행렬의 곱의 정의에 의하여,

$$AB = \begin{bmatrix} 1 & 3 & 1 \end{bmatrix} \begin{bmatrix} 2 \\ -2 \\ -1 \end{bmatrix} = \begin{bmatrix} 1 \cdot 2 + 3 \cdot (-2) + 1 \cdot (-1) \end{bmatrix} = \begin{bmatrix} -5 \end{bmatrix}$$

이고

$$\begin{aligned} BA = \begin{bmatrix} 2 \\ -2 \\ -1 \end{bmatrix} \begin{bmatrix} 1 & 3 & 1 \end{bmatrix} &= \begin{bmatrix} 2 \cdot 1 & 2 \cdot 3 & 2 \cdot 1 \\ (-2) \cdot 1 & (-2) \cdot 3 & (-2) \cdot 1 \\ (-1) \cdot 1 & (-1) \cdot 3 & (-1) \cdot 1 \end{bmatrix} \\ &= \begin{bmatrix} 2 & 6 & 2 \\ -2 & -6 & -2 \\ -1 & -3 & -1 \end{bmatrix} \end{aligned}$$

이다. ■

행렬들의 곱은 동차일차함수들의 합성과 관련이 있다. 위의 예제에서의 행렬 A는 동형일차사상

$$L_A(x, y, z) = x + 3y + z$$

의 행렬표현이고, 행렬 B는 동형일차사상

$$L_B(u) = (2u, -2u, -u)$$

의 행렬표현이다. 이 때, L_A의 공역과 L_B의 정의역이 일치하므로 사상의 합성 $L_B \circ L_A$가 정의되고

$$\begin{aligned}(L_B \circ L_A)(x, y, z) &= (2(x + 3y + z), -2(x + 3y + z), -(x + 3y + z)) \\ &= (2x + 6y + 2z, -2x - 6y - 2z, -x - 3y - z)\end{aligned}$$

이며, L_B의 공역과 L_A의 정의역이 일치하므로 사상의 합성 $L_A \circ L_B$도 정의되며

$$(L_A \circ L_B)(u) = 2u + 3(-2u) + (-u) = -5u$$

이다. 여기서 행렬의 곱 BA는 사상의 합성 $L_B \circ L_A$의 행렬표현이며, AB는 사상의 합성 $L_A \circ L_B$의 행렬표현임을 확인 할 수 있다.

일반적으로 다음이 성립한다.

정리 5.5. 동형일차사상 $L_1 : \mathbb{R}^n \to \mathbb{R}^m$와 동형일차사상 $L_2 : \mathbb{R}^m \to \mathbb{R}^\ell$에 대하여, 행렬 $A = [a_{ij}]_{m\times n}$와 $B = [b_{ij}]_{\ell\times m}$이 각각 L_1과 L_2의 행렬표현이면, 행렬 BA는 합성사상 $L_2 \circ L_1$의 행렬표현이다.

행렬곱에 대하여, 다음의 성질이 성립한다.

정리 5.6. 크기가 $m \times n$인 행렬 C와 D와 크기가 $\ell \times m$인 행렬 A와 B, 그리고 실수 a에 대하여, 다음이 성립한다:

(가) 분배법칙: $A(C + D) = AC + AD$, $(A + B)C = AC + BC$;

(나) $a(AC) = (aA)C = A(aC)$;

(다) $C\mathbf{O} = \mathbf{O}$, $\mathbf{O}A = \mathbf{O}$.

예제 5.9. 행렬

$$A = \begin{bmatrix} 1 & 2 \\ 1 & -1 \end{bmatrix}, \quad B = \begin{bmatrix} 0 \\ 3 \end{bmatrix}, \quad C = \begin{bmatrix} -2 \\ 1 \end{bmatrix}$$

에 대하여, $A(B+C) = AB + AC$와 $2(AB) = (2A)B$임을 보여라.

풀이 행렬의 곱과 합의 정의에 의하여,

$$A(B+C) = \begin{bmatrix} 1 & 2 \\ 1 & -1 \end{bmatrix} \left(\begin{bmatrix} 0 \\ 3 \end{bmatrix} + \begin{bmatrix} -2 \\ 1 \end{bmatrix} \right) = \begin{bmatrix} 1 & 2 \\ 1 & -1 \end{bmatrix} \begin{bmatrix} -2 \\ 4 \end{bmatrix} = \begin{bmatrix} 6 \\ -6 \end{bmatrix}$$

이고

$$AB + AC = \begin{bmatrix} 1 & 2 \\ 1 & -1 \end{bmatrix} \begin{bmatrix} 0 \\ 3 \end{bmatrix} + \begin{bmatrix} 1 & 2 \\ 1 & -1 \end{bmatrix} \begin{bmatrix} -2 \\ 1 \end{bmatrix} = \begin{bmatrix} 6 \\ -3 \end{bmatrix} + \begin{bmatrix} 0 \\ -3 \end{bmatrix} = \begin{bmatrix} 6 \\ -6 \end{bmatrix}$$

이므로

$$A(B+C) = AB + AC$$

이다. 또한

$$2(AB) = 2 \begin{bmatrix} 6 \\ -3 \end{bmatrix} = \begin{bmatrix} 12 \\ -6 \end{bmatrix}, \quad (2A)B = \begin{bmatrix} 2 & 4 \\ 2 & -2 \end{bmatrix} \begin{bmatrix} 0 \\ 3 \end{bmatrix} = \begin{bmatrix} 12 \\ -6 \end{bmatrix}$$

이므로

$$2(AB) = (2A)B$$

이다. ■

예제 5.10. 행렬

$$A = \begin{bmatrix} 1 & 2 \\ -2 & 3 \end{bmatrix}, \quad B = \begin{bmatrix} 1 & 3 \\ 4 & -1 \end{bmatrix}$$

에 대하여, 다음 행렬을 구하여라.

(가) $A+B$ (나) $A-B$

(다) $(A+B)(A-B)$ (라) A^2

(마) B^2 (바) A^2-B^2

(사) AB (아) BA

풀이 (가) $A+B = \begin{bmatrix} 1+1 & 2+3 \\ -2+4 & 3+(-1) \end{bmatrix} = \begin{bmatrix} 2 & 5 \\ 2 & 2 \end{bmatrix}$

(나) $A-B = \begin{bmatrix} 1-1 & 2-3 \\ -2-4 & 3-(-1) \end{bmatrix} = \begin{bmatrix} 0 & -1 \\ -6 & 4 \end{bmatrix}$

(다) $(A+B)(A-B) = \begin{bmatrix} 2\cdot 0+5\cdot(-6) & 2\cdot(-1)+5\cdot 4 \\ 2\cdot 0+2\cdot(-6) & 2\cdot(-1)+2\cdot 4 \end{bmatrix} = \begin{bmatrix} -30 & 18 \\ -12 & 6 \end{bmatrix}$

(라) $A^2 = \begin{bmatrix} 1\cdot 1+2\cdot(-2) & 1\cdot 2+2\cdot 3 \\ (-2)\cdot 1+3\cdot(-2) & (-2)\cdot 2+3\cdot 3 \end{bmatrix} = \begin{bmatrix} -3 & 8 \\ -8 & 5 \end{bmatrix}$

(마) $B^2 = \begin{bmatrix} 1\cdot 1+3\cdot 4 & 1\cdot 3+3\cdot(-1) \\ 4\cdot 1+(-1)\cdot 4 & 4\cdot 3+(-1)\cdot(-1) \end{bmatrix} = \begin{bmatrix} 13 & 0 \\ 0 & 13 \end{bmatrix}$

(바) $A^2-B^2 = \begin{bmatrix} -3-13 & 8-0 \\ -8-0 & 5-13 \end{bmatrix} = \begin{bmatrix} -16 & 8 \\ -8 & -8 \end{bmatrix}$

(사) $AB = \begin{bmatrix} 1\cdot 1+2\cdot 4 & 1\cdot 3+2\cdot(-1) \\ (-2)\cdot 1+3\cdot 4 & (-2)\cdot 3+3\cdot(-1) \end{bmatrix} = \begin{bmatrix} 9 & 1 \\ 10 & -9 \end{bmatrix}$

(아) $BA = \begin{bmatrix} 1\cdot 1+3\cdot(-2) & 1\cdot 2+3\cdot 3 \\ 4\cdot 1+(-1)\cdot(-2) & 4\cdot 2+(-1)\cdot 3 \end{bmatrix} = \begin{bmatrix} -5 & 11 \\ 6 & 5 \end{bmatrix}$ ■

5.1.4 전치행렬

크기가 $m \times n$인 행렬 $A = [a_{ij}]_{m\times n}$에 대하여,

$$b_{ij} = a_{ji}$$

인 행렬 $[b_{ij}]_{n\times m}$을 A의 **전치행렬**이라고 하고 A^T로 나타낸다.

행렬 A의 크기가 $m\times n$이면, 전치행렬 A^T의 크기는 $n\times m$이다.

예제 5.11. 행렬

$$A=\begin{bmatrix}1 & 3 & -1\\ 4 & 5 & -2\end{bmatrix}$$

의 전치행렬을 구하여라.

풀이 행렬 A의 전치행렬은

$$A^T=\begin{bmatrix}1 & 4\\ 3 & 5\\ -1 & -2\end{bmatrix}$$

이다. ■

행렬의 합과 실수배에 대한 전치행렬에서 다음의 기본 성질들이 성립한다.

정리 5.7. 크기가 $m\times n$인 행렬 A와 B와 실수 a에 대하여,

$$(A+B)^T=A^T+B^T,\qquad (aA)^T=aA^T$$

이다.

크기가 $m\times n$인 행렬 A와 크기가 $\ell\times m$인 행렬 B에 대하여, 행렬 A와 B와 BA를 각각

$$A=[a_{ij}]_{m\times n},\quad B=[b_{ij}]_{\ell\times m},\quad BA=[c_{ij}]_{\ell\times n}$$

으로 놓고 A^T와 B^T와 $(BA)^T$를 각각

$$A^T=[a'_{ij}]_{n\times m},\quad B^T=[b'_{ij}]_{m\times\ell},\quad (BA)^T=[c'_{ij}]_{n\times\ell}$$

으로 놓자. 그리고 $A^TB^T = [d_{ij}]_{n\times\ell}$으로 놓자. 그러면 $1 \le i \le n$이고 $1 \le j \le \ell$일 때,

$$c'_{ij} = c_{ji} = \sum_{k=1}^{m} b_{jk}a_{ki} = \sum_{k=1}^{m} a_{ki}b_{jk} = \sum_{k=1}^{m} a'_{ik}b'_{kj} = d_{ij}$$

즉, $(BA)^T = A^TB^T$이다.

정리 5.8. 크기가 $m \times n$인 행렬 A와 크기가 $\ell \times m$인 행렬 B에 대하여,

$$(BA)^T = A^TB^T$$

이다.

예제 5.12. 행렬

$$A = \begin{bmatrix} 1 & 3 & -1 \\ 0 & 2 & -1 \end{bmatrix}, \qquad B = \begin{bmatrix} 1 & 0 \\ 1 & 1 \\ 2 & -1 \end{bmatrix}$$

에 대하여, $(AB)^T = B^TA^T$임을 보여라.

풀이

$$(AB)^T = \left(\begin{bmatrix} 1 & 3 & -1 \\ 0 & 2 & -1 \end{bmatrix} \begin{bmatrix} 1 & 0 \\ 1 & 1 \\ 2 & -1 \end{bmatrix} \right)^T = \begin{bmatrix} 2 & 4 \\ 0 & 3 \end{bmatrix}^T = \begin{bmatrix} 2 & 0 \\ 4 & 3 \end{bmatrix}$$

이고

$$B^TA^T = \begin{bmatrix} 1 & 1 & 2 \\ 0 & 1 & -1 \end{bmatrix} \begin{bmatrix} 1 & 0 \\ 3 & 2 \\ -1 & -1 \end{bmatrix} = \begin{bmatrix} 2 & 0 \\ 4 & 3 \end{bmatrix}$$

이므로 $(AB)^T = B^TA^T$이다. ■

연습문제 5.1

1. 등식

$$\begin{bmatrix} 1+2a & a+2 \\ 2-b & 4-c \end{bmatrix} = \begin{bmatrix} 5 & 3+b \\ 1-c & 1+d \end{bmatrix}$$

이 성립하는 상수 a, b, c, d를 구하여라.

2. 연립방정식

$$\begin{aligned} 2x - 2y + 3z &= 5 \\ -x + 3y + 2z &= 4 \\ x + y - 3z &= -3 \end{aligned}$$

을 행렬의 식으로 나타내어라.

3. 동형일차사상

$$\begin{aligned} L_1(x, y) &= (x + 2y, x - 2y, 4x + y), \\ L_2(x, y) &= (2x - 4y, -x - y, x + y) \end{aligned}$$

에 대하여, 다음 물음에 답하여라.

(가) 동형일차사상 L_1과 L_2의 행렬표현을 구하여라.

(나) 동형일차사상의 합 $L_1 + L_2$의 행렬표현을 구하여라.

(다) 동형일차사상의 차 $L_1 - L_2$의 행렬표현을 구하여라.

4. 행렬

$$A = \begin{bmatrix} 1 & 2 & -1 \\ -1 & 3 & -2 \end{bmatrix}, \quad B = \begin{bmatrix} 3 & -2 & 7 \\ 2 & -3 & 4 \end{bmatrix}$$

에 대하여, $3A$와 $A + B$를 구하여라.

5. 행렬

$$A = \begin{bmatrix} 1 & -3 & 2 \\ -2 & 1 & 1 \end{bmatrix}, \qquad B = \begin{bmatrix} 2 & -1 \\ 3 & -2 \\ 1 & 2 \end{bmatrix}$$

에 대하여, AB를 구하여라.

6. 행렬

$$A = \begin{bmatrix} 1 & 2 \\ -2 & 3 \end{bmatrix}, \quad B = \begin{bmatrix} 1 & 3 \\ 4 & -1 \end{bmatrix}$$

에 대하여, 다음 행렬을 구하여라.

(가) $A + B$ (나) $(A + B)^2$
(다) A^2 (라) B^2
(마) AB (바) BA
(사) $A^2 + 2AB + B^2$ (아) $A^2 + AB + BA + B^2$

7. 행렬

$$A = \begin{bmatrix} 2 & -1 \\ 5 & 1 \\ 3 & -2 \end{bmatrix}$$

의 전치행렬을 구하여라.

8. 행렬

$$A = \begin{bmatrix} 2 & 1 & -3 \\ 1 & 0 & -1 \end{bmatrix}, \qquad B = \begin{bmatrix} 3 & -1 \\ 2 & 1 \\ 3 & -2 \end{bmatrix}$$

에 대하여, A^T와 B^T와 $(BA)^T$를 구하여라.

5.2 정사각행렬

5.2.1 정사각행렬

크기가 $n \times n$인 행렬을 n**차 정사각행렬**이라고 한다. n차 정사각행렬 중에서 대각선에 놓인 성분은 1이고 나머지 성분은 모두 0인 행렬 즉,

$$a_{ij} = \begin{cases} 1 & i = j\text{일 때}, \\ 0 & i \neq j\text{일 때} \end{cases}$$

인 행렬 $[a_{ij}]_{n \times n}$을 n**차 단위행렬**[1]이라고 하고 I_n으로 나타낸다.

단위행렬

$$I_n = \begin{bmatrix} 1 & 0 & \cdots & 0 & 0 \\ 0 & 1 & \cdots & 0 & 0 \\ \vdots & \vdots & \ddots & \vdots & \vdots \\ 0 & 0 & \cdots & 1 & 0 \\ 0 & 0 & \cdots & 0 & 1 \end{bmatrix}$$

은, $L(\mathbf{v}) = \mathbf{v}$로 정의되는 **항등변환** $L\colon \mathbb{R}^n \to \mathbb{R}^n$의 행렬표현이다.

보기 5.2. 행렬

$$A = \begin{bmatrix} 2 & -1 & 4 \\ 1 & 3 & -1 \\ -2 & 3 & -1 \end{bmatrix}$$

은 3차 정사각행렬이다.

보기 5.3. 2차 단위행렬과 3차 단위행렬은 각각

$$I_2 = \begin{bmatrix} 1 & 0 \\ 0 & 1 \end{bmatrix}, \quad I_3 = \begin{bmatrix} 1 & 0 & 0 \\ 0 & 1 & 0 \\ 0 & 0 & 1 \end{bmatrix}$$

[1]단위행렬을 **항등행렬**이라고도 한다.

이다.

n차 정사각행렬 A에 대하여, $A^T = A$이면 A를 **대칭행렬**이라고 하고, $A^T = -A$이면 A를 **교대행렬**이라고 한다. 또한 $i > j$이면 $a_{ij} = 0$인 행렬을 **위삼각행렬**이라고 하고, $i < j$이면 $a_{ij} = 0$인 행렬을 **아래삼각행렬**이라고 하며, 위삼각행렬이면서 아래삼각행렬인 행렬, 즉 대각 성분을 제외한 나머지 성분이 모두 0인 행렬을 **대각행렬**이라고 한다.

교대행렬 A에 대하여, $A^T = -A$이 성립하므로, A의 모든 대각성분 a_{ii}에 대하여 $a_{ii} = -a_{ii}$이 성립한다. 즉 교대행렬의 모든 대각성분은 0이다.

예제 5.13. 행렬

$$A = \begin{bmatrix} 1 & 2 & 3 \\ 2 & 4 & 5 \\ 3 & 5 & 6 \end{bmatrix}, \qquad B = \begin{bmatrix} 0 & 2 & 3 \\ -2 & 0 & 5 \\ -3 & -5 & 0 \end{bmatrix}$$

에 대하여, A는 대칭행렬이고 B는 교대행렬임을 보여라.

풀이 행렬 A에 대하여,

$$A^T = \begin{bmatrix} 1 & 2 & 3 \\ 2 & 4 & 5 \\ 3 & 5 & 6 \end{bmatrix} = A$$

이므로 행렬 A는 대칭행렬이다. 행렬 B에 대하여,

$$B^T = \begin{bmatrix} 0 & -2 & -3 \\ 2 & 0 & -5 \\ 3 & 5 & 0 \end{bmatrix} = -B$$

이므로 행렬 B는 교대행렬이다. ■

보기 5.4. 행렬

$$A = \begin{bmatrix} 1 & 2 & -1 \\ 0 & 3 & 2 \\ 0 & 0 & -1 \end{bmatrix}$$

는 위삼각행렬이고, 행렬

$$B = \begin{bmatrix} 1 & 0 & 0 \\ 1 & 2 & 0 \\ -2 & 2 & 0 \end{bmatrix}$$

는 아래삼각행렬이다.

5.2.2 정칙행렬

n차 정사각행렬 A에 대하여, $AB = I_n$ 그리고 $BA = I_n$인 행렬 B가 존재하면 B는 n차 정사각행렬임을 알 수 있다.

n차 정사각행렬 A에 대하여,

$$AB = I_n \quad \text{그리고} \quad BA = I_n$$

인 행렬 B가 존재하면 A를 **정칙행렬**이라고 한다. 이 때, B를 A의 **역행렬**이라고 한다.

$A\mathbf{O} = \mathbf{O}$이므로, 정사각행렬인 영행렬은 정칙행렬이 될 수 없다.

만약에 B와 C가 A의 역행렬이면,

$$BA = I_n, \quad AB = I_n, \quad CA = I_n, \quad AC = I_n$$

이므로

$$B = BI_n = B(AC) = (BA)C = I_nC = C$$

이다. 즉 정칙행렬 A의 역행렬은 유일하다. 이제부터 A의 역행렬을 A^{-1}로 나타낸다. 정칙행렬 A가 선형사상 $L : \mathbb{R}^n \to \mathbb{R}^n$의 행렬표현이면, 역행렬 A^{-1}은 L^{-1}의 행렬표현임을 알 수 있다.

> 정리 5.9. 선형사상 $L: \mathbb{R}^n \to \mathbb{R}^n$에 대하여, L의 행렬표현 A가 정칙행렬이면 선형사상 L의 역사상 L^{-1}이 존재하며 역사상 L^{-1}의 행렬표현은 역행렬 A^{-1}이다.

일반적인 정칙행렬 A에 대하여, 역행렬 A^{-1}을 구하는 방법은 다음 절에서 살펴본다. 여기서는 어떠한 조건에서 2차 정사각행렬

$$A = \begin{bmatrix} a & b \\ c & d \end{bmatrix}$$

의 역행렬이 존재하는지 알아보고, 역행렬이 존재할 때 그 역행렬을 구하여 본다.

먼저 행렬 방정식

$$\begin{bmatrix} a & b \\ c & d \end{bmatrix} \begin{bmatrix} x & y \\ z & w \end{bmatrix} = \begin{bmatrix} 1 & 0 \\ 0 & 1 \end{bmatrix} \tag{5.2}$$

의 해

$$X = \begin{bmatrix} x & y \\ z & w \end{bmatrix}$$

를 구하자. 행렬방정식 (5.2)는 다음의 연립일차방정식

$$ax + bz = 1, \tag{i}$$
$$ay + bw = 0, \tag{ii}$$
$$cx + dz = 0, \tag{iii}$$
$$cy + dw = 1 \tag{iv}$$

로 나타낼 수 있다.

$a = 0$**인 경우**: 이 경우 방정식 (i)와 (ii)는

$$bz = 1, \tag{i-1}$$
$$bw = 0 \tag{ii-1}$$

이다. 이 때 $b=0$이면 방정식 (i-1)의 해가 존재하지 않기 때문에 방정식 (5.2)의 해는 존재하지 않는다. 이제 $b \neq 0$라고 가정하자. 그러면 방정식 (i-1)과 (ii-1)은

$$z = \frac{1}{b}, \tag{i-2}$$

$$w = 0 \tag{ii-2}$$

이다. 이 때, $c=0$이면 방정식 (iv)의 해가 존재하지 않기 때문에 방정식 (5.2)의 해는 존재하지 않는다. 또한 $c \neq 0$이면 방정식 (i-2), (ii-2), (iii), (iv)로부터

$$x = -\frac{d}{c}z = -\frac{d}{bc},$$
$$y = (1-dw)\frac{1}{c} = \frac{1}{c}$$

이므로

$$X = \begin{bmatrix} x & y \\ z & w \end{bmatrix} = \begin{bmatrix} -\frac{d}{bc} & \frac{1}{c} \\ \frac{1}{b} & 0 \end{bmatrix} = \frac{1}{-bc}\begin{bmatrix} d & -b \\ -c & 0 \end{bmatrix}$$

이다. 행렬 X에 대하여 방정식 (5.2)이 성립함을 직접 대입하여 쉽게 확인할 수 있다. 정리하면, $b=0$이거나 $c=0$인 경우, 즉 $bc=0$인 경우에는 방정식 (5.2)의 해가 존재하지 않고, $b \neq 0$이고 $c \neq 0$인 경우, 즉 $bc \neq 0$인 경우에는 방정식 (5.2)의 해는

$$\begin{bmatrix} x & y \\ z & w \end{bmatrix} = \frac{1}{-bc}\begin{bmatrix} d & -b \\ -c & 0 \end{bmatrix} \tag{5.3}$$

으로 유일하게 존재한다.

$a \neq 0$**인 경우**: 이 경우 방정식 (i)와 (ii)는

$$x = -\frac{b}{a}z + \frac{1}{a}, \tag{i-3}$$

$$y = -\frac{b}{a}w \tag{ii-3}$$

이다. 방정식 (i-3)와 (iii)에 의하여

$$(ad-bc)z=-c \tag{iii-3}$$

이고, 방정식 (ii-3)와 (iv)에 의하여

$$(ad-bc)w=a \tag{iv-3}$$

이다. 여기서 $ad-bc=0$이면, 방정식 (iv-3)의 해가 존재하지 않으므로, 방정식 (5.2)의 해가 존재하지 않는다. 또한 $ad-bc\neq 0$이면, 방정식 (iii-3)와 방정식 (iv-3)에 의하여

$$z=\frac{-c}{ad-bc}, \tag{iii-4}$$

$$w=\frac{a}{ad-bc} \tag{iv-4}$$

이고, 방정식 (i-3)와 방정식 (iii-4)에 의하여

$$x=\frac{d}{ad-bc}$$

이고, 방정식 (ii-3)와 방정식 (iv-4)에 의하여

$$y=\frac{-b}{ad-bc}$$

이다. 따라서, $ad-bc\neq 0$이면

$$\begin{bmatrix} x & y \\ z & w \end{bmatrix}=\frac{1}{ad-bc}\begin{bmatrix} d & -b \\ -c & a \end{bmatrix} \tag{5.4}$$

이다. 역행렬은 유일하므로 이 행렬이 방정식 (5.2)이 성립하는 유일해임을 알 수 있다.

$a=0$인 경우 식 (5.4)는 식 (5.3)와 같으므로, 다음과 같이 정리할 수 있다.

정리 5.10. 2차 정사각행렬

$$A = \begin{bmatrix} a & b \\ c & d \end{bmatrix}$$

에 대하여, $ad - bc \neq 0$은 A의 역행렬이 존재하기 위한 필요충분조건이다. A의 역행렬이 존재할 때, 역행렬은

$$A^{-1} = \frac{1}{ad - bc} \begin{bmatrix} d & -b \\ -c & a \end{bmatrix}$$

이다.

위의 정리의 증명 과정에서 2차 정사각행렬 A에 대하여, $AB = I_2$인 행렬 B가 존재하면 $B = A^{-1}$임을 확인할 수 있다. 행렬 A와 B가 정사각행렬이 아닌 경우도 살펴보자.

예제 5.14. 행렬

$$A = \begin{bmatrix} 1 & 2 & 0 \\ 2 & 0 & 1 \end{bmatrix}, \qquad B = \begin{bmatrix} 1 & 0 \\ 0 & 0 \\ -2 & 1 \end{bmatrix}$$

에 대하여, AB와 BA를 구하여라.

풀이 행렬의 곱의 정의에 의하여,

$$AB = \begin{bmatrix} 1 & 0 \\ 0 & 1 \end{bmatrix}, \qquad BA = \begin{bmatrix} 1 & 2 & 0 \\ 0 & 0 & 0 \\ 0 & -4 & 1 \end{bmatrix}$$

이다. ■

예제 5.15. 방정식

$$\begin{bmatrix} 1 & 2 \\ 2 & 3 \end{bmatrix} \begin{bmatrix} x \\ y \end{bmatrix} = \begin{bmatrix} 2 \\ 1 \end{bmatrix}$$

을 풀어라.

풀이 행렬

$$A = \begin{bmatrix} 1 & 2 \\ 2 & 3 \end{bmatrix}$$

의 역행렬은

$$A^{-1} = \frac{1}{1 \cdot 3 - 2 \cdot 2} \begin{bmatrix} 3 & -2 \\ -2 & 1 \end{bmatrix} = \begin{bmatrix} -3 & 2 \\ 2 & -1 \end{bmatrix}$$

이다. 따라서, 방정식의 해는

$$\begin{bmatrix} x \\ y \end{bmatrix} = \begin{bmatrix} -3 & 2 \\ 2 & -1 \end{bmatrix} \begin{bmatrix} 2 \\ 1 \end{bmatrix} = \begin{bmatrix} -4 \\ 3 \end{bmatrix}$$

이다. ■

예제 5.16. 행렬

$$A = \begin{bmatrix} 1 & 3 \\ -1 & -2 \end{bmatrix}$$

의 역행렬 A^{-1}이 존재하는지 판별하고 만약 존재하면 그 역행렬을 구하여라.

풀이 행렬 A에 대하여,

$$1 \cdot (-2) - 3 \cdot (-1) = 1 \neq 0$$

이므로, 역행렬 A^{-1}이 존재한다. 이 때, 역행렬은

$$A^{-1} = \frac{1}{1}\begin{bmatrix} -2 & -3 \\ 1 & 1 \end{bmatrix} = \begin{bmatrix} -2 & -3 \\ 1 & 1 \end{bmatrix}$$

이다. ■

n차 정사각행렬들의 집합 $\mathcal{M}_{n\times n}$에서 다음과 같은 역행렬의 기본 성질들이 성립한다.

(가) 단위행렬 I_n에 대하여,

$$I_n I_n = I_n$$

이므로 I_n은 정칙행렬이고 I_n의 역행렬은 $I_n^{-1} = I_n$이다.

(나) 행렬 A가 정칙행렬이면,

$$AA^{-1} = A^{-1}A = I_n$$

이므로 A^{-1}도 정칙행렬이며 A^{-1}의 역행렬은 $(A^{-1})^{-1} = A$이다.

(다) 행렬 A가 정칙행렬이고 상수 k가 0이 아니면,

$$(kA)\left(\frac{1}{k}A^{-1}\right) = AA^{-1} = I_n, \quad \left(\frac{1}{k}A^{-1}\right)(kA) = A^{-1}A = I_n$$

이므로 kA는 정칙행렬이고 kA의 역행렬은 $(kA)^{-1} = \frac{1}{k}A^{-1}$이다.

(라) 행렬 A가 정칙행렬이면,

$$A^T\left(A^{-1}\right)^T = \left(A^{-1}A\right)^T = I_n^T = I_n$$

이고

$$\left(A^{-1}\right)^T A^T = \left(AA^{-1}\right)^T = I_n^T = I_n$$

이므로 A^T도 정칙행렬이고 A^T의 역행렬은 $(A^T)^{-1} = (A^{-1})^T$이다.

(마) 행렬 A와 B가 정칙행렬이면,

$$(AB)(B^{-1}A^{-1}) = A\left(BB^{-1}\right)A^{-1} = I_n$$

이고

$$(B^{-1}A^{-1})(AB) = B^{-1}\left(A^{-1}A\right)B = I_n$$

이므로 AB도 정칙행렬이고 AB의 역행렬은 $(AB)^{-1} = B^{-1}A^{-1}$이다.

이를 정리하면 다음과 같다.

정리 5.11. n차 정사각행렬들의 집합 $\mathcal{M}_{n\times n}$에서 다음이 성립한다.

(가) 단위행렬 I_n은 정칙행렬이고 $I_n^{-1} = I_n$이다;

(나) 행렬 A가 정칙행렬이면 A^{-1}도 정칙행렬이며 이 때 $(A^{-1})^{-1} = A$ 이다;

(다) 정칙행렬 A와 영이 아닌 상수 k에 대하여 kA는 정칙행렬이고 $(kA)^{-1} = \frac{1}{k}A^{-1}$이다;

(라) 행렬 A가 정칙행렬이면 A^T도 정칙행렬이고 이 때 $(A^T)^{-1} = (A^{-1})^T$이다.

(마) 행렬 A와 B가 정칙행렬이면 AB도 정칙행렬이고 $(AB)^{-1} = B^{-1}A^{-1}$이다.

예제 5.17. 행렬

$$A = \begin{bmatrix} 1 & 0 \\ a & 1 \end{bmatrix}$$

에 대하여 다음 물음에 답하여라. 여기서 a는 임의의 상수이다.

(가) 행렬 A가 정칙행렬임을 보이고, 역행렬 A^{-1}을 구하여라.

(나) 임의의 자연수 m에 대하여 A^m을 구하여라.

(다) 임의의 자연수 m에 대하여 $A^{-m} = (A^{-1})^m$을 구하여라.

풀이 (가) 행렬 A에 대하여

$$1 \cdot 1 - 0 \cdot a = 1 \neq 0$$

이므로, A는 정칙행렬이다. 행렬 A의 역행렬은

$$A^{-1} = \frac{1}{1 \cdot 1 - 0 \cdot a}\begin{bmatrix} 1 & 0 \\ -a & 1 \end{bmatrix} = \begin{bmatrix} 1 & 0 \\ -a & 1 \end{bmatrix}$$

이다.

(나) 자연수 2에 대하여,

$$A^2 = \begin{bmatrix} 1 & 0 \\ a & 1 \end{bmatrix}\begin{bmatrix} 1 & 0 \\ a & 1 \end{bmatrix} = \begin{bmatrix} 1 & 0 \\ 2a & 1 \end{bmatrix}$$

이다. 자연수 m에 대하여

$$A^{m+1} = \begin{bmatrix} 1 & 0 \\ a & 1 \end{bmatrix}\begin{bmatrix} 1 & 0 \\ ma & 1 \end{bmatrix} = \begin{bmatrix} 1 & 0 \\ (m+1)a & 1 \end{bmatrix}$$

이다. 따라서, 수학적 귀납법에 의하여 자연수 m에 대하여

$$A^m = \begin{bmatrix} 1 & 0 \\ ma & 1 \end{bmatrix}$$

이다.

(다) 자연수 m에 대하여,

$$A^{-m} = (A^m)^{-1} = \frac{1}{1 \cdot 1 - 0 \cdot (ma)}\begin{bmatrix} 1 & 0 \\ -ma & 1 \end{bmatrix} = \begin{bmatrix} 1 & 0 \\ -ma & 1 \end{bmatrix}$$

이다. ■

예제 5.18. 행렬

$$A = \begin{bmatrix} 3 & 1 \\ 2 & 1 \end{bmatrix}, \qquad B = \begin{bmatrix} 1 & 2 \\ 0 & 1 \end{bmatrix}$$

에 대하여, 다음 행렬을 구하여라.

(가) A^{-1} (나) B^{-1}

(다) $B^{-1}A^{-1}$ (라) AB

(마) $(AB)^{-1}$ (바) A^T

(사) $(A^T)^{-1}$ (아) $(A^{-1})^T$

풀이 (가) $A^{-1} = \dfrac{1}{3\cdot 1 - 1\cdot 2}\begin{bmatrix} 1 & -1 \\ -2 & 3 \end{bmatrix} = \begin{bmatrix} 1 & -1 \\ -2 & 3 \end{bmatrix}$

(나) $B^{-1} = \dfrac{1}{1\cdot 1 - 2\cdot 0}\begin{bmatrix} 1 & -2 \\ 0 & 1 \end{bmatrix} = \begin{bmatrix} 1 & -2 \\ 0 & 1 \end{bmatrix}$

(다) $B^{-1}A^{-1} = \begin{bmatrix} 1 & -2 \\ 0 & 1 \end{bmatrix}\begin{bmatrix} 1 & -1 \\ -2 & 3 \end{bmatrix} = \begin{bmatrix} 5 & -7 \\ -2 & 3 \end{bmatrix}$

(라) $AB = \begin{bmatrix} 3 & 1 \\ 2 & 1 \end{bmatrix}\begin{bmatrix} 1 & 2 \\ 0 & 1 \end{bmatrix} = \begin{bmatrix} 3 & 7 \\ 2 & 5 \end{bmatrix}$

(마) $(AB)^{-1} = \dfrac{1}{3\cdot 5 - 7\cdot 2}\begin{bmatrix} 5 & -7 \\ -2 & 3 \end{bmatrix} = \begin{bmatrix} 5 & -7 \\ -2 & 3 \end{bmatrix}$

(바) $A^T = \begin{bmatrix} 3 & 2 \\ 1 & 1 \end{bmatrix}$

(사) $(A^T)^{-1} = \dfrac{1}{3\cdot 1 - 2\cdot 1}\begin{bmatrix} 1 & -2 \\ -1 & 3 \end{bmatrix} = \begin{bmatrix} 1 & -2 \\ -1 & 3 \end{bmatrix}$

(아) $(A^{-1})^T = \begin{bmatrix} 1 & -2 \\ -1 & 3 \end{bmatrix}$ ■

연습문제 5.2

1. 행렬

$$A = \begin{bmatrix} 1 & 4 & 2 \\ a & -1 & 5 \\ b & c & -2 \end{bmatrix}, \qquad B = \begin{bmatrix} 0 & 2 & -1 \\ d & e & 4 \\ f & g & h \end{bmatrix}$$

에 대하여, A는 대칭행렬이고 B는 교대행렬이다. 이 때, a, b, c, d, e, f, g, h를 구하여라.

2. 방정식

$$\begin{bmatrix} 2 & 1 \\ 4 & 1 \end{bmatrix} \begin{bmatrix} x \\ y \end{bmatrix} = \begin{bmatrix} 1 \\ 3 \end{bmatrix}$$

을 풀어라.

3. 행렬

$$A = \begin{bmatrix} 3 & 2 \\ 4 & 3 \end{bmatrix}$$

의 역행렬 A^{-1}이 존재하는지 판별하고 만약 존재하면 그 역행렬을 구하여라.

4. 행렬

$$A = \begin{bmatrix} 1 & 3 \\ 1 & 4 \end{bmatrix}, \qquad B = \begin{bmatrix} 2 & 1 \\ 4 & 3 \end{bmatrix}$$

에 대하여, 다음 행렬을 구하여라.

(가) A^{-1} (나) B^{-1}

(다) $B^{-1}A^{-1}$ (라) AB

(마) $(AB)^{-1}$ (바) A^T

(사) $(A^T)^{-1}$ (아) $(A^{-1})^T$

5.3 연립일차방정식과 기본행연산

이 절에서는 연립일차방정식의 해의 존재성과, 해가 존재하는 경우 그 해를 구하는 방법에 대하여 알아본다.

변수 $x_1, x_2, \ldots, x_n$와 상수 a_{ij} $(1 \le i \le n,\ 1 \le j \le n)$, b_j $(1 \le j \le m)$에 대하여

$$\begin{cases} a_{11}x_1 + a_{12}x_2 + \cdots + a_{1n}x_n = b_1, \\ a_{21}x_1 + a_{22}x_2 + \cdots + a_{2n}x_n = b_2, \\ \qquad\qquad\qquad\vdots \\ a_{m1}x_1 + a_{m2}x_2 + \cdots + a_{mn}x_n = b_m \end{cases} \tag{5.5}$$

을 $x_1, x_2, \ldots, x_n$에 대한 **연립일차방정식**이라고 한다. 그리고 $b_1 = b_2 = \cdots = b_m = 0$이면 이 연립일차방정식을 **동차연립일차방정식**이라고 한다. 실수들의 n짝 $(s_1, s_2, \ldots, s_n)$에 대하여, $x_1 = s_1, x_2 = s_2, \ldots, x_n = s_n$이 모든 일차방정식의 해이면 $(s_1, s_2, \ldots, s_n)$를 연립일차방정식 (5.5)의 **해**라고 한다.

연립일차방정식

$$\begin{cases} a_1x + b_1y = c_1, \\ a_2x + b_2y = c_2 \end{cases}$$

을 풀어보자.

(가) 먼저 $a_1 : b_1 = a_2 : b_2$일 때, 즉 $a_1b_2 = a_2b_1$일 때를 살펴 보자. 만약에

$$(a_1, b_1, c_1) = (ta_2, tb_2, tc_2)$$

인 실수 t가 존재하면, t는 0이 아닌 실수이다. 왜냐하면 $t = 0$이면 $a_1 = a_2 = c_1 = 0$이므로

$$a_1x + b_1y = c_1 \tag{5.6}$$

이 일차방정식일 수 없기 때문이다. 이 경우 두 일차방정식의 그래프는 같은 직선을 나타내므로 연립일차방정식의 해는 일차방정식 5.6의 해와 같다. 이 때 해는 $a_1 \neq 0$이면

$$\begin{cases} x = \dfrac{c_1 - b_1s}{a_1} \\ y = s \end{cases}$$

이고 $a_1 = 0$이면

$$\begin{cases} x = s \\ y = -\dfrac{c_1}{b_1} \end{cases}$$

이다. 여기서 s는 임의의 실수이다.

(나) $a_1 : b_1 = a_2 : b_2$이지만

$$(a_1, b_1, c_1) = (ta_2, tb_2, tc_2)$$

인 실수 t가 존재하지 않으면, 두 일차방정식의 그래프는 평행한 두 직선을 나타내고, 이 때, 연립일차방정식의 해는 존재하지 않는다.

(다) $a_1 : b_1 \neq a_2 : b_2$일 때는, 행렬식

$$\begin{bmatrix} a_1 & b_1 \\ a_2 & b_2 \end{bmatrix} \begin{bmatrix} x \\ y \end{bmatrix} = \begin{bmatrix} c_1 \\ c_2 \end{bmatrix}$$

로부터

$$\begin{aligned} \begin{bmatrix} x \\ y \end{bmatrix} &= \begin{bmatrix} a_1 & b_1 \\ a_2 & b_2 \end{bmatrix}^{-1} \begin{bmatrix} c_1 \\ c_2 \end{bmatrix} \\ &= \frac{1}{a_1b_2 - a_2b_1} \begin{bmatrix} b_2 & -b_1 \\ -a_2 & a_1 \end{bmatrix} \begin{bmatrix} c_1 \\ c_2 \end{bmatrix} = \frac{1}{a_1b_2 - a_2b_1} \begin{bmatrix} b_2c_1 - b_1c_2 \\ -a_2c_1 + a_1c_2 \end{bmatrix} \end{aligned}$$

이므로, 연립일차방정식의 해는

$$\begin{cases} x = \dfrac{b_2c_1 - b_1c_2}{a_1b_2 - a_2b_1} \\ y = \dfrac{-a_2c_1 + a_1c_2}{a_1b_2 - a_2b_1} \end{cases}$$

로 유일하다.

연립일차방정식을 풀기 위하여 다음의 기본연산들을 적용하여 연립일차방정식을 간단한 행태로 만들 수 있다.

(I) 두 일차방정식의 위치를 서로 바꾼다.

(II) 한 일차방정식의 양 변에 0이 아닌 상수를 곱한다.

(III) 한 일차방정식을, 그 일차방정식에 다른 일차방정식의 상수배를 더한 식으로 바꾼다.

예제 5.19. 연립일차방정식

$$2x - y = 5, \tag{1-1}$$
$$x + 3y = 6 \tag{1-2}$$

을 풀어라.

풀이 위의 연립일차방정식을 풀기 위하여, 먼저 식 (1-1)과 식 (1-2)를 서로 바꾸어(I), 연립일차방정식

$$x + 3y = 6, \tag{2-1}$$
$$2x - y = 5 \tag{2-2}$$

로 변경한다. 이제 식 (2-2) 대신에 (2-2) $-\ 2 \times$ (2-1)로 변경하여(III), 연립일차방정식

$$x + 3y = 6, \tag{3-1}$$
$$-7y = -7 \tag{3-2}$$

로 변경한다. 식 (3-2)를 $-1/7$배하여(II), 연립일차방정식

$$x + 3y = 6, \tag{4-1}$$
$$y = 1 \tag{4-2}$$

로 변경한다. 마지막으로 식 (4-1) 대신에 (4-1) $-\ 3 \times$ (4-2)로 변경하면(III),

$$x = 3,$$
$$y = 1$$

이 연립일차방정식의 해임을 알 수 있다. ■

연립일차방정식의 풀이 방법을 행렬을 이용하여 알아보자. 먼저 다음의 정의부터 시작하자. 행렬 $A = [a_{ij}]_{m\times n}$와 $B = [b_{ij}]_{m\times k}$에 대하여,

$$c_{ij} = \begin{cases} a_{ij} & 1 \le j \le n\text{일 때,} \\ b_{i(j-n)} & n+1 \le j \le n+k\text{일 때} \end{cases}$$

로 정의되는 행렬 $C = [c_{ij}]_{m\times(n+k)}$을 A와 B의 **붙임행렬**이라고 한다.

연립일차방정식 (5.5)의 행렬표현은

$$\begin{bmatrix} a_{11} & a_{12} & \cdots & a_{1n} \\ a_{21} & a_{22} & \cdots & a_{2n} \\ \vdots & \vdots & \ddots & \vdots \\ a_{m1} & a_{m2} & \cdots & a_{mn} \end{bmatrix} \begin{bmatrix} x_1 \\ x_2 \\ \vdots \\ x_n \end{bmatrix} = \begin{bmatrix} b_1 \\ b_2 \\ \vdots \\ b_m \end{bmatrix}$$

이다. 이 때, 행렬 $[a_{ij}]_{m\times n}$와 $B = [b_i]_{m\times 1}$의 붙임행렬

$$\begin{bmatrix} a_{11} & a_{12} & \cdots & a_{1n} & b_1 \\ a_{21} & a_{22} & \cdots & a_{2n} & b_2 \\ \vdots & \vdots & \ddots & \vdots & \vdots \\ a_{m1} & a_{m2} & \cdots & a_{mn} & b_m \end{bmatrix}$$

을 연립일차방정식 (5.5)의 **붙임행렬**이라고 한다.

연립일차방정식에 대한 기본연산들에 대응하는 다음의 연산들을 살펴보자. $m \times (n+1)$ 행렬 A에 대하여, 행에 관한 연산

(I) A의 제 i행과 제 j행을 서로 맞바꾼다;

(II) 0이 아닌 상수 a에 대하여, A의 제 i행을 a배 한다;

(III) 상수 a에 대하여, A의 제 i행에 제 j행의 a배를 더한다

들을 **기본행연산**이라고 한다. 단위행렬 I_n에 기본행연산을 한 번 수행하여 만들어진 행렬을 **기본행렬**이라고 한다.

예제 5.20. 연립일차방정식

$$\begin{cases} 2x - y = 5, \\ x + 3y = 6 \end{cases}$$

을 풀어라.

풀이 위의 연립일차방정식의 붙임행렬은

$$\begin{bmatrix} 2 & -1 & 5 \\ 1 & 3 & 6 \end{bmatrix}$$

이다. 연립일차방정식을 풀기 위하여, 먼저 붙임행렬의 제 1행과 제 2행을 바꾸면 붙임행렬은

$$\begin{bmatrix} 1 & 3 & 6 \\ 2 & -1 & 5 \end{bmatrix}$$

로 변경된다. 이 행렬의 제 2행에 제 1행의 −2배를 더하면 행렬은

$$\begin{bmatrix} 1 & 3 & 6 \\ 0 & -7 & -7 \end{bmatrix}$$

로 변경된다. 이 행렬의 제 2행을 −1/7배 하면 행렬은

$$\begin{bmatrix} 1 & 3 & 6 \\ 0 & 1 & 1 \end{bmatrix}$$

로 변경된다. 마지막으로 제 1행에 제 2행의 −3배를 더하면 행렬은

$$\begin{bmatrix} 1 & 0 & 3 \\ 0 & 1 & 1 \end{bmatrix}$$

로 변경된다. 이 행렬로부터, 연립일차방정식의 해는

$$\begin{cases} x = 3, \\ y = 1 \end{cases}$$

임을 알 수 있다. ■

예제 5.21. 연립일차방정식

$$\begin{cases} 3x - 2y + z = 4, \\ x + y - 3z = 5 \end{cases}$$

을 풀어라.

풀이 위의 연립일차방정식의 붙임행렬은

$$\begin{bmatrix} 3 & -2 & 1 & 4 \\ 1 & 1 & -3 & 5 \end{bmatrix}$$

이다. 연립일차방정식을 풀기 위하여, 먼저 붙임행렬의 제 1행과 제 2행을 바꾸면 붙임행렬은

$$\begin{bmatrix} 1 & 1 & -3 & 5 \\ 3 & -2 & 1 & 4 \end{bmatrix}$$

로 변경된다. 이 행렬의 제 2행에 제 1행의 -3배를 더하면 행렬은

$$\begin{bmatrix} 1 & 1 & -3 & 5 \\ 0 & -5 & 10 & -11 \end{bmatrix}$$

로 변경된다. 이 행렬의 제 2행을 $-1/5$배 하면 행렬은

$$\begin{bmatrix} 1 & 1 & -3 & 5 \\ 0 & 1 & -2 & 11/5 \end{bmatrix}$$

로 변경된다. 마지막으로 제 1행에 제 2행의 -1배를 더하면 행렬은

$$\begin{bmatrix} 1 & 0 & -1 & 14/5 \\ 0 & 1 & -2 & 11/5 \end{bmatrix}$$

로 변경된다. 이 행렬로부터, 연립일차방정식의 해는

$$\begin{cases} x = t + \dfrac{14}{5}, \\ y = 2t + \dfrac{11}{5}, \\ z = t \end{cases}$$

임을 알 수 있다. ■

보기 5.5. 크기가 $4 \times (n+1)$인 행렬 A의 제 1행과 제 3행을 서로 바꾸는 기본연산은, 기본행렬

$$E_1 = \begin{bmatrix} 0 & 0 & 1 & 0 \\ 0 & 1 & 0 & 0 \\ 1 & 0 & 0 & 0 \\ 0 & 0 & 0 & 1 \end{bmatrix}$$

를 A의 왼쪽에 곱하면 된다. 즉, 행렬 A에서 제 1행과 제 3행이 바뀐 행렬은 E_1A이다. A의 제 2행을 3배하는 기본연산은, 기본행렬

$$E_2 = \begin{bmatrix} 1 & 0 & 0 & 0 \\ 0 & 3 & 0 & 0 \\ 0 & 0 & 1 & 0 \\ 0 & 0 & 0 & 1 \end{bmatrix}$$

를 A의 왼쪽에 곱하면 된다. 즉, 행렬 A에서 제 2행을 3배한 행렬은 E_2A이다. A의 제 4행에 제 1행의 2배를 더하는 기본연산은, 기본행렬

$$E_3 = \begin{bmatrix} 1 & 0 & 0 & 0 \\ 0 & 1 & 0 & 0 \\ 0 & 0 & 1 & 0 \\ 2 & 0 & 0 & 1 \end{bmatrix}$$

를 A의 왼쪽에 곱하면 된다. 즉, 행렬 A에서 제 4행에 제 1행의 2배를 더한 행렬은 E_3A이다.

기본행렬의 유형에 따라서 다음을 알 수 있다.

(가) 기본행렬 E_1가 (I)형이라고 가정하자. 그러면, $E_1E_1 = I_n$이므로 E_1은 정칙행렬이고 $E_1^{-1} = E_1$이다.

(나) 기본행렬 E_2가 (II)형으로, E_2는 단위행렬 I_n에서 제 i번째 행이 0이 아닌 상수 a배 하여 만들어진 행렬이라고 가정하자. 그러면 단위행렬 I_n에서 제 i번째 행이 $1/a$배 하여 만들어진 기본행렬을 E라고 놓으면, $EE_2 = I_n = E_2E$이다. 즉, E_2는 정칙행렬이고 $E_2^{-1} = E$이다.

(다) 기본행렬 E_3가 (III)형으로, E_3는 단위행렬 I_n에서 제 i번째 행에 j행의 b배가 더해진 행렬이라고 가정하자. 그러면 단위행렬 I_n에서 제 i행에 제 j행의 $-b$배를 더하여 만들어진 기본행렬을 F라고 놓으면, $FE_3 = I_n = E_3F$이다. 즉, E_3는 정칙행렬이고 $E_3^{-1} = F$이다.

이를 정리하면 다음과 같다.

정리 5.12. 크기가 $n \times n$인 기본행렬은 정칙행렬이다.

예제 5.22. 다음의 기본행렬의 역행렬을 구하여라.

$$E_1 = \begin{bmatrix} 1 & 0 & 0 \\ 0 & 0 & 1 \\ 0 & 1 & 0 \end{bmatrix}, \quad E_2 = \begin{bmatrix} 1 & 0 & 0 \\ 0 & 2 & 0 \\ 0 & 0 & 1 \end{bmatrix}, \quad E_3 = \begin{bmatrix} 1 & 0 & 0 \\ 0 & 1 & 0 \\ 3 & 0 & 1 \end{bmatrix}$$

풀이 행렬 E_1은 (I)형의 기본행렬로서,

$$\begin{bmatrix} 1 & 0 & 0 \\ 0 & 0 & 1 \\ 0 & 1 & 0 \end{bmatrix} \begin{bmatrix} 1 & 0 & 0 \\ 0 & 0 & 1 \\ 0 & 1 & 0 \end{bmatrix} = I_3$$

이므로, $E_1^{-1} = E_1$이다.

행렬 E_2은 (II)형의 기본행렬로서,

$$\begin{bmatrix}1 & 0 & 0\\ 0 & 1/2 & 0\\ 0 & 0 & 1\end{bmatrix}\begin{bmatrix}1 & 0 & 0\\ 0 & 2 & 0\\ 0 & 0 & 1\end{bmatrix} = I_3$$

이므로,

$$E_2^{-1} = \begin{bmatrix}1 & 0 & 0\\ 0 & 1/2 & 0\\ 0 & 0 & 1\end{bmatrix}$$

이다.

행렬 E_3은 (III)형의 기본행렬로서,

$$\begin{bmatrix}1 & 0 & 0\\ 0 & 1 & 0\\ -3 & 0 & 1\end{bmatrix}\begin{bmatrix}1 & 0 & 0\\ 0 & 1 & 0\\ 3 & 0 & 1\end{bmatrix} = I_3$$

이므로,

$$E_3^{-1} = \begin{bmatrix}1 & 0 & 0\\ 0 & 1 & 0\\ -3 & 0 & 1\end{bmatrix}$$

이다. ■

5.3.1 가우스-조르당 소거법

$m \times n$ 행렬 A에 기본행연산을 유한 번 시행하여 얻은 행렬을 B라고 하자. 이들 기본행연산에 대응하는 $m \times m$ 기본행렬을 차례로 $E_1, E_2, \ldots, E_s$라고 놓으면

$$B = E_s \cdots E_2 E_1 A$$

이다. 이 때 $P = E_s \cdots E_2 E_1$은 정칙행렬이다.

행렬 중에서 아래의 조건 (1)과 (2)와 (3)이 성립하는 행렬을 **행사다리꼴행렬**이라고 하고, 조건 (1)과 (2)와 (3)과 (4)가 성립하는 행렬을 **기약행사다리꼴행렬**이라고 한다.

(1) 행 중에서 성분이 0으로만 이루어진 행은 아래쪽에 놓여있다.

(2) 각 행에서 처음으로 0이 아닌 성분(**선행성분**)이 있으면, 이 성분은 1이다.

(3) 선행성분들은 행의 번호가 클수록 오른쪽에 놓여있다. 즉, $a_{ij} = 1$와 $a_{k\ell} = 1$이 선행성분들이고 $i < k$이면 $j < \ell$이다.

(4) 선행성분 1을 포함하는 열의 나머지 성분들은 모두 0이다.

보기 5.6. 행렬

$$\begin{bmatrix} 1 & 2 & 3 & 4 & 5 \\ 0 & 0 & 1 & 1 & 3 \\ 0 & 0 & 0 & 1 & 1 \\ 0 & 0 & 0 & 0 & 0 \end{bmatrix}$$

는 행사다리꼴행렬이다. 이 때, $(1,1)$성분과 $(2,3)$ 성분과 $(3,4)$ 성분이 이 행렬의 모든 선행성분들이다. $(2,4)$ 성분과 $(3,5)$ 성분은 모두 값이 1이지만, $(2,4)$ 성분은 2행에서 처음으로 값이 1인 성분이 아니고 $(3,5)$ 성분은 3행에서 처음으로 값이 1인 성분이 아니다. 행렬

$$\begin{bmatrix} 1 & 2 & 0 & 0 & 5 \\ 0 & 0 & 1 & 0 & 3 \\ 0 & 0 & 0 & 1 & 1 \\ 0 & 0 & 0 & 0 & 0 \end{bmatrix}$$

는 기약행사다리꼴행렬이다.

임의의 행렬에 유한 번의 기본행연산을 적용하여 기약행사다리꼴행렬을 만들 수 있으므로, 다음이 성립한다.

정리 5.13. 크기가 $m \times n$인 행렬 A에 대하여,

$$E_s E_{s-1} \cdots E_1 A$$

이 기약행사다리꼴인, 유한 개의 기본행렬 $E_1, E_2, \ldots, E_s$가 존재한다.

크기가 $m \times n$인 행렬 A와 단위행렬 I_m으로 만들어진 붙임행렬 $[A|I_m]$에 기본행렬 $E_1, E_2, \ldots, E_s$를 차례대로 곱하면,

$$[E_s E_{s-1} \cdot E_1 A | E_s E_{s-1} \cdots E_1]$$

이다. 이제 $P = E_s E_{s-1} \cdots E_1$으로 놓으면

$$[E_s E_{s-1} \cdot E_1 A | E_s E_{s-1} \cdots E_1] = [PA|P]$$

이다.

예제 5.23. 행렬

$$A = \begin{bmatrix} 2 & -1 & 5 \\ 1 & 3 & 6 \end{bmatrix}$$

에 대하여,

$$E_s E_{s-1} \cdots E_1 A$$

이 기약행사다리꼴인 기본행렬 $E_1, E_2, \ldots, E_s$를 구하여라.

풀이 행렬 A의 1행과 2행의 순서를 바꾸는 기본연산을 하면

$$E_1 A = \begin{bmatrix} 0 & 1 \\ 1 & 0 \end{bmatrix} \begin{bmatrix} 2 & -1 & 5 \\ 1 & 3 & 6 \end{bmatrix} = \begin{bmatrix} 1 & 3 & 6 \\ 2 & -1 & 5 \end{bmatrix}$$

이다. 행렬 $E_1 A$의 2행에 1행의 -2배를 더하면

$$E_2 E_1 A = \begin{bmatrix} 1 & 0 \\ -2 & 1 \end{bmatrix} \begin{bmatrix} 1 & 3 & 6 \\ 2 & -1 & 5 \end{bmatrix} = \begin{bmatrix} 1 & 3 & 6 \\ 0 & -7 & -7 \end{bmatrix}$$

이다. 행렬 $E_2 E_1 A$의 2행을 $-1/7$배하면

$$E_3 E_2 E_1 A = \begin{bmatrix} 1 & 0 \\ 0 & -\frac{1}{7} \end{bmatrix} \begin{bmatrix} 1 & 3 & 6 \\ 0 & -7 & -7 \end{bmatrix} = \begin{bmatrix} 1 & 3 & 6 \\ 0 & 1 & 1 \end{bmatrix}$$

이다. 행렬 $E_3E_2E_1A$의 1행에 2행의 -3배를 더하면

$$E_4E_3E_2E_1A = \begin{bmatrix} 1 & -3 \\ 0 & 1 \end{bmatrix} \begin{bmatrix} 1 & 3 & 6 \\ 0 & 1 & 1 \end{bmatrix} = \begin{bmatrix} 1 & 0 & 3 \\ 0 & 1 & 1 \end{bmatrix}$$

이다. 행렬 $E_4E_3E_2E_1A$은 기약행사다리꼴이므로, 구하려는 기본행렬은

$$E_4 = \begin{bmatrix} 1 & -3 \\ 0 & 1 \end{bmatrix}, \quad E_3 = \begin{bmatrix} 1 & 0 \\ 0 & -\frac{1}{7} \end{bmatrix}, \quad E_2 = \begin{bmatrix} 1 & 0 \\ -2 & 1 \end{bmatrix}, \quad E_1 = \begin{bmatrix} 0 & 1 \\ 1 & 0 \end{bmatrix}$$

이다. ■

5.3.2 역행렬 구하기

$n \times n$ 행렬 A와 단위행렬 I_n으로 만들어진 붙임행렬 $[A|I_n]$에 기본행렬 $E_1, E_2, \ldots, E_s$를 차례대로 곱하면,

$$[B|P] = [E_sE_{s-1} \cdot E_1A|E_sE_{s-1} \cdots E_1]$$

이다. 여기서 $P = E_sE_{s-1} \cdots E_1$이고 $B = PA$이다. 행렬 B가 기약행사다리꼴행렬이라고 가정하자. 그러면 $B = I_n$이 A가 정칙행렬이기 위한 필요충분조건임을 알 수 있으며, A가 정칙행렬일 때

$$A^{-1} = E_sE_{s-1} \cdot E_1$$

임을 알 수 있다.

예제 5.24. 행렬

$$A = \begin{bmatrix} 1 & 2 & 1 \\ 2 & 3 & 2 \\ 1 & 3 & 3 \end{bmatrix}$$

의 역행렬을 구하여라.

풀이 행렬 A의 역행렬을 구하기 위하여,

$$\left[\begin{array}{ccc:ccc} 1 & 2 & 1 & 1 & 0 & 0 \\ 2 & 3 & 2 & 0 & 1 & 0 \\ 1 & 3 & 3 & 0 & 0 & 1 \end{array}\right]$$

에서 출발하자. 제 2행과 제 3행의 첫 번째 성분을 0으로 만들기 위하여 기본행연산을 실행하면

$$\left[\begin{array}{ccc:ccc} 1 & 2 & 1 & 1 & 0 & 0 \\ 0 & -1 & 0 & -2 & 1 & 0 \\ 0 & 1 & 2 & -1 & 0 & 1 \end{array}\right]$$

이다. 이제 제 2행의 선행성분을 1이 되게 하는 기본행연산을 실행하면

$$\left[\begin{array}{ccc:ccc} 1 & 2 & 1 & 1 & 0 & 0 \\ 0 & 1 & 0 & 2 & -1 & 0 \\ 0 & 1 & 2 & -1 & 0 & 1 \end{array}\right]$$

이다. 제 3행의 두 번째 성분을 0으로 만드는 기본행연산을 실행하면

$$\left[\begin{array}{ccc:ccc} 1 & 2 & 1 & 1 & 0 & 0 \\ 0 & 1 & 0 & 2 & -1 & 0 \\ 0 & 0 & 2 & -3 & 1 & 1 \end{array}\right]$$

이다. 제 3행의 선행성분을 1로 만드는 기본행연산을 실행하면

$$\left[\begin{array}{ccc:ccc} 1 & 2 & 1 & 1 & 0 & 0 \\ 0 & 1 & 0 & 2 & -1 & 0 \\ 0 & 0 & 1 & -\frac{3}{2} & \frac{1}{2} & \frac{1}{2} \end{array}\right]$$

이고, 제 1행의 세 번째 성분을 0으로 만드는 기본행연산을 실행하면

$$\left[\begin{array}{ccc:ccc} 1 & 2 & 0 & \frac{5}{2} & -\frac{1}{2} & -\frac{1}{2} \\ 0 & 1 & 0 & 2 & -1 & 0 \\ 0 & 0 & 1 & -\frac{3}{2} & \frac{1}{2} & \frac{1}{2} \end{array}\right]$$

이다. 이제 제 1행의 두 번째 성분을 0으로 만드는 기본행연산을 실행하면

$$\left[\begin{array}{ccc:ccc} 1 & 0 & 0 & -\frac{3}{2} & \frac{3}{2} & -\frac{1}{2} \\ 0 & 1 & 0 & 2 & -1 & 0 \\ 0 & 0 & 1 & -\frac{3}{2} & \frac{1}{2} & \frac{1}{2} \end{array}\right]$$

이다. 따라서 행렬 A의 역행렬은

$$A^{-1} = \begin{bmatrix} -\frac{3}{2} & \frac{3}{2} & -\frac{1}{2} \\ 2 & -1 & 0 \\ -\frac{3}{2} & \frac{1}{2} & \frac{1}{2} \end{bmatrix}$$

이다. ■

연습문제 5.3

1. 연립일차방정식

$$\begin{cases} x - 2y = 4, \\ 2x + 3y = 5 \end{cases}$$

를 풀어라.

2. 연립일차방정식

$$\begin{cases} 2x - 3y + z = 6, \\ 3x + 4y - 2z = 4, \\ x - 2y - z = 3 \end{cases}$$

을 풀어라.

3. 기본행렬

$$E_1 = \begin{bmatrix} 1 & 0 & 0 & 0 \\ 0 & 0 & 0 & 1 \\ 0 & 0 & 1 & 0 \\ 0 & 1 & 0 & 0 \end{bmatrix}, \quad E_2 = \begin{bmatrix} 1 & 0 & 0 & 0 \\ 0 & 1 & 0 & 0 \\ 0 & 0 & 4 & 0 \\ 0 & 0 & 0 & 1 \end{bmatrix}, \quad E_3 = \begin{bmatrix} 1 & 0 & 0 & 0 \\ 2 & 1 & 0 & 0 \\ 0 & 0 & 1 & 0 \\ 0 & 0 & 0 & 1 \end{bmatrix}$$

의 역행렬을 구하여라.

4. 행렬

$$A = \begin{bmatrix} 3 & -2 & 4 \\ 2 & 8 & 6 \end{bmatrix}$$

에 대하여,

$$E_s E_{s-1} \cdots E_1 A$$

이 기약행사다리꼴인 기본행렬 $E_1, E_2, \ldots, E_s$를 구하여라.

5. 행렬

$$A = \begin{bmatrix} 2 & -4 & 1 \\ 1 & 3 & -2 \\ 5 & -3 & 2 \end{bmatrix}$$

의 역행렬을 구하여라.

제 6 장

행렬식

동형일차사상은 행렬로 표현할 수 있다. 정사각행렬의 행렬식은 동형일차사상에 대한 중요한 정보이다. 이 장에서는, 행렬식을 구하는 방법을 찾을 것이고 행렬식을 이용하여 역행렬을 구하는 방법과 연립일차방정식을 구하는 방법을 알아볼 것이다.

6.1 크기가 2인 정사각행렬의 행렬식

크기가 2인 정사각행렬

$$A = \begin{bmatrix} a & c \\ b & d \end{bmatrix}$$

에 대하여, $ad - bc \neq 0$는 A의 역행렬이 존재하기 위한 필요충분조건이다. 행렬 A에 대하여 $ad - bc$를 A의 **행렬식**이라고 하고 $\det A$로 나타낸다.

행렬 A의 행렬식은 A의 열벡터 $\mathbf{c}_1 = (a, b)$와 $\mathbf{c}_2 = (c, d)$가 두 변을 이루는 평행사변형의 넓이와 같다. 평면 $\mathbb{R}^2$에 놓인 두 점 $\mathbf{p} = (a, b)$와 $\mathbf{q} = (c, d)$에 대하여, 점 $\mathbf{0} = (0, 0)$, $\mathbf{p}$, $\mathbf{q}$, $\mathbf{p} + \mathbf{q} = (a + c, b + d)$이 꼭지점들인 평행사변형의 넓이 S를 구하여 보자. 여기서 넓이 S는 음수도 허용한다.

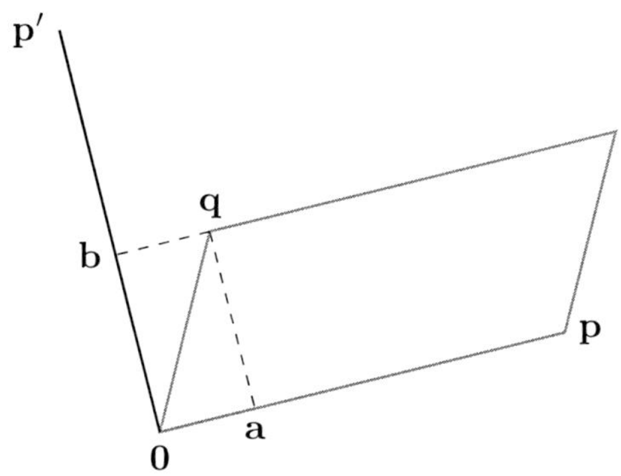

그림 6.1 평행사변형의 넓이

먼저 $\mathbf{p} = (0, 0)$이면, 평행사변형은 직선에 포함되므로, $S = 0$이다.

이제 $\mathbf{p} \neq (0, 0)$일 때를 살펴보자. 먼저 $\mathbf{p}$를 각 $\pi/2$ 만큼 회전시킨 점을 $\mathbf{p}'$으로 놓으면 $\mathbf{p}' = (-b, a)$이다. 그리고 $\mathbf{q}$를 직선 $\overline{\mathbf{0p}}$에 사영시킨 점을 $\mathbf{a}$라고 놓고, $\mathbf{q}$를 직선 $\overline{\mathbf{0p'}}$에 사영시킨 점을 $\mathbf{b}$로 놓으면,

$$\mathbf{a} = (sa, sb), \qquad \mathbf{b} = (-tb, ta)$$

인 실수 s와 t가 존재한다. $\mathbf{q} = \mathbf{a} + \mathbf{b}$이므로,

$$c = sa - tb \tag{1}$$
$$d = sb + ta \tag{2}$$

이다. 식 (2)에 a를 곱한 것에 식(1)에 b를 곱한 것을 빼면

$$ad - bc = t(a^2 + b^2)$$

즉,

$$t = \frac{ad - bc}{a^2 + b^2}$$

이다. 그런데, 평행사변형의 밑변의 길이는

$$\|\mathbf{p}\| = \sqrt{a^2 + b^2}$$

이고, 평행사변형의 높이는

$$t\|\mathbf{p}'\| = \frac{ad - bc}{a^2 + b^2}\sqrt{a^2 + b^2}$$

이므로, 평행사변형의 넓이는

$$S = \sqrt{a^2 + b^2} \cdot \frac{ad - bc}{a^2 + b^2}\sqrt{a^2 + b^2} = ad - bc$$

이다. 따라서 $S = \det A$이다.

예제 6.1. 행렬

$$A = \begin{bmatrix} 3 & -4 \\ 2 & 1 \end{bmatrix}$$

의 행렬식을 구하여라.

풀이 행렬 A의 행렬식은

$$\det A = 3 \cdot 1 - (-4) \cdot 2 = 11$$

이다. ■

예제 6.2. 벡터 $(3,-1)$과 $(1,4)$이 이루는 평행사변형의 넓이를 구하여라.

풀이 벡터 $(3,-1)$과 $(1,4)$이 이루는 평행사변형의 넓이는 행렬

$$A = \begin{bmatrix} 3 & 1 \\ -1 & 4 \end{bmatrix}$$

의 행렬식과 같으므로, 평행사변형의 넓이는

$$\det A = 3 \cdot 4 - 1 \cdot (-1) = 13$$

이다. ■

크기가 2인 정사각행렬 A에 대한 행렬식 $\det A$를 A의 열벡터 $\mathbf{c}_1$와 $\mathbf{c}_2$에 대한 함수

$$\det\colon \mathbb{R}^2 \times \mathbb{R}^2 \to \mathbb{R}$$

로 이해할 수 있다. 이 때, 행렬식 A의 성질을 알아보자.

벡터공간 V에 대한 함수 $L\colon V \times V \to \mathbb{R}$에 대하여, 임의의 벡터 v, v_1, v_2와 임의의 실수 a, b에 대하여

$$L(v, av_1 + bv_2) = aL(v, v_1) + bL(v, v_2),$$
$$L(av_1 + bv_2, v) = aL(v_1, v) + bL(v_2, v)$$

이면 L을 **겹선형함수**라고 한다.

예제 6.3. 평면 $\mathbb{R}^2$에 정의된 내적함수 $I((x_1, y_1), (x_2, y_2)) = x_1x_2 + y_1y_2$이 겹선형함수임을 보여라.

풀이 벡터 $(x_1, y_1), (x_2, y_2), (x_3, y_3)$와 실수 a, b에 대하여,

$$\begin{aligned} I((x_1, y_1),&a(x_2, y_2) + b(x_3, y_3)) \\ &= I((x_1, y_1), (ax_2 + bx_3, ay_2 + by_3)) \\ &= x_1(ax_2 + bx_3) + y_1(ay_2 + by_3) \\ &= a(x_1x_2 + y_1y_2) + b(x_1x_3 + y_1y_3) \\ &= aI((x_1, y_1), (x_2, y_2)) + bI((x_1, y_1), (x_3, y_3)) \end{aligned}$$

이고,

$$\begin{aligned} I(a(x_2, y_2) + b(x_3, y_3),&(x_1, y_1)) \\ &= I((ax_2 + bx_3, ay_2 + by_3), (x_1, y_1)) \\ &= (ax_2 + bx_3)x_1 + (ay_2 + by_3)y_1 \\ &= a(x_2x_1 + y_2y_1) + b(x_3x_1 + y_3y_1) \\ &= aI((x_2, y_2), (x_1, y_1)) + bI((x_3, y_3), (x_1, y_1)) \end{aligned}$$

이다. 따라서 I는 겹선형함수이다. ■

벡터공간 V에 대한 함수 $L\colon V \times V \to \mathbb{R}$에 대하여, 임의의 벡터 v, w에 대하여

$$L(v, w) = -L(w, v)$$

이면 L을 **교대함수**라고 한다.

겹선형함수 $L\colon V \times V \to \mathbb{R}$에 대하여, 임의의 벡터 v에 대하여 $L(v, v) = 0$인 것은 L이 교대겹선형함수이기 위한 필요충분조건이다.

> 정리 6.1. 행렬식 $\det\colon \mathbb{R}^2 \times \mathbb{R}^2 \to \mathbb{R}$에 대하여 다음이 성립한다.
>
> (가) det는 겹선형함수이다.
>
> (나) det는 교대함수이다.
>
> (다) $\det((1, 0), (0, 1)) = 1$.

행렬식 det가 교대겹선형함수이고 $\det((1,0),(0,1)) = 1$인 것은 쉽게 이해할 수 있다. 그런데, 그 역도 성립함을 알아보자. 함수 $L\colon \mathbb{R}^2 \times \mathbb{R}^2 \to \mathbb{R}$에 대하여, L이 겹선형함수이면서 $L((1,0),(0,1)) = 1$라고 가정하자. 그러면

$$\begin{aligned} L((x_1,y_1),(x_2,y_2)) &= L(x_1(1,0) + y_1(0,1), x_2(1,0) + y_2(0,1)) \\ &= x_1x_2L((1,0),(1,0)) + x_1y_2L((1,0),(0,1)) \\ &\qquad + y_1x_2L((0,1),(1,0)) + y_1y_2L((0,1),(0,1)) \end{aligned}$$

이다. 여기서

$$L((1,0),(1,0)) = 0, \quad L((0,1),(0,1)) = 0$$

이고

$$L((1,0),(0,1)) = 1, \quad L((0,1),(1,0)) = -1$$

이므로

$$L((x_1,y_1),(x_2,y_2)) = x_1y_2 - y_1x_2$$

이다. 이를 정리하면 다음과 같다.

> 정리 6.2. 교대겹선형함수 $L\colon \mathbb{R}^2 \times \mathbb{R}^2 \to \mathbb{R}$에 대하여 $L((1,0),(0,1)) = 1$이면 $L = \det$이다.

연습문제 6.1

1. 행렬

$$A = \begin{bmatrix} 2 & 5 \\ -1 & 3 \end{bmatrix}$$

의 행렬식을 구하여라.

2. 벡터 $(2, -5)$과 $(1, 3)$이 이루는 평행사변형의 넓이를 구하여라.

3. 평면 $\mathbb{R}^2$에 정의된 함수 $L((x_1, y_1), (x_2, y_2)) = x_1y_2 - y_1x_2$가 겹선형 함수임을 보여라.

6.2 크기가 n인 정사각행렬의 행렬식

유클리드 공간 $\mathbb{R}^n$에 놓인 n개의 벡터 $\mathbf{v}_1, \mathbf{v}_2, \ldots, \mathbf{v}_n$으로 만들어지는 평행다면체의 측도 $M(\mathbf{v}_1, \ldots, \mathbf{v}_n)$를 구하여 보자. 유클리드 공간 $\mathbb{R}^n$에서의 평행다면체의 측도를 함수

$$M : \overbrace{\mathbb{R}^n \times \mathbb{R}^n \times \cdots \times \mathbb{R}^n}^{n} \to \mathbb{R}$$

으로 이해할 수 있다. 이 때, 평행다면체의 측도 M의 기본적인 성질들을 쉽게 알 수 있다.

함수 $L : \overbrace{\mathbb{R}^n \times \mathbb{R}^n \times \cdots \times \mathbb{R}^n}^{n} \to \mathbb{R}$에 대하여, $1 \leq i \leq n$인 모든 i와 임의의 벡터 $\mathbf{v}_1, \mathbf{v}_2, \ldots, \mathbf{v}_{i-1}, \mathbf{v}_{i+1}, \ldots, \mathbf{v}_n, \mathbf{w}_1, \mathbf{w}_2$와 임의의 실수 a, b에 대하여

$$\begin{aligned} &L(\mathbf{v}_1, \ldots, \mathbf{v}_{i-1}, a\mathbf{w}_1 + b\mathbf{w}_2, \mathbf{v}_{i+1}, \ldots, \mathbf{v}_n) \\ &= aL(\mathbf{v}_1, \ldots, \mathbf{v}_{i-1}, \mathbf{w}_1, \mathbf{v}_{i+1}, \ldots, \mathbf{v}_n) + bL(\mathbf{v}_1, \ldots, \mathbf{v}_{i-1}, \mathbf{w}_2, \mathbf{w}_{i+1}, \ldots, \mathbf{v}_n) \end{aligned}$$

이면, L을 **다중선형함수**라고 한다. 평행다면체의 측도 M은 다중선형함수이다.

함수 $L : \overbrace{\mathbb{R}^n \times \mathbb{R}^n \times \cdots \times \mathbb{R}^n}^{n} \to \mathbb{R}$에 대하여, $1 \leq i < j \leq n$인 모든 i와 j와 임의의 벡터 $\mathbf{v}_1, \mathbf{v}_2, \ldots, \mathbf{v}_n$에 대하여

$$\begin{aligned} &L(\mathbf{v}_1, \ldots, \mathbf{v}_{i-1}, \mathbf{v}_i, \mathbf{v}_{i+1}, \ldots, \mathbf{v}_{j-1}, \mathbf{v}_j, \mathbf{v}_{j+1}, \ldots, \mathbf{v}_n) \\ &\qquad = -L(\mathbf{v}_1, \ldots, \mathbf{v}_{i-1}, \mathbf{v}_j, \mathbf{v}_{i+1}, \ldots, \mathbf{v}_{j-1}, \mathbf{v}_i, \mathbf{v}_{j+1}, \ldots, \mathbf{v}_n) \end{aligned}$$

이면, L을 **교대함수**라고 한다. 평행다면체의 측도 M은 교대함수이다.

다중선형함수이면서 교대함수를 **교대다중선형함수**라고 한다.

함수 $L : \overbrace{\mathbb{R}^n \times \mathbb{R}^n \times \cdots \times \mathbb{R}^n}^{n} \to \mathbb{R}$에 대하여, L이 교대함수이면 $1 \leq i < j \leq n$인 모든 i와 j와 임의의 벡터 $\mathbf{v}_1, \ldots, \mathbf{v}_n, \mathbf{v}$에 대하여

$$L(\mathbf{v}_1, \ldots, \mathbf{v}_{i-1}, \mathbf{v}, \mathbf{v}_{i+1}, \ldots, \mathbf{v}_{j-1}, \mathbf{v}, \mathbf{v}_{j+1}, \ldots, \mathbf{v}_n) = 0$$

이다.

다중선형함수 $L: \overbrace{\mathbb{R}^n \times \mathbb{R}^n \times \cdots \times \mathbb{R}^n}^{n} \to \mathbb{R}$에 대하여, $1 \le i < j \le n$인 모든 i와 j와 임의의 벡터 $\mathbf{v}_1, \ldots, \mathbf{v}_n, \mathbf{v}$에 대하여

$$L(\mathbf{v}_1, \ldots, \mathbf{v}_{i-1}, \mathbf{v}, \mathbf{v}_{i+1}, \ldots, \mathbf{v}_{j-1}, \mathbf{v}, \mathbf{v}_{j+1}, \ldots, \mathbf{v}_n) = 0$$

이면 L은 교대함수이다.

평행다면체의 측도 M은 교대다중선형함수이며

$$M(\mathbf{e}_1, \mathbf{e}_2, \ldots, \mathbf{e}_n) = 1$$

이다. 여기서

$$\begin{aligned} \mathbf{e}_1 &= (1, 0, 0, \ldots, 0) \\ \mathbf{e}_2 &= (0, 1, 0, \ldots, 0) \\ &\vdots \\ \mathbf{e}_n &= (0, 0, 0, \ldots, 1) \end{aligned}$$

이다.

다시 정리하면, 유클리드 공간 $\mathbb{R}^n$에 놓인 n 개의 벡터 $\mathbf{v}_1, \mathbf{v}_2, \ldots, \mathbf{v}_n$으로 만들어지는 평행다면체의 측도 $M(\mathbf{v}_1, \ldots, \mathbf{v}_n)$에 대하여,

(가) M은 다중선형함수이고;

(나) M은 교대함수이며;

(다) $M(\mathbf{e}_1, \mathbf{e}_2, \ldots, \mathbf{e}_n) = 1$

이다. 그런데 위의 세 가지 성질이 성립하는 함수는 유일하게 존재한다.

이제 크기가 n인 정사각행렬로 돌아가 보자. 크기가 n인 정사각행렬 $A = [a_{ij}]$에 대하여, 열벡터 $\mathbf{c}_1, \mathbf{c}_2, \ldots, \mathbf{c}_n$로 만들어지는 평행다면체의 측도를 A의 **행렬식**이라고 하고 $\det A$로 나타낸다.

이를 정리하면 다음과 같다.

정리 6.3. 행렬 A에 대한 행렬식 $\det A$를 A의 열벡터 $\mathbf{c}_1, \mathbf{c}_2, \ldots, \mathbf{c}_n$에 대한 함수

$$\det : \overbrace{\mathbb{R}^n \times \mathbb{R}^n \times \cdots \times \mathbb{R}^n}^{n} \to \mathbb{R}$$

라고 놓으면,

(가) det는 다중선형함수이며;

(나) det는 교대함수이고;

(다) $\det(\mathbf{e}_1, \mathbf{e}_2, \ldots, \mathbf{e}_n) = 1$

이다.

예제 6.4. 행렬

$$A = \begin{bmatrix} 1 & 2 & -1 \\ 0 & -1 & 1 \\ 2 & 2 & 3 \end{bmatrix}$$

의 행렬식 $\det A$를 구하여라.

풀이 행렬식은 열벡터들로 만들어지는 평행다면체의 측도이므로

$$\begin{aligned} \det A &= \det(\mathbf{e}_1 + 2\mathbf{e}_3, 2\mathbf{e}_1 - \mathbf{e}_2 + 2\mathbf{e}_3, -\mathbf{e}_1 + \mathbf{e}_2 + 3\mathbf{e}_3) \\ &= -3\det(\mathbf{e}_1, \mathbf{e}_2, \mathbf{e}_3) + 2\det(\mathbf{e}_1, \mathbf{e}_3, \mathbf{e}_2) \\ &\qquad + 4\det(\mathbf{e}_3, \mathbf{e}_1, \mathbf{e}_2) + 2\det(\mathbf{e}_3, \mathbf{e}_2, \mathbf{e}_1) \\ &= -3 + 2\cdot(-1) + 4\cdot(-1)^2 + 2\cdot(-1)^3 \\ &= -3 \end{aligned}$$

이다. ■

행렬식에 대한 기본 성질들을 다음과 같이 정리할 수 있다.

정리 6.4. 크기가 n인 정사각행렬 A와 B에 대하여 다음이 성립한다.

(가) $\det A \neq 0$은 A의 역행렬이 존재하기 위한 필요충분조건이다.

(나) $\det(AB) = \det A \cdot \det B$.

(다) $\det A^T = \det A$.

행렬식의 성질을 이용하면 삼각행렬의 행렬식은 쉽게 구할 수 있다. 크기가 n인 정사각행렬 $A = [a_{ij}]$가 위삼각행렬이라고 가정하자. A의 열벡터들을 차례로 $\mathbf{c}_1, \mathbf{c}_2, \ldots, \mathbf{c}_n$으로 놓자. 그러면

$$\begin{aligned}\det A &= \det(\mathbf{c}_1, \mathbf{c}_2, \ldots, \mathbf{c}_n)\\ &= \det(a_{11}\mathbf{e}_1, a_{12}\mathbf{e}_1 + a_{22}\mathbf{e}_2, \ldots, a_{1n}\mathbf{e}_1 + a_{2n}\mathbf{e}_2 + \cdots + a_{nn}\mathbf{e}_n)\\ &= \det(a_{11}\mathbf{e}_1, a_{22}\mathbf{e}_2, \ldots, a_{nn}\mathbf{e}_n)\\ &= a_{11}a_{22}\cdots a_{nn}\end{aligned}$$

이다. A가 아래삼각행렬일 때도 같은 방식으로 결과를 보일 수 있다.

정리 6.5. 삼각행렬 A의 행렬식은 모든 대각선 성분들의 곱과 같다.

예제 6.5. 행렬

$$A = \begin{bmatrix} 3 & 4 & 2 & -1 \\ 0 & 1 & 2 & 5 \\ 0 & 0 & 2 & -3 \\ 0 & 0 & 0 & -2 \end{bmatrix}$$

의 행렬식 $\det A$를 구하여라.

풀이 삼각행렬의 행렬식은 모든 대각선 성분들의 곱이므로

$$\det A = 3 \cdot 1 \cdot 2 \cdot (-2) = -12$$

이다. ■

연습문제 6.2

1. 행렬

$$A = \begin{bmatrix} 3 & 1 & -1 \\ 1 & -1 & 4 \\ -2 & 2 & 4 \end{bmatrix}$$

의 행렬식 $\det A$를 구하여라.

2. 행렬

$$A = \begin{bmatrix} 0 & 4 & 0 & 0 \\ 0 & 0 & 3 & 0 \\ 0 & 0 & 0 & 2 \\ 1 & 0 & 0 & 0 \end{bmatrix}$$

의 행렬식 $\det A$를 구하여라.

3. 행렬

$$A = \begin{bmatrix} 4 & 1 & -2 & 5 \\ 0 & -1 & 3 & -2 \\ 0 & 0 & 2 & 3 \\ 0 & 0 & 0 & 1 \end{bmatrix}$$

의 행렬식 $\det A$를 구하여라.

4. 행렬

$$A = \begin{bmatrix} 2 & 0 & 0 & 0 \\ 3 & -1 & 0 & 0 \\ -1 & 0 & 2 & 0 \\ 4 & 1 & -1 & 1 \end{bmatrix}$$

의 행렬식 $\det A$를 구하여라.

5. 행렬

$$A = \begin{bmatrix} 2 & 0 & 3 & 0 \\ 1 & -1 & 4 & 3 \\ 3 & 0 & 2 & 0 \\ 1 & -1 & 4 & 3 \end{bmatrix}$$

의 행렬식 $\det A$를 구하여라.

6.3 행렬식의 여인수 전개

6.3.1 행렬식의 여인수 전개

크기가 n인 정사각행렬 A에 대하여, A의 행렬식의 여인수 전개에 대하여 알아보자.

크기가 n인 정사각행렬 $A = [a_{ij}]$에 대하여, A의 제 i행과 제 j 열을 없애고 만든 행렬(a_{ij}를 포함하는 행과 열을 없애고 만든 행렬)의 행렬식을 A에 대한 a_{ij}의 **소행렬식**이라고 하고 M_{ij}로 나타낸다. 그리고 $(-1)^{i+j}M_{ij}$를 A에 대한 a_{ij}의 **여인수**라고 하고 A_{ij}로 나타낸다.

예제 6.6. 행렬

$$A = \begin{bmatrix} 1 & 2 & -1 \\ 0 & -1 & 1 \\ 2 & 2 & 3 \end{bmatrix}$$

에 대하여, 각 항의 여인수를 구하여라.

풀이 각 항에 대한 소행렬식이

$$\begin{aligned} &M_{11} = -5, && M_{12} = -2, && M_{13} = 2 \\ &M_{21} = 8, && M_{22} = 5, && M_{23} = -2 \\ &M_{31} = 1, && M_{32} = 1, && M_{33} = -1 \end{aligned}$$

이므로, 각 항에 대한 여인수는 각각

$$\begin{aligned} &A_{11} = -5, && A_{12} = 2, && A_{13} = 2 \\ &A_{21} = -8, && A_{22} = 5, && A_{23} = 2 \\ &A_{31} = 1, && A_{32} = -1, && A_{33} = -1 \end{aligned}$$

이다. ■

다음의 정리에서와 같이 행렬 A의 행렬식 $\det A$를 제1행에 관한 **여인수 전개**로 나타낼 수 있다.

정리 6.6. 크기가 n인 정사각행렬 $A = [a_{ij}]$에 대하여,

$$\det A = a_{11}A_{11} + a_{12}A_{12} + \cdots + a_{1n}A_{1n}$$

이다.

같은 방식으로, 제i행에 관한 $\det A$의 여인수 전개를 구하면 다음과 같다.

정리 6.7. 크기가 n인 정사각행렬 A와 $1 \le i \le n$인 임의의 i에 대하여,

$$\det A = a_{i1}A_{i1} + a_{i2}A_{i2} + \cdots + a_{in}A_{in}$$

이다.

또한 $\det A = \det A^T$이므로 제i열에 관한 $\det A$의 **여인수 전개**를 구할 수 있다.

정리 6.8. 크기가 n인 정사각행렬 A와 $1 \le i \le n$인 임의의 i에 대하여,

$$\det A = a_{1i}A_{1i} + a_{2i}A_{2i} + \cdots + a_{ni}A_{ni}$$

이다.

예제 6.7. 행렬

$$A = \begin{bmatrix} 1 & -1 & 0 & 2 \\ -2 & 1 & 1 & -1 \\ 2 & -2 & 1 & 3 \\ -1 & -1 & 0 & 1 \end{bmatrix}$$

의 행렬식을 여인수 전개를 이용하여 구하여라.

풀이 제 3열이 0인 성분이 많으므로, 제 3열에 관한 여인수 전개를 이용하면

$$\det A = -\begin{vmatrix} 1 & -1 & 2 \\ 2 & -2 & 3 \\ -1 & -1 & 1 \end{vmatrix} + \begin{vmatrix} 1 & -1 & 2 \\ -2 & 1 & -1 \\ -1 & -1 & 1 \end{vmatrix}$$

이다. 그런데

$$\begin{vmatrix} 1 & -1 & 2 \\ 2 & -2 & 3 \\ -1 & -1 & 1 \end{vmatrix} = \begin{vmatrix} -2 & 3 \\ -1 & 1 \end{vmatrix} + \begin{vmatrix} 2 & 3 \\ -1 & 1 \end{vmatrix} + 2\begin{vmatrix} 2 & -2 \\ -1 & -1 \end{vmatrix} = 1 + 5 - 8 = -2$$

이고

$$\begin{vmatrix} 1 & -1 & 2 \\ -2 & 1 & -1 \\ -1 & -1 & 1 \end{vmatrix} = \begin{vmatrix} 1 & -1 \\ -1 & 1 \end{vmatrix} + \begin{vmatrix} -2 & -1 \\ -1 & 1 \end{vmatrix} + 2\begin{vmatrix} -2 & 1 \\ -1 & -1 \end{vmatrix} = 0 - 3 + 6 = 3$$

이므로

$$\det A = -(-2) + 3 = 5$$

이다. ■

6.3.2 수반행렬과 역행렬

크기가 n인 정사각행렬 A에 대하여, $1 \le i < j \le n$일 때, A 행렬에서 제 j 행을 제 i행으로 바꾼 행렬을 B라고 놓자. 그러면 행렬 B의 제 i행과 제 j 행이 같기 때문에 $\det B = 0$이다. 이 때 제 j행에 대하여 $\det B$를 여인수 전개하면

$$0 = \det B = a_{i1}A_{j1} + a_{i2}A_{j2} + \cdots + a_{in}A_{jn}$$

이다. 따라서 다음이 성립한다.

정리 6.9. 크기가 n인 정사각행렬 A에 대하여, $1 \leq i \leq j \leq n$일 때

$$a_{i1}A_{j1} + a_{i2}A_{j2} + \cdots + a_{in}A_{jn} = \begin{cases} \det A & i = j\text{일 때,} \\ 0 & i \neq j\text{일 때} \end{cases}$$

이다.

또한 $\det A = \det A^T$이므로 다음이 성립한다.

정리 6.10. 크기가 n인 정사각행렬 A에 대하여, $1 \leq i \leq j \leq n$일 때

$$a_{1i}A_{1j} + a_{2i}A_{2j} + \cdots + a_{ni}A_{nj} = \begin{cases} \det A & i = j\text{일 때,} \\ 0 & i \neq j\text{일 때} \end{cases}$$

이다.

크기가 n인 정사각행렬 A에 대하여, A에 대한 여인수 A_{ij}를 성분으로 하는 행렬 $[A_{ij}]$를 A의 **여인수행렬**이라고 한다. 그리고 이 여인수 행렬 $[A_{ij}]$의 전치행렬 $[A_{ij}]^T$을 A의 **수반행렬**이라고 하고 $\mathrm{Adj}\, A$로 나타낸다.

그러면 정리 6.9에 의하여 다음을 알 수 있다.

정리 6.11. 크기가 n인 정사각행렬 A에 대하여,

$$A(\mathrm{Adj}\, A) = (\mathrm{Adj}\, A)A = (\det A)I_n$$

이다. 따라서 A가 정칙행렬이면

$$A^{-1} = \frac{1}{\det A}\mathrm{Adj}\, A$$

이다.

예제 6.8. 행렬

$$A = \begin{bmatrix} 1 & 0 & 2 \\ -1 & 1 & 3 \\ 2 & 1 & 1 \end{bmatrix}$$

에 대하여, 수반행렬을 이용하여 A의 역행렬을 구하여라.

풀이 행렬 A의 각 항의 여인수는

$$\begin{aligned} A_{11} &= -2, & A_{12} &= 7, & A_{13} &= -3 \\ A_{21} &= 2, & A_{23} &= -3, & A_{23} &= -1 \\ A_{31} &= -2, & A_{32} &= -5, & A_{33} &= 1 \end{aligned}$$

이고, 제 2열에 관한 여인수 전개를 이용하면 행렬 A의 행렬식은

$$\det A = 0 \cdot 7 + 1 \cdot (-3) + 1 \cdot (-5) = -8$$

이다. 따라서 A의 수반행렬은

$$\operatorname{Adj} A = \begin{bmatrix} -2 & 2 & -2 \\ 7 & -3 & -5 \\ -3 & -1 & 1 \end{bmatrix}$$

이고 A의 역행렬은

$$A^{-1} = -\frac{1}{8} \begin{bmatrix} -2 & 2 & -2 \\ 7 & -3 & -5 \\ -3 & -1 & 1 \end{bmatrix}$$

이다. ■

6.3.3 크래머의 공식

정칙행렬 A의 역행렬을 수반행렬 $\operatorname{Adj} A$을 이용하여 나타낼 수 있다는 사실을 이용하면, 연립일차방정식 $A\mathbf{x} = \mathbf{b}$의 해를 구하는 공식을 찾을 수 있다.

$\det A \neq 0$이라고 가정하자. 그러면 A^{-1}이 존재하므로, 연립일차방정식 $A\mathbf{x} = \mathbf{b}$의 해는 $\mathbf{x} = A^{-1}\mathbf{b}$으로 유일하다. 그런데

$$\mathbf{x} = A^{-1}\mathbf{b} = \frac{1}{\det A}(\operatorname{Adj} A)\mathbf{b}$$

이므로, $1 \leq i \leq n$일 때

$$x_i = \frac{b_1 A_{1i} + b_2 A_{2i} + \cdots + b_n A_{ni}}{\det A} = \frac{\det C_i}{\det A}$$

이다. 이를 정리하면 다음과 같다.

정리 6.12 (크래머). n개의 미지수 $x_1, x_2, \ldots, x_n$에 관한 n개의 일차방정식으로 이루어진 연립일차방정식 $A\mathbf{x} = \mathbf{b}$에 대하여, $\det A \neq 0$이면 이 연립일차방정식의 해는 유일하며 그 유일해는

$$x_1 = \frac{\det C_1}{\det A}, \quad x_2 = \frac{\det C_2}{\det A}, \quad \ldots, \quad x_n = \frac{\det C_n}{\det A},$$

이다. 여기서 C_i는 행렬 A에서 제 i열의 열벡터를 벡터 $\mathbf{b}$로 바꾼 행렬이다.

예제 6.9. 연립일차방정식

$$\begin{aligned} x - 2y + z &= 0 \\ x + y - z &= 2 \\ y + 2z &= 1 \end{aligned}$$

의 해를 크래머의 공식을 이용하여 구하여라.

풀이 연립일차방정식의 해를 구하기 위하여,

$$A = \begin{bmatrix} 1 & -2 & 1 \\ 1 & 1 & -1 \\ 0 & 1 & 2 \end{bmatrix}, \quad C_1 = \begin{bmatrix} 0 & -2 & 1 \\ 2 & 1 & -1 \\ 1 & 1 & 2 \end{bmatrix}$$

와

$$C_2 = \begin{bmatrix} 1 & 0 & 1 \\ 1 & 2 & -1 \\ 0 & 1 & 2 \end{bmatrix}, \qquad C_3 = \begin{bmatrix} 1 & -2 & 0 \\ 1 & 1 & 2 \\ 0 & 1 & 1 \end{bmatrix}$$

으로 놓자. 그러면

$$\det A = 8, \quad \det C_1 = 11, \quad \det C_2 = 6, \quad \det C_3 = 1$$

이므로, 크래머의 공식에 의하여

$$x = \frac{11}{8}, \quad y = \frac{6}{8}, \quad z = \frac{1}{8}$$

이다. ■

연습문제 6.3

1. n차 정사각행렬 A에 대하여,

$$\det(-A) = (-1)^n \det A$$

임을 보여라.

2. 행렬

$$A = \begin{bmatrix} 2 & 1 & -1 \\ 0 & -2 & 1 \\ 1 & 3 & 4 \end{bmatrix}$$

에 대하여, 각 항의 여인수를 구하여라.

3. 행렬

$$A = \begin{bmatrix} 3 & 0 & 1 & 2 \\ 1 & 0 & 0 & 1 \\ 1 & -2 & 2 & -1 \\ 2 & 0 & 2 & -1 \end{bmatrix}$$

의 행렬식을 여인수 전개를 이용하여 구하여라.

4. 행렬

$$A = \begin{bmatrix} 1 & 0 & 0 \\ 2 & 3 & 0 \\ 4 & 5 & 6 \end{bmatrix}$$

에 대하여, A의 수반행렬과 역행렬을 구하여라.

5. 행렬

$$A = \begin{bmatrix} 2 & 1 & -3 \\ 1 & -1 & 2 \\ 0 & 3 & 1 \end{bmatrix}$$

에 대하여, 수반행렬을 이용하여 A의 역행렬을 구하여라.

6. n차 정사각행렬

$$A = \begin{bmatrix} n-1 & -1 & -1 & \cdots & -1 & -1 \\ -1 & n-1 & -1 & \cdots & -1 & -1 \\ -1 & -1 & n-1 & \cdots & -1 & -1 \\ \vdots & \vdots & \vdots & \ddots & \vdots & \vdots \\ -1 & -1 & -1 & \cdots & n-1 & -1 \\ -1 & -1 & -1 & \cdots & -1 & n-1 \end{bmatrix}$$

에 대하여, $\det A = 0$임을 보여라.

7. 연립일차방정식

$$\begin{aligned} x - 2y + 2z &= 1 \\ 2x + y + z &= 2 \\ y + 3z &= 2 \end{aligned}$$

의 해를 크래머의 공식을 이용하여 구하여라.

6.4 행렬의 응용

6.4.1 투입-산출분석

투입-산출분석[1]은 레온티에프[2]에 의하여 시작된 이론으로 한 경제 시스템 내에서 일정한 기간 동안에 행해진 모든 경제활동을 산업부문별로 분할하여, 각 부문에 투입된 것과 산출된 것의 상호관계를 분석하는 경제분석 방법 중 하나이다. 투입-산출분석의 목적은 각 산업부문에 필요한 자원수요량과 소비자수요량을 충족시키는 각 산업부문의 생산량을 결정하는 것이다. 각 산업은 여러가지 재화나 서비스를 생산하고, 이렇게 생산된 재화나 서비스는 각 산업에 중간재로 투입되고 나머지는 소비자들에게 공급된다.

	철강산업	자동차산업	최종수요	총생산액
철강산업	30	40	30	100
자동차산업	50	60	50	160
기본생산요소	20	60		
총투입액	100	160		

표 6.1 산업연관표 (단위: 10억원)

투입-산출분석을 이해하기 위하여, 한 경제 시스템 내에 자동차산업과 철강산업만이 존재한다고 가정해 보자. 표 6.1은 이 경제 시스템에서의 산업연관표를 나타낸다. 여기서 최종수요부문은 각 산업부문에서 생산한 산출물에 대한 최종수요로서, 가계소비, 정부지출, 수출, 민간자본형성, 재고축적 등이 포함된다. 또한 기본생산요소는 각 산업부문에서 임금, 지대, 이자, 이윤, 세금, 감가상가 등으로 지출되는 비용이다. 따라서, 각 산업부문의 총생산액과 총투입액은 동일하다.

표 6.1에서, 가로열은 한 산업의 총생산물이 각 산업부문과 최종소비로 어떻게 배분되는가를 나타낸다. 철강산업을 살펴보면, 총생산액이 100인데 이 중에서 30은 자체산업에 재투입되고 40은 자동차산업에 제공되고, 30이 최종수요된다. 표에서, 세로열은 한 산업 내에서 필요로 하는 생산요소 투입량을 나타낸다. 철강산업을 보면, 총투입액은 100인데 이 중 30은 자체투입액이고 50은 자동차산업에서 제공받고 20은 기본생산요소 투입량이다.

[1]투입-산출분석을 **산업연관분석** 또는 **레온티에프의 분석**이라고도 한다.
[2]레온티에프 (1906-1999)는 러시아 태생의 미국 경제학자이다.

	철강산업	자동차산업	최종수요	총생산액
철강산업	X_{11}	X_{12}	d_1	X_1
자동차산업	X_{21}	X_{22}	d_2	X_2
기본생산요소	Y_1	Y_2		
총투입액	X_1	X_2		

표 6.2 일반화된 산업연관표 (단위: 10억원)

표 6.1을 일반화하면 표 6.2와 같다. 표 6.2에서 연립식

$$\begin{cases} X_{11} + X_{12} + d_1 = X_1 \\ X_{21} + X_{22} + d_2 = X_2 \end{cases} \tag{6.1}$$

가 성립한다. 철강산업의 총생산액 대비 각 산업부문의 생산요소의 비를

$$a_{11} = \frac{X_{11}}{X_1}, \qquad a_{21} = \frac{X_{21}}{X_1}$$

로 놓고, 자동차산업의 총생산액 대비 각 산업부문의 생산요소의 비를

$$a_{12} = \frac{X_{12}}{X_2}, \qquad a_{22} = \frac{X_{22}}{X_2}$$

로 놓으면, 연립식 (6.1)은

$$\begin{cases} a_{11}X_1 + a_{12}X_2 + d_1 = X_1 \\ a_{21}X_1 + a_{22}X_2 + d_2 = X_2 \end{cases} \tag{6.2}$$

로 변경된다. 행렬 A와 $\mathbf{d}$와 $\mathbf{x}$를

$$A = \begin{bmatrix} a_{11} & a_{12} \\ a_{21} & a_{22} \end{bmatrix}, \quad \mathbf{d} = \begin{bmatrix} d_1 \\ d_2 \end{bmatrix}, \quad \mathbf{x} = \begin{bmatrix} X_1 \\ X_2 \end{bmatrix}$$

로 놓으면, 연립식 (6.2)를

$$A\mathbf{x} + \mathbf{d} = \mathbf{x} \tag{6.3}$$

로 나타낼 수 있다. 따라서

$$\mathbf{x} - A\mathbf{x} = \mathbf{d}$$

즉

$$(I_2 - A)\mathbf{x} = \mathbf{d}$$

이다. 만약 $(I_2 - A)$의 역행렬이 존재하면,

$$\mathbf{x} = (I_2 - A)^{-1}\mathbf{d}$$

이다. 여기서 행렬 A를 **투입계수행렬**이라고 하고, 행렬 $(I_2 - A)$를 **레온티에프의 행렬**이라고 한다.

일반적인 경우, 한 경제시스템에 n개의 산업부문들이 존재하면, 투입계수행렬 A와 총생산액행렬 $\mathbf{x}$와 최종수요행렬 $\mathbf{d}$는

$$A = \begin{bmatrix} a_{11} & a_{12} & \cdots & a_{1n} \\ a_{21} & a_{22} & \cdots & a_{2n} \\ \vdots & \vdots & \ddots & \vdots \\ a_{n1} & a_{n1} & \cdots & a_{nn} \end{bmatrix}, \quad \mathbf{x} = \begin{bmatrix} X_1 \\ X_2 \\ \vdots \\ X_n \end{bmatrix}, \quad \mathbf{d} = \begin{bmatrix} d_1 \\ d_2 \\ \vdots \\ d_n \end{bmatrix}$$

이다. 이 때,

$$(I_n - A)\mathbf{x} = \mathbf{d}$$

이다.

예제 6.10. 어느 지역에 산업부문이 농업과 목축업만 존재하고 이 때의 투입계수행렬이

$$\begin{bmatrix} 0.2 & 0.4 \\ 0.5 & 0.5 \end{bmatrix}$$

일 때, 다음 물음에 답하여라.

(가) 이 경제시스템에서의 레온티에프의 행렬과 그 역행렬을 구하여라.

(나) 농업이 4,000억원, 목축업이 6,000억원의 가치를 생산한다면, 소비자에게 최종 공급할 수 있는 생산량의 가치는 얼마인가?

(다) 이 경제시스템에서 소비자집단의 농업에 대한 수요량의 가치가 5,000억원이고 목축업에 대한 수요량의 가치가 7,000억원일 때, 이를 소비하기 위한 산업부문별 적정 생산량을 구하여라.

풀이 (가) 투입계수행렬을 A라고 놓고, 레온티에프의 행렬을 L이라고 놓으면,

$$L = I_2 - A = \begin{bmatrix} 1 & 0 \\ 0 & 1 \end{bmatrix} - \begin{bmatrix} 0.2 & 0.4 \\ 0.5 & 0.5 \end{bmatrix} = \begin{bmatrix} 0.8 & -0.4 \\ -0.5 & 0.5 \end{bmatrix}$$

이고,

$$L^{-1} = \frac{1}{0.8 \cdot 0.5 - 0.4 \cdot 0.5} \begin{bmatrix} 0.5 & 0.4 \\ 0.5 & 0.8 \end{bmatrix} = \begin{bmatrix} 2.5 & 2 \\ 2.5 & 4 \end{bmatrix}$$

이다.

(나) 농업과 목축업의 최종수요를 각각 d_1과 d_2로 놓자. 행렬 A와 $\mathbf{x}$와 $\mathbf{d}$를 각각

$$A = \begin{bmatrix} 0.2 & 0.4 \\ 0.5 & 0.5 \end{bmatrix}, \quad \mathbf{x} = \begin{bmatrix} 4,000 \\ 6,000 \end{bmatrix}, \quad \mathbf{d} = \begin{bmatrix} d_1 \\ d_2 \end{bmatrix}$$

으로 놓으면,

$$A\mathbf{x} + \mathbf{d} = \mathbf{x}$$

이므로

$$\mathbf{d} = (I_2 - A)\mathbf{x} = \begin{bmatrix} 0.8 & -0.4 \\ -0.5 & 0.5 \end{bmatrix} \begin{bmatrix} 4,000 \\ 6,000 \end{bmatrix} = \begin{bmatrix} 800 \\ 1,000 \end{bmatrix}$$

이다. 따라서, 소비자에게 800억원의 농업생산량을 공급하고, $1,000$억원의 목축업생산량을 공급한다.

(다) 행렬식 $A\mathbf{x} + \mathbf{d} = \mathbf{x}$이 성립하므로,

$$\mathbf{x} = (I_2 - A)^{-1}\mathbf{d}$$

이다. 따라서,

$$\mathbf{x} = \begin{bmatrix} 2.5 & 2 \\ 2.5 & 4 \end{bmatrix} \begin{bmatrix} 5,000 \\ 7,000 \end{bmatrix} = \begin{bmatrix} 26,500 \\ 40,500 \end{bmatrix}$$

이다. 따라서, 농업에서 2조 6,500억원을 생산하고 목축업에서 4조 500억원을 생산해야 한다. ■

예제 6.11. 산업1, 산업2, 산업3으로 이루어진 지역경제시스템에 대하여, 투입계수행렬과 최종수요행렬이 각각

$$A = \begin{bmatrix} 0.2 & 0.1 & 0.3 \\ 0.2 & 0.2 & 0.2 \\ 0.1 & 0.3 & 0.2 \end{bmatrix}, \qquad \mathbf{d} = \begin{bmatrix} 8 \\ 10 \\ 6 \end{bmatrix}$$

일 때, 각 산업분야별 적정생산량을 구하여라. (계산기를 이용하여 행렬의 연산을 계산할 수 있다.)

풀이 지역경제시스템에 대한 레온티에프 행렬은

$$I_3 - A = \begin{bmatrix} 0.8 & -0.1 & -0.3 \\ -0.2 & 0.8 & -0.2 \\ -0.1 & -0.3 & 0.8 \end{bmatrix}$$

이므로, 역행렬은

$$(I_3 - A)^{-1} = \begin{bmatrix} 1.44 & 0.42 & 0.64 \\ 0.44 & 1.51 & 0.54 \\ 0.34 & 0.62 & 1.53 \end{bmatrix}$$

이고

$$(I_3 - A)^{-1}\mathbf{d} = \begin{bmatrix} 1.44 & 0.42 & 0.64 \\ 0.44 & 1.51 & 0.54 \\ 0.34 & 0.62 & 1.53 \end{bmatrix} \begin{bmatrix} 8 \\ 10 \\ 6 \end{bmatrix} = \begin{bmatrix} 19.55 \\ 21.93 \\ 18.17 \end{bmatrix}$$

이다. 따라서, 산업1과 산업2와 산업3의 적정생산량은 각각

$$19.55, \quad 21.93, \quad 18.17$$

이다. ■

6.4.2 마르코프 과정

가령, 한 회사의 구내식당의 점심메뉴가 칼국수와 짜장면만 있을 때, 칼국수를 선택한 사람이 다음 날에 다시 칼국수를 선택할 확률이 0.7이고 짜장면을 선택할 확률은 0.3이라고 하고, 짜장면을 선택한 사람이 다음 날에 다시 짜장면을 선택할 확률은 0.6이고 칼국수를 선택할 확률은 0.4라고 하자. 표 6.3는 위의 내용을 정리한 것이다.

선택	칼국수	짜장면
칼국수	0.7	0.4
짜장면	0.3	0.6
합계	1.0	1.0

표 6.3 점심메뉴 선택과정

여기서 행렬

$$\begin{bmatrix} 0.7 & 0.4 \\ 0.3 & 0.6 \end{bmatrix}$$

를 **전이행렬**이라고 한다.

만약, 오늘(0번째 날) 모든 직원이 칼국수로 점심식사를 했다면,

$$\begin{bmatrix} 0.7 & 0.4 \\ 0.3 & 0.6 \end{bmatrix} \begin{bmatrix} 1 \\ 0 \end{bmatrix} = \begin{bmatrix} 0.7 \\ 0.3 \end{bmatrix}$$

이므로 다음 날(1번째 날)은 70%의 직원은 칼국수를 선택하고 30%의 직원은 짜장면을 선택한다. 2번째 날은

$$\begin{bmatrix} 0.7 & 0.4 \\ 0.3 & 0.6 \end{bmatrix} \begin{bmatrix} 0.7 \\ 0.3 \end{bmatrix} = \begin{bmatrix} 0.61 \\ 0.39 \end{bmatrix}$$

이므로 2번째 날은 61%의 직원은 칼국수를 선택하고 39%의 직원은 짜장면을 선택한다. 계속하여 계산하면 9번째 날은 57.1%의 직원이 칼국수를 선

택하고 42.8%의 직원이 짜장면을 선택함을 확인할 수 있다. 그리고, 10번째 날은

$$\begin{bmatrix} 0.7 & 0.4 \\ 0.3 & 0.6 \end{bmatrix} \begin{bmatrix} 0.571 \\ 0.428 \end{bmatrix} = \begin{bmatrix} 0.571 \\ 0.428 \end{bmatrix}$$

이므로 10번째 날도 57.1%의 직원이 칼국수를 선택하고 42.8%의 직원이 짜장면을 선택한다.

만약, 오늘(0번째 날) 모든 직원이 짜장면으로 점심식사를 했다면,

$$\begin{bmatrix} 0.7 & 0.4 \\ 0.3 & 0.6 \end{bmatrix} \begin{bmatrix} 0 \\ 1 \end{bmatrix} = \begin{bmatrix} 0.4 \\ 0.6 \end{bmatrix}$$

이므로 다음 날(1번째 날)은 40%의 직원은 칼국수를 선택하고 60%의 직원은 짜장면을 선택한다. 2번째 날은

$$\begin{bmatrix} 0.7 & 0.4 \\ 0.3 & 0.6 \end{bmatrix} \begin{bmatrix} 0.4 \\ 0.6 \end{bmatrix} = \begin{bmatrix} 0.52 \\ 0.48 \end{bmatrix}$$

이므로 2번째 날은 52%의 직원은 칼국수를 선택하고 48%의 직원은 짜장면을 선택한다. 계속하여 계산하면 9번째 날은 57.1%의 직원이 칼국수를 선택하고 42.8%의 직원이 짜장면을 선택함을 확인할 수 있다. 그리고, 10번째 날은

$$\begin{bmatrix} 0.7 & 0.4 \\ 0.3 & 0.6 \end{bmatrix} \begin{bmatrix} 0.571 \\ 0.428 \end{bmatrix} = \begin{bmatrix} 0.571 \\ 0.428 \end{bmatrix}$$

이므로 10번째 날도 57.1%의 직원이 칼국수를 선택하고 42.8%의 직원이 짜장면을 선택한다.

위의 내용과 같이 초기 메뉴의 선택에 상관없이, (칼국수, 짜장면)에서 직원의 선택확률은

$$(0.571, 0.428)$$

로 수렴한다. 이 수렴값을 **안정상태에서의 확률**이라고 한다.

안정상태에서의 확률은 더 이상의 확률변화가 없다는 사실을 이용하면

이를 직접 계산할 수 있다. 안정상태의 확률을 (a, b)로 놓으면

$$\begin{bmatrix} 0.7 & 0.4 \\ 0.3 & 0.6 \end{bmatrix} \begin{bmatrix} a \\ b \end{bmatrix} = \begin{bmatrix} a \\ b \end{bmatrix}, \qquad a + b = 1$$

이므로,

$$a = 0.7a + 0.4b, \qquad a + b = 1$$

즉

$$a = \frac{4}{7} \sim 0.571, \qquad b = \frac{3}{7} \sim 0.428$$

이다.

예제 6.12. 한 아파트촌에 두 개의 피자점 A와 B가 입점하여 고객을 확보하기 위해 치열한 경쟁을 벌이고 있다. 아파트 주민의 피자점 선호 성향이

선택	A	B
A	0.5	0.3
B	0.5	0.7
합계	1.0	1.0

일 때, 충분한 시간이 경과한 후의 두 피자점의 고객점유율(시장점유율)을 구하여라.

풀이 안정상태의 두 피자점의 고객점유율을 각각 a와 b로 놓으면, 전이행렬

$$\begin{bmatrix} 0.5 & 0.3 \\ 0.5 & 0.7 \end{bmatrix}$$

에 대하여,

$$\begin{bmatrix} 0.5 & 0.3 \\ 0.5 & 0.7 \end{bmatrix} \begin{bmatrix} a \\ b \end{bmatrix} = \begin{bmatrix} a \\ b \end{bmatrix}, \qquad a + b = 1$$

이다. 따라서,

$$0.5a - 0.3b = 0, \qquad a + b = 1$$

즉,

$$a = \frac{3}{8}, \quad b = \frac{5}{8}$$

이다. ■

연습문제 6.4

1. 어느 지역에 산업부문이 산업1과 산업2만 존재하고 이 때의 투입계수 행렬이

$$\begin{bmatrix} 0.2 & 0.4 \\ 0.5 & 0.3 \end{bmatrix}$$

일 때, 다음 물음에 답하여라.

(가) 이 경제시스템에서의 레온티에프의 행렬과 이의 역행렬을 구하여라.

(나) 산업1이 500억원, 산업2가 400억원의 가치를 생산한다면, 소비자에게 최종 공급할 수 있는 생산량의 가치는 얼마인가?

(다) 이 경제시스템에서 소비자집단의 산업1에 대한 수요량의 가치가 200억원이고 산업2에 대한 수요량의 가치가 150억원일 때, 이를 소비하기 위한 산업부문별 적정 생산량을 구하여라.

2. 산업1, 산업2, 산업3으로 이루어진 지역경제시스템에 대하여, 투입계수행렬과 최종수요행렬이 각각

$$A = \begin{bmatrix} 0.3 & 0.2 & 0.1 \\ 0.2 & 0.2 & 0.1 \\ 0.1 & 0.2 & 0.2 \end{bmatrix}, \qquad \mathbf{d} = \begin{bmatrix} 12 \\ 10 \\ 8 \end{bmatrix}$$

일 때, 각 산업분야별 적정생산량을 구하여라. (계산기를 이용하여 행렬의 연산을 계산할 수 있다.)

3. 제주식당의 메뉴는 칼국수와 비빔밥 뿐이다. 칼국수를 선택한 손님이 다음에 와서 다시 칼국수를 선택할 확률은 0.7이고 비빔밥을 선택할 확률은 0.3이다. 비빔밥을 선택한 손님이 다음에 와서 다시 비빔밥을 선택할 확률은 0.8이고 칼국수를 선택할 확률은 0.2이다. 충분한 시간이 경과한 후의 손님들의 칼국수와 비빔밥의 선택확률을 구하여라.

제 7 장

다변수함수의 미분

자연현상이나 사회현상을 설명하기 위하여 수학적인 모델을 구성할 때, 대부분의 경우 일변수함수보다는 다변수함수를 사용하게 된다. 이 장에서는 다변수함수들에 대한 미분을 탐구한다. 다변수함수들의 미분에서는 편미분과 전미분이 구별된다. 다변수함수에 대한 연쇄법칙을 살펴보고, 음함수정리도 알아본다.

7.1 다변수함수의 극한과 연속

차원이 n인 유클리드 공간

$$\mathbb{R}^n = \underbrace{\mathbb{R}\times\mathbb{R}\times\cdots\times\mathbb{R}}_{n} = \{(x_1, x_2, \ldots, x_n)\,|\,x_1, \ldots, x_n \in \mathbb{R}\}$$

의 부분집합

$$R = \{(x_1, \ldots, x_n)\,|\,a_1 < x_1 < b_1,\ a_2 < x_2 < b_2,\ \ldots, a_n < x_n < b_n\}$$

에 정의된 함수 $f\colon R \to \mathbb{R}$를 생각하자.

7.1.1 다변수함수의 극한

차원이 2인 유클리드 공간 $\mathbb{R}^2$의 부분집합

$$A = \{(x, y) \in \mathbb{R}^2\,|\,a_1 < x < b_1,\ a_2 < y < b_2\}$$

에 놓인 점 (x_0, y_0)에 대하여, 점 $(x, y) \in A$가 점 (x_0, y_0)에 접근할 때 함숫값 $f(x, y)$이 L로 접근하면 L을 점 (x_0, y_0)에서의 함수 f의 **극한**이라고 하고

$$\lim_{(x,y)\to(x_0,y_0)} f(x, y) = L$$

로 나타낸다.

함수의 극한에 대한 기본성질들을 다음과 같이 정리할 수 있다.

> 정리 7.1. 함수 $f\colon A \to \mathbb{R}$와 $g\colon A \to \mathbb{R}$에 대하여,
>
> $$\lim_{(x,y)\to(x_0,y_0)} f(x, y) = L, \qquad \lim_{(x,y)\to(x_0,y_0)} g(x, y) = S$$
>
> 이면 다음이 성립한다.
>
> (가) $\displaystyle\lim_{(x,y)\to(x_0,y_0)} (f(x, y) \pm g(x, y)) = L \pm S$ (복호동순)
>
> (나) $\displaystyle\lim_{(x,y)\to(x_0,y_0)} (f(x, y) \cdot g(x, y)) = L \cdot S$

(다) $\displaystyle\lim_{(x,y)\to(x_0,y_0)} \frac{f(x,y)}{g(x,y)} = \frac{L}{S}$ (단, $S \neq 0$)

(라) $\displaystyle\lim_{(x,y)\to(x_0,y_0)} (k \cdot f(x,y)) = kL$ (k는 상수)

상수함수 $f(x) = L$과 임의의 점 c에 대하여,

$$\lim_{x\to c} f(x) = L$$

이다. 또한 항등함수 $g(x) = x$와 임의의 c에 대하여

$$\lim_{x\to c} g(x) = c$$

이다. 상수함수와 항등함수는 임의의 점에서 극한이 존재한다. 따라서 정리 7.1에 의하여, 점 c에서의 차수가 n인 다항함수

$$p(x) = a_0 + a_1x + a_2x^2 + \cdots + a_nx^n \quad (a_n \neq 0)$$

의 극한은

$$\lim_{x\to c} p(x) = a_0 + a_1c + a_2c^2 + \cdots + a_nc^n = p(c)$$

이다.

예제 7.1. 다음 극한을 구하여라.

(가) $\displaystyle\lim_{(x,y)\to(1,0)} \frac{x - xy + 2}{x^2 + 3xy - y^3}$ (나) $\displaystyle\lim_{(x,y)\to(3,4)} (x^2 + y^2)$

풀이 (가) $\displaystyle\lim_{(x,y)\to(1,0)} \frac{x - xy + 2}{x^2 + 3xy - y^3} = \frac{1 - 1\cdot 0 + 2}{1^2 + 3\cdot 1\cdot 0 - 0^3} = 3$

(나) $\displaystyle\lim_{(x,y)\to(3,4)} (x^2 + y^2) = 3^2 + 4^2 = 25$ ■

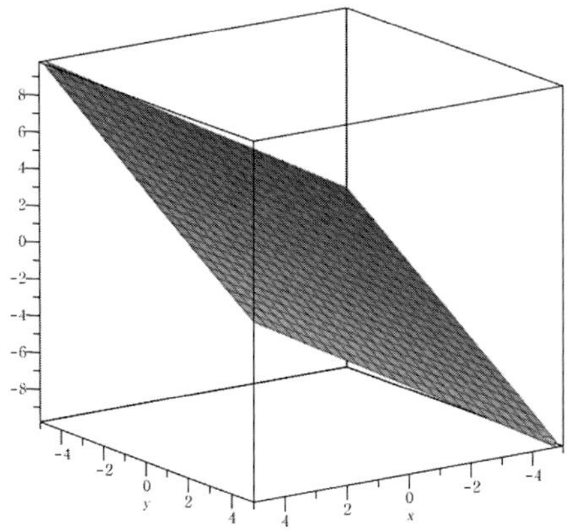

그림 7.1 함수 $f(x,y)=\dfrac{x^2-y^2}{x+y}$의 그래프

예제 7.2. 극한 $\displaystyle\lim_{(x,y)\to(0,0)}\frac{x^2-y^2}{x+y}$을 구하여라.

풀이 점 (x,y)가 원점 $(0,0)$에 접근할 때, 분모 $x+y$와 분자 x^2-y^2가 모두 0에 접근한다. 그런데

$$\frac{x^2-y^2}{x+y}=\frac{(x-y)(x+y)}{x+y}=x-y$$

이므로

$$\lim_{(x,y)\to(0,0)}\frac{x^2-y^2}{x+y}=\lim_{(x,y)\to(0,0)}(x-y)=0$$

이다. 그림 7.1에서 함수 $f(x,y)=\dfrac{x^2-y^2}{x+y}$의 그래프를 볼 수 있다. ■

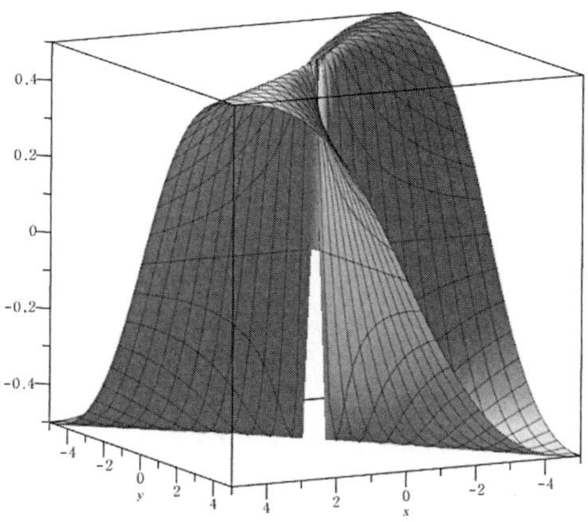

그림 7.2 함수 $f(x,y)=\dfrac{xy}{x^2+y^2}$의 그래프

예제 7.3. 극한 $\displaystyle\lim_{(x,y)\to(0,0)}\frac{xy}{x^2+y^2}$이 존재하는지 판별하여라.

풀이 점 (x,y)가 x축을 따라 접근하면

$$\lim_{x\to0}\frac{x\cdot0}{x^2+0^2}=0$$

이다. 한편, 점 (x,y)가 그래프 $y=x$를 따라 접근하면

$$\lim_{x\to0}\frac{x^2}{x^2+x^2}=\frac{1}{2}$$

이다. 따라서 점 (x,y)가 원점 $(0,0)$에 접근하는 경로가 다르면, 값

$$\frac{xy}{x^2+y^2}$$

이 다른 값으로 접근할 수 있다. 따라서 극한 $\lim_{(x,y)\to(0,0)} \frac{xy}{x^2+y^2}$는 존재하지 않는다. 그림 7.2에서 함수 $f(x,y) = \frac{xy}{x^2+y^2}$의 그래프를 볼 수 있다. ■

7.1.2 다변수함수의 연속

함수 $f\colon A \to \mathbb{R}$에 대하여,

$$\lim_{(x,y)\to(x_0,y_0)} f(x,y) = f(x_0,y_0)$$

이면 함수 f는 (x_0,y_0)에서 **연속**이라고 한다.

보기 7.1. 함수

$$f(x,y) = \begin{cases} \frac{xy}{x^2+y^2}, & (x,y) \neq (0,0), \\ 0, & (x,y) = (0,0) \end{cases}$$

는 점 $(0,0)$에서 연속이 아니고 그 밖의 점에서는 연속이다.

다변수함수의 연속성에 대하여 다음이 성립한다.

정리 7.2. 함수 $f: A \to \mathbb{R}$와 $g: A \to \mathbb{R}$에 대하여, 함수 f와 g가 점 (x_0,y_0)에서 연속이면 다음이 성립한다.

(가) 함수 $h = f + g$는 점 (x_0,y_0)에서 연속이다.

(나) 함수 $h = f \cdot g$는 점 (x_0,y_0)에서 연속이다.

(다) $g(x_0,y_0) \neq 0$이면 함수 $h = f/g$는 점 (x_0,y_0)에서 연속이다.

연습문제 7.1

1. 다음의 극한을 구하여라.

(가) $\lim_{(x,y)\to(3,1)}(3x-2y)$ (나) $\lim_{(x,y)\to(1,2)}(x^2+y^2)$

(다) $\lim_{(x,y)\to(2,4)}(5x-y)$ (라) $\lim_{(x,y)\to(1,-1)}(x^2+y^2-3x)$

2. 다음 극한이 존재하는지 판별하여라. 만약 극한이 존재하면 그 극한을 구하여라.

(가) $\lim_{(x,y)\to(0,0)}\frac{x^2-y^2}{x^2+y^2}$ (나) $\lim_{(x,y)\to(0,0)}\frac{x^2+y}{x^2+y^2}$

(다) $\lim_{(x,y)\to(0,0)}\frac{x^2y^2}{x^4+y^4}$ (라) $\lim_{(x,y)\to(0,0)}\frac{x^2y^2}{x^2+y^2}$

3. 다음 함수에 대하여, 어느 점에서 함수가 불연속인지 구하여라.

(가) $f(x,y)=\frac{x+y}{x-y}$ (나) $f(x,y)=\frac{x}{y^2+3}$

(다) $f(x,y)=\frac{x^2+y^2}{x^2-3x+2}$ (라) $f(x,y)=\frac{1}{y-x^2}$

7.2 편도함수

7.2.1 다변수함수의 편미분

영역 $A = \{(x, y) \in \mathbb{R}^2 \,|\, a_1 < x < b_1,\, a_2 < y < b_2\}$에 정의된 연속함수 $f\colon A \to \mathbb{R}$와 점 $(x_0, y_0) \in A$에 대하여, 극한

$$\lim_{h\to 0} \frac{f(x_0 + h, y_0) - f(x_0, y_0)}{h}$$

이 존재하면 f는 (x_0, y_0)에서 x에 대하여 **편미분가능하다**고 한다. 이 때의 극한을 점 (x_0, y_0)에서 x에 대한 f의 **편미분계수**라고 하고

$$\frac{\partial f}{\partial x}(x_0, y_0) \quad \text{또는} \quad f_x(x_0, y_0)$$

로 나타낸다. 영역 A에 놓인 모든 점 (x, y)에서 f가 x에 대하여 편미분가능하면, x에 대한 f의 편미분계수를 함숫값으로 하는 함수 $f_x\colon A \to \mathbb{R}$이 존재하는데, 이 함수를 f의 x에 대한 **편도함수**라고 한다. 함수 $g\colon [a_1, b_1] \to \mathbb{R}$를

$$g(x) = f(x, y_0)$$

으로 정의하면,

$$g'(x_0) = \frac{\partial f}{\partial x}(x_0, y_0)$$

이다.

극한

$$\lim_{h\to 0} \frac{f(x_0, y_0 + h) - f(x_0, y_0)}{h}$$

이 존재하면 f는 (x_0, y_0)에서 y에 대하여 **편미분가능하다**고 한다. 이 때의 극한을 점 (x_0, y_0)에서 y에 대한 f의 **편미분계수**라고 하고

$$\frac{\partial f}{\partial y}(x_0, y_0) \quad \text{또는} \quad f_y(x_0, y_0)$$

으로 나타낸다. 영역 A에 놓인 모든 점 (x, y)에서 f의 y에 대하여 편미분가능하면, y에 대한 f의 편미분계수를 함숫값으로 하는 함수 $f_y\colon A \to \mathbb{R}$이 존재하는데, 이 함수를 f의 y에 대한 **편도함수**라고 한다. 함수 $h\colon [a_2, b_2] \to \mathbb{R}$

을

$$h(y) = f(x_0, y)$$

로 정의하면,

$$h'(y_0) = \frac{\partial f}{\partial y}(x_0, y_0)$$

이다.

예제 7.4. 함수 $f(x, y) = x^2 + 2xy + 3y^2$에 대하여, 다음 물음에 답하여라.

(가) 편도함수 $\frac{\partial f}{\partial x}(x, y)$를 구하여라.

(나) 편도함숫값 $\frac{\partial f}{\partial x}(1, 2)$를 구하여라.

(다) 함수 $g(x) = f(x, 2)$의 도함수를 구하여라.

(라) 미분계수 $g'(1)$을 구하여라.

풀이 (가) 함수 f의 x에 대한 편도함수는

$$\frac{\partial f}{\partial x}(x, y) = 2x + 2y$$

이다.

(나) 따라서,

$$\frac{\partial f}{\partial x}(1, 2) = 2 \cdot 1 + 2 \cdot 2 = 6$$

이다.

(다) 함수 $g(x) = f(x, 2) = x^2 + 4x + 12$의 도함수는

$$g'(x) = 2x + 4$$

이다.

(라) 따라서

$$g'(1) = 2 \cdot 1 + 4 = 6$$

이다. ■

예제 7.5. 함수 $f(x,y)=x^2+2x^2y^2+y$에 대하여, 다음 물음에 답하여라.

(가) 편도함수 $\frac{\partial f}{\partial y}(x,y)$를 구하여라.

(나) 편도함숫값 $\frac{\partial f}{\partial y}(1,2)$를 구하여라.

(다) 함수 $h(y)=f(1,y)$의 도함수를 구하여라.

(라) 미분계수 $h'(2)$을 구하여라.

풀이 (가) 함수 f의 y에 대한 편도함수는

$$\frac{\partial f}{\partial y}(x,y)=4x^2y+1$$

이다.

(나) 따라서,

$$\frac{\partial f}{\partial y}(1,2)=4\cdot 1^2\cdot 2+1=9$$

이다.

(다) 함수 $h(y)=f(1,y)=1+2y^2+y$의 도함수는

$$h'(y)=4y+1$$

이다.

(라) 따라서

$$h'(2)=4\cdot 2+1=9$$

이다. ■

예제 7.6. 함수 $f(x,y,z)=x^3+3xy^2z^3+z$에 대하여, 다음 물음에 답하여라.

(가) 편도함수 $\frac{\partial f}{\partial z}(x,y,z)$를 구하여라.

(나) 편도함숫값 $\dfrac{\partial f}{\partial z}(1,2,3)$를 구하여라.

(다) 함수 $g(z) = f(1,2,z)$의 도함수를 구하여라.

(라) 미분계수 $g'(3)$을 구하여라.

풀이 (가) 함수 f의 z에 대한 편도함수는

$$\frac{\partial f}{\partial z}(x,y,z) = 9xy^2z^2 + 1$$

이다.

(나) 따라서,

$$\frac{\partial f}{\partial z}(1,2,3) = 9 \cdot 1 \cdot 2^2 \cdot 3^2 + 1 = 325$$

이다.

(다) 함수 $g(z) = f(1,2,z) = 1 + 12z^3 + z$의 도함수는

$$g'(z) = 36z^2 + 1$$

이다.

(라) 따라서

$$g'(3) = 36 \cdot 9 + 1 = 325$$

이다. ■

예제 7.7. 함수 $f(x,y) = \dfrac{2xy}{x^2+y^2}$의 편도함수 $\dfrac{\partial f}{\partial x}$와 $\dfrac{\partial f}{\partial y}$를 구하여라.

풀이 x에 대한 편도함수는

$$\frac{\partial f}{\partial x}(x,y) = \frac{2y(x^2+y^2) - 4x^2y}{(x^2+y^2)^2} = \frac{-2x^2y + 2y^3}{(x^2+y^2)^2}$$

이고, y에 대한 편도함수는

$$\frac{\partial f}{\partial y}(x,y) = \frac{2x(x^2+y^2)-4xy^2}{(x^2+y^2)^2} = \frac{2x^3-2xy^2}{(x^2+y^2)^2}$$

이다. ■

예제 7.8. 다음 함수의 편도함수를 구하여라.

(가) $f(x,y) = x^3 - xy^2 + y^3$ (나) $g(x,y) = \dfrac{x+2y}{2x+y}$

풀이 (가) 함수 f의 x에 대한 편도함수는

$$\frac{\partial f}{\partial x}(x,y) = 3x^2 - y^2$$

이고, 함수 f의 y에 대한 편도함수는

$$\frac{\partial f}{\partial y}(x,y) = -2xy + 3y^2$$

이다.

(나) 분수함수의 미분법

$$\frac{d}{dx}\left(\frac{p(x)}{q(x)}\right) = \frac{p'(x)q(x)-p(x)q'(x)}{q(x)^2}$$

에 의하여, 함수 g의 x에 대한 편도함수는

$$\frac{\partial g}{\partial x}(x,y) = \frac{1\cdot(2x+y)-(x+2y)\cdot 2}{(2x+y)^2} = \frac{-3y}{(2x+y)^2}$$

이고, 함수 f의 y에 대한 편도함수는

$$\frac{\partial g}{\partial y}(x,y) = \frac{2(2x+y)-(x+2y)\cdot 1}{(2x+y)^2} = \frac{3x}{(2x+y)^2}$$

이다. ■

예제 7.9. 재화 A에 대하여, 가격 p에 대한 수요함수와 공급함수가 각각

$$D(p) = a - bp, \quad S(p) = -c + dp \quad (\text{단}, \ 0 < a, b, c, d)$$

일 때, 다음의 물음에 답하여라.

(가) 균형가격과 균형수급량을 구하여라.

(나) a, b, c, d의 변화에 따른 균형가격의 변화를 분석하여라.

(다) a, b, c, d의 변화에 따른 균형수급량의 변화를 분석하여라.

(라) a, b, c, d의 값이

$$a = 5, \ b = 0.5, \ c = 1, \ d = 0.7$$

일 때, 세 변수는 고정되고 한 변수가 두 배 증가하면 균형가격 및 균형수급량이 어떻게 변화하는지를 그래프로 설명하여라.

풀이 (가) 균형가격 p^*는 방정식 $D(p) = S(p)$의 근이므로,

$$a - bp^* = -c + dp^*$$

즉, 균형가격은

$$p^* = \frac{a+c}{b+d}$$

이다. 따라서 균형수급량 q^*는

$$q^* = D(p^*) = a - b\frac{a+c}{b+d} = \frac{ad-bc}{b+d}$$

이다.

(나) 균형가격 p^*을 a, b, c, d에 대한 함수

$$p^*(a, b, c, d) = \frac{a+c}{b+d}$$

로 놓자. 균형가격 p^*의 편도함수는 각각

$$\frac{\partial p^*}{\partial a} = \frac{1}{b+d} = \frac{\partial p^*}{\partial c}, \quad \frac{\partial p^*}{\partial b} = -\frac{a+c}{(b+d)^2} = \frac{\partial p^*}{\partial d}$$

이다. 그런데 $0 < a, b, c, d$이므로,

$$0 < \frac{\partial p^*}{\partial a}, \quad \frac{\partial p^*}{\partial b} < 0, \quad 0 < \frac{\partial p^*}{\partial c}, \quad \frac{\partial p^*}{\partial d} < 0$$

이다. 따라서, a가 증가함에 따라 p^*는 증가하고, b가 증가함에 따라 p^*는 감소하고, c가 증가함에 따라 p^*는 증가하고, d가 증가함에 따라 p^*는 감소한다.

(다) 균형수급량 q^*을 a, b, c, d에 대한 함수

$$q^*(a, b, c, d) = \frac{ad-bc}{b+d}$$

로 놓자. 균형수급량 q^*의 편도함수는 각각

$$\frac{\partial q^*}{\partial a} = \frac{d}{b+d}, \quad \frac{\partial q^*}{\partial b} = -\frac{(a+c)d}{(b+d)^2}, \quad \frac{\partial q^*}{\partial c} = -\frac{b}{b+d}, \quad \frac{\partial q^*}{\partial d} = \frac{b(a+c)}{(b+d)^2}$$

이다. 그런데 $0 < a, b, c, d$이므로,

$$0 < \frac{\partial q^*}{\partial a}, \quad \frac{\partial q^*}{\partial b} < 0, \quad \frac{\partial q^*}{\partial c} < 0, \quad 0 < \frac{\partial q^*}{\partial d}$$

이다. 따라서, a가 증가함에 따라 q^*는 증가하고, b가 증가함에 따라 q^*는 감소하고, c가 증가함에 따라 q^*는 감소하고, d가 증가함에 따라 q^*는 증가한다.

(라) 변수 a가 5에서 10으로 두 배 증가하면 아래 그래프에서와 같이 균형가격과 균형수급량이 모두 증가한다.

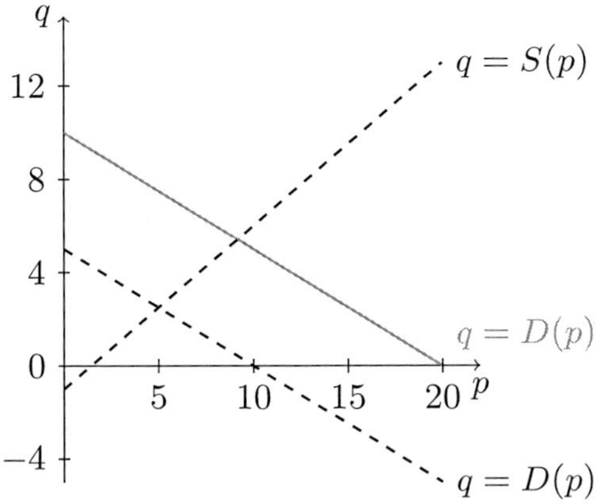

변수 b가 0.5에서 1로 두 배 증가하면 아래 그래프에서와 같이 균형가격과 균형수급량이 모두 감소한다.

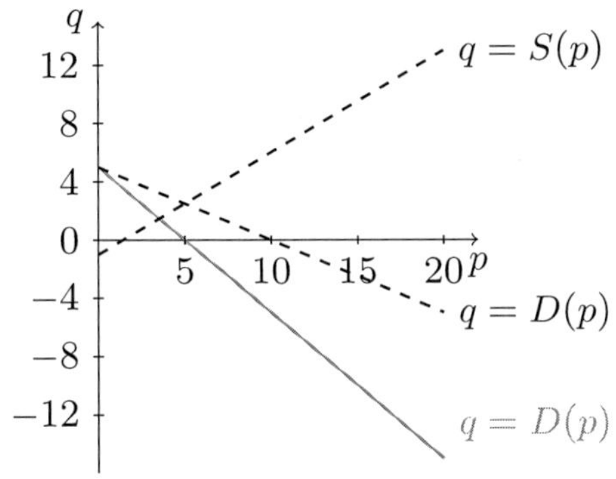

변수 c가 1에서 2로 두 배 증가하면 아래 그래프에서와 같이 균형가격은 증가하고 균형수급량은 감소한다.

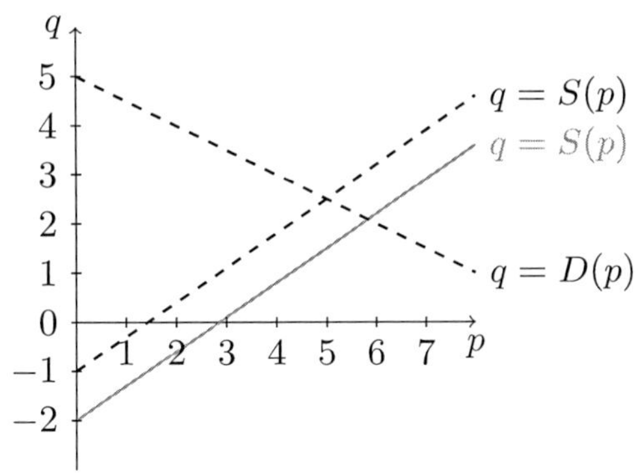

변수 d가 0.7에서 1.4로 두 배 증가하면 아래 그래프에서와 같이 균형가격은 감소하고 균형수급량은 증가한다.

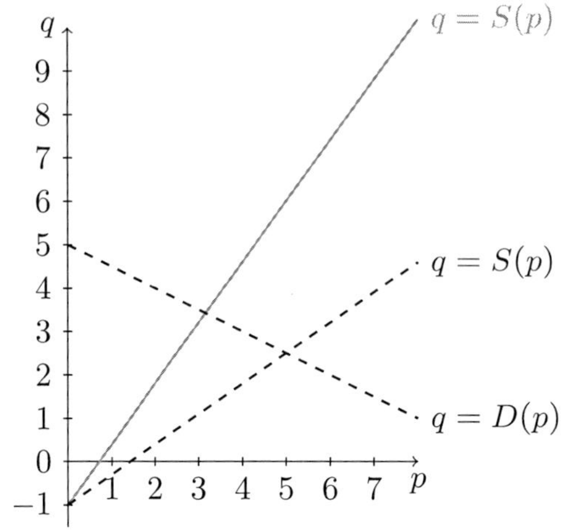

7.2.2 이계 편도함수

함수 $f(x,y)$에 대하여, 편도함수 $\dfrac{\partial f}{\partial x}$와 $\dfrac{\partial f}{\partial y}$가 x와 y에 대하여 편미분가능하면 f의 **이계 편도함수**

$$\begin{aligned}\frac{\partial^2 f}{\partial x^2}(x,y) = f_{xx}(x,y) &= \frac{\partial}{\partial x}\left(\frac{\partial f}{\partial x}(x,y)\right);\\ \frac{\partial^2 f}{\partial y \partial x}(x,y) = f_{xy}(x,y) &= \frac{\partial}{\partial y}\left(\frac{\partial f}{\partial x}(x,y)\right);\\ \frac{\partial^2 f}{\partial x \partial y}(x,y) = f_{yx}(x,y) &= \frac{\partial}{\partial x}\left(\frac{\partial f}{\partial y}(x,y)\right);\\ \frac{\partial^2 f}{\partial y^2}(x,y) = f_{yy}(x,y) &= \frac{\partial}{\partial y}\left(\frac{\partial f}{\partial y}(x,y)\right)\end{aligned}$$

이 존재한다.

예제 7.10. 함수 $f(x,y) = x^2y + ye^x$의 이계 편도함수들을 구하여라.

풀이 함수 f의 편도함수는

$$\frac{\partial f}{\partial x}(x,y) = 2xy + ye^x, \qquad \frac{\partial f}{\partial y}(x,y) = x^2 + e^x$$

이므로, 이계 편도함수는

$$\begin{aligned} \frac{\partial^2 f}{\partial x^2}(x,y) &= 2y + ye^x, \\ \frac{\partial^2 f}{\partial y \partial x}(x,y) &= 2x + e^x, \\ \frac{\partial^2 f}{\partial x \partial y}(x,y) &= 2x + e^x, \\ \frac{\partial^2 f}{\partial y^2}(x,y) &= 0 \end{aligned}$$

이다. ■

이계 편도함수들에 대하여, 다음의 유용한 성질이 있다.

정리 7.3. 평면에 놓인 영역 A에 정의된 함수 f에 대하여, f, f_x, f_y, f_{xy}, f_{yx}가 존재하고 연속이면,

$$f_{xy} = f_{yx}$$

이다.

보기 7.2. 함수 $f(x,y) = x^2 + 3xy + y^2 + 1$에 대하여,

$$\frac{\partial f}{\partial x}(x,y) = 2x + 3y, \qquad \frac{\partial f}{\partial y}(x,y) = 3x + 2y$$

이므로

$$\frac{\partial^2 f}{\partial y \partial x}(x,y) = 3, \qquad \frac{\partial^2 f}{\partial x \partial y}(x,y) = 3$$

이다. 따라서, $f_{xy} = f_{yx}$이다.

생산함수는 생산에 투입되는 요소의 양과 생산량간의 관계를 나타낸다. 생산요소를 $x_1, x_2, \ldots, x_n$으로 나타낼 때, 생산함수는

$$q = f(x_1, x_2, \ldots, x_n)$$

으로 나타낸다. 다른 투입요소를 고정시키고 투입요소 x_i만을 변동시킬 때, 투입요소 x_i의 변동량에 대한 생산량의 변동량의 비 $\frac{\partial f}{\partial x_i}$를 투입요소 x_i에 대한 **한계생산량**이라고 한다.

예제 7.11. 생산함수로 널리 사용되는 콥-더글라스 생산함수는 노동투입량(L)과 자본투입량(K)을 생산요소로 하고 생산함수의 특징을 결정하는 외생변수(α, β)에 의하여

$$q = f(L, K) = aL^\alpha K^\beta \qquad (\text{단}, \ 0 < a,\ 0 < \alpha < 1,\ 0 < \beta < 1)$$

로 나타난다.

(가) 노동의 투입을 고정시킨 상태에서 자본의 투입을 증가시킬 때, 생산량은 어떻게 변화하는가?

(나) 노동의 투입을 고정시킨 상태에서 자본의 투입을 증가시킬 때, 자본에 대한 한계생산량은 어떻게 변화하는가?

(다) 생산함수의 기술적 수준을 나타내는 외생변수의 값이

$$a = 1, \quad \alpha = 0.5, \quad \beta = 0.5$$

일 때, 노동투입량 100에서의 총생산량 및 자본의 한계생산량 함수를 구하고 이를 그래프로 나타내어라.

풀이 (가) 생산함수 f를 K에 대하여 편미분하면

$$\frac{\partial f}{\partial K}(L, K) = a\beta L^\alpha K^{\beta-1} > 0$$

이다. 따라서, 노동의 투입을 고정시킨 상태에서 자본의 투입을 증가시키면 생산량은 증가한다.

(나) 자본에 대한 한계생산량

$$\frac{\partial f}{\partial K}(L, K) = a\beta L^{\alpha} K^{\beta-1}$$

을 자본(K)에 대하여 편미분하면

$$\frac{\partial^2 f}{\partial K^2} = a\beta(\beta-1)L^{\alpha}K^{\beta-2} < 0$$

이므로, 노동의 투입을 고정시킨 상태에서 자본의 투입을 증가시키면 자본에 대한 한계생산량은 감소한다. 일반적으로 다른 생산요소의 투입을 고정시킨 상태에서 한 생산요소의 투입을 증가시킬 경우에 총생산량은 증가하지만 한계생산량은 감소하는 현상이 나타난다. 이를 **한계생산체감의 법칙**이라고 한다.

(다) 생산함수가 $q = f(L, K) = aL^{\alpha}K^{\beta}$이므로, 노동투입량 100에서의 총생산량은

$$q = f(100, K) = 100^{1/2}\sqrt{K} = 10K^{1/2}$$

이고 이 함수의 그래프는 다음과 같다.

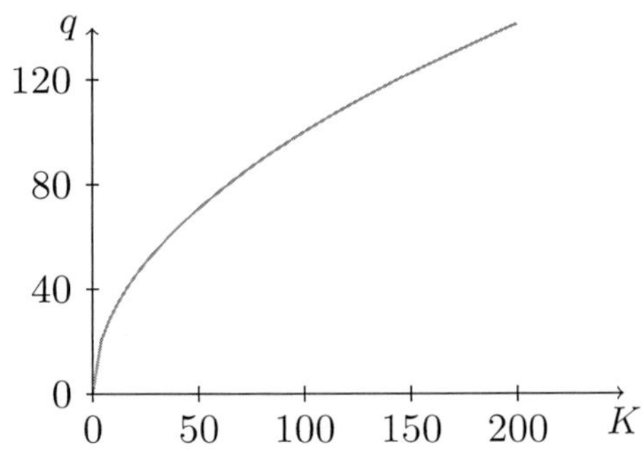

이 때의 자본에 대한 한계생산량은

$$\frac{\partial f}{\partial K}(100, K) = 5K^{-1/2}$$

이고 이 함수의 그래프는 다음과 같다.

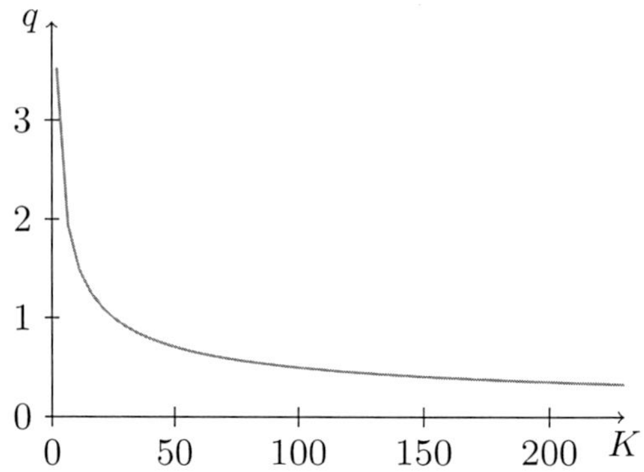
q
3
2
1
0
0
50
100
150
200
K

연습문제 7.2

1. 다음 함수의 편도함수를 구하여라.

(가) $f(x, y) = x^2 + 3xy + y^2$ (나) $g(x, y) = \dfrac{x^2 + xy + y^2}{2x + y}$

2. 함수 $f(x, y) = 2x^2 + 3xy + y^2 + 4x - 3y + 2$에 대하여, 다음 물음에 답하여라.

(가) 편도함수 $\dfrac{\partial f}{\partial x}(x, y)$를 구하여라.

(나) 편도함숫값 $\dfrac{\partial f}{\partial x}(1, 3)$를 구하여라.

(다) 함수 $g(x) = f(x, 3)$의 도함수를 구하여라.

(라) 미분계수 $g'(1)$을 구하여라.

3. 함수 $f(x, y) = x^3 + 3x^2y + xy$에 대하여, 다음 물음에 답하여라.

(가) 편도함수 $\dfrac{\partial f}{\partial y}(x, y)$를 구하여라.

(나) 편도함숫값 $\dfrac{\partial f}{\partial y}(1, 3)$를 구하여라.

(다) 함수 $h(y) = f(1, y)$의 도함수를 구하여라.

(라) 미분계수 $h'(3)$을 구하여라.

4. 함수 $f(x, y, z) = x^2 + y^2 + z^2 + xy + 3yz + 2zx$에 대하여, 다음 물음에 답하여라.

(가) 편도함수 $\dfrac{\partial f}{\partial z}(x, y, z)$를 구하여라.

(나) 편도함숫값 $\dfrac{\partial f}{\partial z}(1, 2, 3)$를 구하여라.

(다) 함수 $g(z) = f(1, 2, z)$의 도함수를 구하여라.

(라) 미분계수 $g'(3)$을 구하여라.

7.3 다변수함수의 전미분

함수 $L\colon \mathbb{R}^n \to \mathbb{R}$에 대하여,

$$L(x_1, x_2, \ldots, x_n) = a_1x_1 + a_2x_2 + \cdots + a_nx_n$$

인 상수 $a_1, a_2, \ldots, a_n$이 존재하면 함수 L을 **동형일차함수**라고 한다. 여기서

$$\begin{aligned} a_1 &= L(1,0,0,\ldots,0,0) \\ a_2 &= L(0,1,0,\ldots,0,0) \\ &\vdots \\ a_n &= L(0,0,0,\ldots,0,1) \end{aligned}$$

이므로 동형일차함수 L은 상수 $a_1, a_2, \ldots, a_n$, 즉

$$(1,0,\ldots,0,0), \ldots, (0,0,\ldots,0,1)$$

의 함숫값에 의하여 결정된다. 이 때,

$$a_j = \frac{\partial L}{\partial x_j}(\mathbf{x}), \quad j = 1, 2, \ldots, n$$

이다. 또한 원점에서의 함숫값은 0, 즉

$$L(0,0,\ldots,0) = 0$$

이다.

보기 7.3. 동형일차함수 $L(x,y) = 2x + y$에 대하여,

$$\frac{\partial L}{\partial x}(x,y) = 2, \qquad \frac{\partial L}{\partial y}(x,y) = 1$$

이다. 동형일차함수 L의 그래프를 그림 7.3과 같이 나타낼 수 있다.

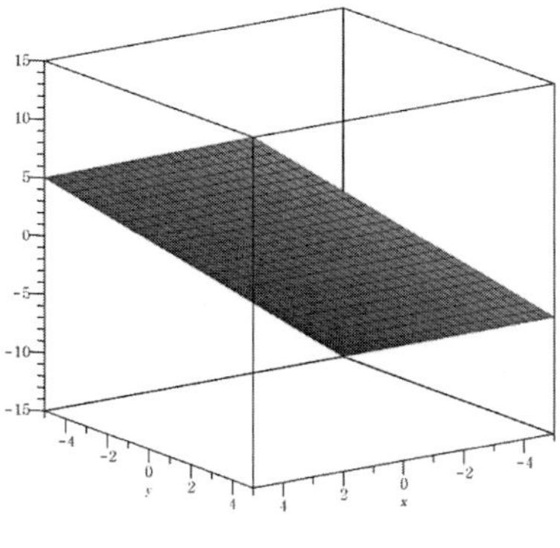

그림 7.3 동형일차함수 $L(x, y) = 2x + y$의 그래프

함수 $f\colon A \to \mathbb{R}$와 점 $\mathbf{a} = (a_1, a_2, \dots, a_n) \in A$에 대하여,

$$\lim_{\mathbf{x} \to \mathbf{a}} \frac{|f(\mathbf{x}) - f(\mathbf{a}) - L_{\mathbf{a}}(\mathbf{x} - \mathbf{a})|}{\|\mathbf{x} - \mathbf{a}\|} = 0$$

인 동형일차함수 $L_{\mathbf{a}}$이 존재하면 f는 $\mathbf{a}$에서 **미분가능하다**고 한다. 이 때, $L_{\mathbf{a}}$를 $\mathbf{a}$에서의 f의 **전미분**이라고 하고 $Df_{\mathbf{a}}$로 나타낸다. 여기서

$$Df_{\mathbf{a}}(h_1, h_2, \dots, h_n) = \frac{\partial f}{\partial x_1}(\mathbf{a}) \cdot h_1 + \cdots + \frac{\partial f}{\partial x_n}(\mathbf{a}) \cdot h_n$$

이다. 즉 함수 f가 점 $\mathbf{a} = (a_1, \dots, a_n)$에서 미분가능하다는 것은 점 $\mathbf{a}$ 근방에서 함숫값 $f(\mathbf{x})$가 $f(\mathbf{a}) + Df_{\mathbf{a}}(\mathbf{x} - \mathbf{a})$에 매우 근사함을 의미한다. 여기서

$$f(\mathbf{a}) + Df_{\mathbf{a}}(\mathbf{x} - \mathbf{a}) = f(\mathbf{a}) + \frac{\partial f}{\partial x_1}(\mathbf{a}) \cdot (x_1 - a_1) + \cdots + \frac{\partial f}{\partial x_n}(\mathbf{a}) \cdot (x_n - a_n)$$

을 점 $\mathbf{a}$에서의 f의 **표준일차근사**라고 한다.

함수 $E\colon A \to \mathbb{R}$을

$$E(\mathbf{x}) = \begin{cases} \dfrac{f(\mathbf{x}) - f(\mathbf{a}) - Df_{\mathbf{a}}(\mathbf{x} - \mathbf{a})}{\|\mathbf{x} - \mathbf{a}\|}, & \mathbf{x} \neq \mathbf{a}\text{일 때}, \\ \mathbf{0}, & \mathbf{x} = \mathbf{a}\text{일 때} \end{cases}$$

로 정의하면, 함수 E가 점 $\mathbf{a}$에서 연속인 것은 f가 점 $\mathbf{a}$에서 미분가능하기 위한 필요충분조건이다. 이 때,

$$f(\mathbf{x}) = f(\mathbf{a}) + Df_{\mathbf{a}}(\mathbf{x}-\mathbf{a}) + \|\mathbf{x}-\mathbf{a}\|E(\mathbf{x})$$

이다. 따라서, 다음이 성립한다.

정리 7.4. 함수 $f\colon A \to \mathbb{R}$에 대하여, f가 점 $\mathbf{a}$에서 미분가능하면 f는 점 $\mathbf{a}$에서 연속이다.

함수 f가 점 $\mathbf{a}$에서 편미분가능하지만 f가 점 $\mathbf{a}$에서 미분가능하지 않을 수도 있다.

보기 7.4. 함수

$$f(x,y) = \begin{cases} \dfrac{xy}{x^2+y^2}, & (x,y) \neq (0,0)\text{일 때,} \\ 0, & (x,y) = (0,0)\text{일 때} \end{cases}$$

에 대하여, 다음을 알 수 있다.

(가) 점 $(0,0)$에서 f의 편도함수는

$$\frac{\partial f}{\partial x}(0,0) = \lim_{x\to 0} \frac{\frac{x\cdot 0}{x^2+0^2} - 0}{x-0} = 0$$

이고

$$\frac{\partial f}{\partial y}(0,0) = \lim_{y\to 0} \frac{\frac{0\cdot y}{0^2+y^2} - 0}{y-0} = 0$$

이다.

(나) 예제 7.3으로부터 점 $(0,0)$에서 f는 연속이 아님을 알 수 있다. 따라서 점 $(0,0)$에서 f의 전미분 $Df_{(0,0)}$은 존재하지 않는다.

함수 f에 대하여, 모든 편도함수들이 존재하고 연속인 것은 함수 f가 미분가능하기 위한 충분조건이다.

정리 7.5. 함수 $f\colon A \to \mathbb{R}$의 모든 편도함수들이 존재하고 연속이면 함수 f는 미분가능하다.

예제 7.12. 이변수함수 $f(x,y) = x^2 + y^2$에 대하여, 다음 물음에 답하여라.

(가) 이변수함수 f의 편도함수를 구하여라.

(나) 점 $(1,3)$에서 f의 전미분을 구하여라.

(다) 함수의 그래프 $z = x^2 + y^2$와 점 $(1,3)$에서의 표준일차근사 $f(1,3) + Df_{(1,3)}(x-1, y-3)$의 그래프 $z = f(1,3) + Df_{(1,3)}(x-1, y-3)$를 그려라.

풀이 (가) x에 대한 f의 편도함수는

$$\frac{\partial f}{\partial x}(x,y) = 2x$$

이고, y에 대한 f의 편도함수는

$$\frac{\partial f}{\partial y}(x,y) = 2y$$

이다.

(나) 편도함숫값이

$$\frac{\partial f}{\partial x}(1,3) = 2, \quad \frac{\partial f}{\partial y}(1,3) = 6$$

이므로, 점 $(1,3)$에서 f의 전미분은

$$Df_{(1,3)}(h_1, h_2) = 2h_1 + 6h_2$$

이다.

(다) 함수의 그래프 $z = x^2 + y^2$와 점 $(1,3)$에서의 표준일차근사 $10 + 2(x-1) + 6(y-3)$의 그래프 $z = 10 + 2(x-1) + 6(y-3)$는 다음과 같다.

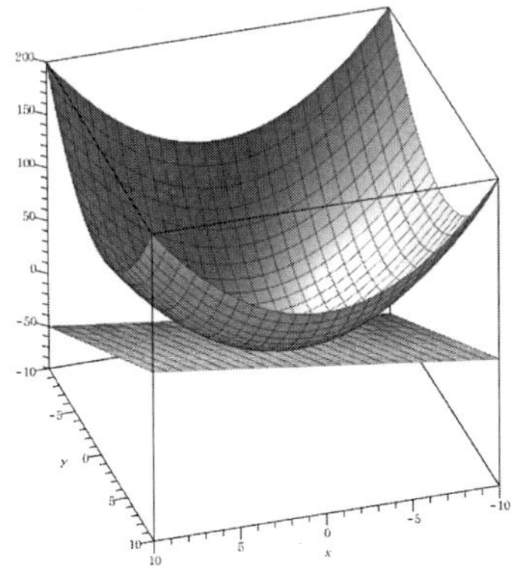

점 $(1,3)$에서의 표준일차근사의 그래프는 점 $(1,3)$에서의 함수의 그래프의 접평면이다. ■

예제 7.13. 다음 함수의 전미분을 구하여라.

(가) $f(x,y) = x^3 - 3xy^2$ (나) $g(x,y) = \dfrac{x-3y}{2x^2}$

풀이 (가) 함수 f의 편미분이

$$\frac{\partial f}{\partial x}(x,y) = 3x^2 - 3y^2, \quad \frac{\partial f}{\partial y}(x,y) = -6xy$$

이므로, 점 (a,b)에서의 f의 전미분은

$$Df_{(a,b)}(v,w) = (3a^2 - 3b^2)v + (-6ab)w$$

이다.

(나) 함수 g의 편미분이

$$\frac{\partial g}{\partial x}(x,y) = \frac{2x^2 - 4x(x-3y)}{4x^4} = \frac{-2x^2 + 12xy}{4x^4} = \frac{-x+6y}{2x^3}$$

이고

$$\frac{\partial g}{\partial y}(x,y) = \frac{-3(2x^2)}{4x^4} = -\frac{3}{2x^2}$$

이므로, 점 (a,b)에서의 g의 전미분은

$$Dg_{(a,b)}(v,w) = \frac{-a+6b}{2a^3}v - \frac{3}{2a^2}w$$

이다. ■

연습문제 7.3

1. 다음 함수의 전미분을 구하여라.

   (가) $f(x, y) = xe^y + y + 2$ (나) $g(x, y) = x + y + xy$

2. 이변수함수 $f(x, y) = 10 - x^2 - y^2$에 대하여, 다음 물음에 답하여라.

   (가) 함수 f의 편도함수를 구하여라.

   (나) 점 $(1, 2)$에서 f의 전미분을 구하여라.

   (다) 함수의 그래프 $z = 10 - x^2 - y^2$와 점 $(1, 2)$에서의 표준일차근사 $f(1, 2) + Df_{(1,2)}(x-1, y-2)$의 그래프 $z = f(1, 2) + Df_{(1,2)}(x-1, y-2)$를 그려라.

3. 이변수함수 $f(x, y) = y^2 - y^4 - x^2$에 대하여, 다음 물음에 답하여라.

   (가) 함수 f의 편도함수를 구하여라.

   (나) 점 $(2, 1)$에서 f의 전미분을 구하여라.

   (다) 함수의 그래프 $z = y^2 - y^4 - x^2$와 점 $(2, 1)$에서의 표준일차근사 $f(2, 1) + Df_{(2,1)}(x-2, y-1)$의 그래프 $z = f(2, 1) + Df_{(2,1)}(x-2, y-1)$를 그려라.

7.4 연쇄법칙

7.4.1 연쇄법칙

유클리드 공간 $\mathbb{R}^n$에 놓인 영역 A에 정의된 사상 $f\colon A \to \mathbb{R}^m$와 유클리드 공간 $\mathbb{R}^m$에 놓인 영역 B에 정의된 함수 $g\colon B \to \mathbb{R}$에 대하여, $f(A) \subset B$이 성립하여 합성사상 $h = g \circ f$이 존재한다고 하자. 이 때, 사상 f가 점 $\mathbf{a} \in A$에서 미분가능하면

$$f(\mathbf{x}) = f(\mathbf{a}) + Df|_{\mathbf{a}}(\mathbf{x} - \mathbf{a}) + \|\mathbf{x} - \mathbf{a}\|E_1(\mathbf{x})$$

이고 $E_1(\mathbf{a}) = 0$인, $\mathbf{a}$에서 연속인 사상 $E_1\colon A \to \mathbb{R}^m$이 존재하고, 함수 g가 점 $f(\mathbf{a})$에서 미분가능하면

$$g(\mathbf{y}) = g(f(\mathbf{a})) + Dg|_{f(\mathbf{a})}(\mathbf{y} - f(\mathbf{a})) + \|\mathbf{y} - f(\mathbf{a})\|E_2(\mathbf{y})$$

이고 $E_2(f(\mathbf{a})) = 0$인, $f(\mathbf{a})$에서 연속인 사상 $E_2\colon B \to \mathbb{R}$이 존재한다. 따라서

$$\begin{aligned} h(\mathbf{x}) &= g(f(\mathbf{x})) \\ &= g(f(\mathbf{a})) + Dg|_{f(\mathbf{a})}(f(\mathbf{x}) - f(\mathbf{a})) + \|f(\mathbf{x}) - f(\mathbf{a})\|E_2(f(\mathbf{x})) \\ &= g(f(\mathbf{a})) + Dg|_{f(\mathbf{a})}\left(Df|_{\mathbf{a}}(\mathbf{x} - \mathbf{a}) + \|\mathbf{x} - \mathbf{a}\|E_1(\mathbf{x})\right) \\ &\qquad\quad + \|f(\mathbf{x}) - f(\mathbf{a})\|E_2(f(\mathbf{x})) \end{aligned}$$

그런데 $Dg|_{f(\mathbf{a})}$는 동형일차함수이므로

$$\begin{aligned} &Dg|_{f(\mathbf{a})}\left(Df|_{\mathbf{a}}(\mathbf{x} - \mathbf{a}) + \|\mathbf{x} - \mathbf{a}\|E_1(\mathbf{x})\right) \\ &\qquad = Dg|_{f(\mathbf{a})}\left(Df|_{\mathbf{a}}(\mathbf{x} - \mathbf{a})\right) + \|\mathbf{x} - \mathbf{a}\|Dg|_{f(\mathbf{a})}\left(E_1(\mathbf{x})\right) \end{aligned}$$

이고

$$\begin{aligned} h(\mathbf{x}) = g(f(\mathbf{a})) &+ \left(Dg|_{f(\mathbf{a})} \circ Df|_{\mathbf{a}}\right)(\mathbf{x} - \mathbf{a}) \\ &+ \|\mathbf{x} - \mathbf{a}\|Dg|_{f(\mathbf{a})}\left(E_1(\mathbf{x})\right) + \|f(\mathbf{x}) - f(\mathbf{a})\|E_2(f(\mathbf{x})) \end{aligned}$$

이다. 여기서

$$E_3(\mathbf{x}) = Dg|_{f(\mathbf{a})}\left(E_1(\mathbf{x})\right) + \frac{\|f(\mathbf{x}) - f(\mathbf{a})\|}{\|\mathbf{x}-\mathbf{a}\|}E_2(f(\mathbf{x}))$$

로 놓으면

$$h(\mathbf{x}) = h(\mathbf{a}) + \left(Dg|_{f(\mathbf{a})} \circ Df|_{\mathbf{a}}\right)(\mathbf{x}-\mathbf{a}) + \|\mathbf{x}-\mathbf{a}\|E_3(\mathbf{x})$$

이고 $\lim_{\mathbf{x}\to\mathbf{a}} E_3(\mathbf{x}) = 0$이다. 따라서

$$Dh|_{\mathbf{a}} = Dg|_{f(\mathbf{a})} \circ Df|_{\mathbf{a}}$$

이다. 위의 내용을 정리하면 다음과 같다.

정리 7.6. 영역 $A \subset \mathbb{R}^n$와 $B \subset \mathbb{R}^m$에 정의된 함수 $f\colon A \to B$와 함수 $g\colon B \to \mathbb{R}$에 대하여, f가 점 $\mathbf{a}$에서 미분가능하고 g가 점 $f(\mathbf{a})$에서 미분가능하면 합성함수 $h = g \circ f$는 점 $\mathbf{a}$에서 미분가능하고

$$Dh|_{\mathbf{a}} = Dg|_{f(\mathbf{a})} \circ Df|_{\mathbf{a}}$$

이다.

함수 $f\colon (a,b) \to A(\subset \mathbb{R}^2)$와 $g\colon A \to \mathbb{R}$에 대하여, f가 t_0에서 미분가능하고 g가 $f(t_0)$에서 미분가능하면 합성함수 $h = g\circ f$는 t_0에서 미분가능하고

$$Dh|_{t_0} = Dg|_{f(t_0)} \circ Df|_{t_0}$$

이다. 그런데 Dh_{t_0}와 $Dg|_{f(t_0)}$와 $Df|_{t_0}$의 행렬표현이 각각

$$[Dh|_{t_0}] = [h'(t_0)], \quad [Dg|_{f(t_0)}] = \begin{bmatrix} \frac{\partial g}{\partial x}(f(t_0)) & \frac{\partial g}{\partial y}(f(t_0)) \end{bmatrix}$$

와

$$[Df|_{t_0}] = \begin{bmatrix} f_1'(t_0) \\ f_2'(t_0) \end{bmatrix}$$

이므로

$$h'(t_0) = \frac{\partial g}{\partial x}(f(t_0))f_1'(t_0) + \frac{\partial g}{\partial y}(f(t_0))f_2'(t_0)$$

이다. 여기서 $f(t) = (f_1(t), f_2(t))$이다.

예제 7.14. 함수 $f(t) = (f_1(t), f_2(t)) = (t^2+1, 2t)$와 $g(x,y) = x^2+y^2$에 대하여, 합성함수 $h = g \circ f$의 도함수를 구하여라.

풀이 함수 g의 편도함수가

$$\frac{\partial g}{\partial x}(x,y) = 2x, \qquad \frac{\partial g}{\partial y}(x,y) = 2y$$

이고 함수 f_1과 f_2의 도함수가 각각

$$f_1'(t) = 2t, \qquad f_2'(t) = 2$$

이므로, 합성합수 $h = g \circ f$의 도함수는

$$\begin{aligned} h'(t) &= \frac{\partial g}{\partial x}(f(t))f_1'(t) + \frac{\partial g}{\partial y}(f(t))f_2'(t) \\ &= 2f_1(t)2t + 2f_2(t)2 \\ &= 2(t^2+1)2t + 2(2t)2 \\ &= 4t^3 + 12t \end{aligned}$$

이다. ■

예제 7.15. 함수 $f(t) = (f_1(t), f_2(t)) = (t^2+t, t)$와 $g(x,y) = x^2+x-y^2$에 대하여, 합성함수 $h = g \circ f$의 도함수를 구하여라.

풀이 함수 g의 편도함수가

$$\frac{\partial g}{\partial x}(x,y) = 2x+1, \quad \frac{\partial g}{\partial y}(x,y) = -2y$$

이고 함수 f_1과 f_2의 도함수가 각각

$$f_1'(t) = 2t + 1, \quad f_2'(t) = 1$$

이므로, 합성함수 $h = g \circ f$의 도함수는

$$\begin{aligned} h'(t) &= \frac{\partial g}{\partial x}(f(t))f_1'(t) + \frac{\partial g}{\partial y}(f(t))f_2'(t) \\ &= (2(t^2 + t) + 1)(2t + 1) + -2t \cdot 1 \\ &= 4t^3 + 6t^2 + 2t + 1 \end{aligned}$$

이다. ■

함수 $f\colon (a,b) \to A(\subset \mathbb{R}^3)$와 $g\colon A \to \mathbb{R}$에 대하여, f가 t_0에서 미분가능하고 g가 $f(t_0)$에서 미분가능하면 합성함수 $h = g \circ f$는 t_0에서 미분가능하고

$$h'(t_0) = \frac{\partial g}{\partial x}(f(t_0))f_1'(t_0) + \frac{\partial g}{\partial y}(f(t_0))f_2'(t_0) + \frac{\partial g}{\partial z}(f(t_0))f_3'(t_0)$$

이다. 여기서 $f(t) = (f_1(t), f_2(t), f_3(t))$이다.

예제 7.16. 함수 $f(t) = (f_1(t), f_2(t), f_3(t)) = (e^t, t^2, t + 1)$와 $g(x, y, z) = xy + z$에 대하여, 합성함수 $h = g \circ f$의 도함수를 구하여라.

풀이 함수 g의 편도함수가

$$\frac{\partial g}{\partial x}(x, y, z) = y, \quad \frac{\partial g}{\partial y}(x, y, z) = x, \quad \frac{\partial g}{\partial z}(x, y, z) = 1$$

이고 함수 f_1과 f_2와 f_3의 도함수가 각각

$$f_1'(t) = e^t, \quad f_2'(t) = 2t, \quad f_3'(t) = 1$$

이므로, 합성함수 $h = g \circ f$의 도함수는

$$\begin{aligned}h'(t) &= \frac{\partial g}{\partial x}(f(t))f_1'(t) + \frac{\partial g}{\partial y}(f(t))f_2'(t) + \frac{\partial g}{\partial z}(f(t))f_3'(t)\\ &= f_2(t)e^t + f_1(t)2t + 1\\ &= t^2e^t + e^t2t + 1\\ &= (t^2 + 2t)e^t + 1\end{aligned}$$

이다. ■

함수 $f: A(\subset \mathbb{R}^2) \to B(\subset \mathbb{R}^3)$와 $g: B \to \mathbb{R}$에 대하여, f가 $\mathbf{a} = (r_0, s_0)$에서 미분가능하고 g가 $f(\mathbf{a})$에서 미분가능하면 합성함수 $h = g \circ f$는 $\mathbf{a}$에서 미분가능하고

$$Dh|_{\mathbf{a}} = Dg|_{f(\mathbf{a})} \circ Df|_{\mathbf{a}}$$

이다. 그런데 $Dh_{\mathbf{a}}$와 $Dg|_{f(\mathbf{a})}$와 $Df|_{\mathbf{a}}$의 행렬표현이 각각

$$\begin{aligned}[Dh|_{\mathbf{a}}] &= \begin{bmatrix}\frac{\partial h}{\partial r}(\mathbf{a}) & \frac{\partial h}{\partial s}(\mathbf{a})\end{bmatrix},\\ [Dg|_{f(\mathbf{a})}] &= \begin{bmatrix}\frac{\partial g}{\partial x}(f(\mathbf{a})) & \frac{\partial g}{\partial y}(f(\mathbf{a})) & \frac{\partial g}{\partial z}(f(\mathbf{a}))\end{bmatrix},\\ [Df|_{\mathbf{a}}] &= \begin{bmatrix}\frac{\partial f_1}{\partial r}(\mathbf{a}) & \frac{\partial f_1}{\partial s}(\mathbf{a})\\ \frac{\partial f_2}{\partial r}(\mathbf{a}) & \frac{\partial f_2}{\partial s}(\mathbf{a})\\ \frac{\partial f_3}{\partial r}(\mathbf{a}) & \frac{\partial f_3}{\partial s}(\mathbf{a})\end{bmatrix}\end{aligned}$$

이므로

$$\begin{aligned}\frac{\partial h}{\partial r}(\mathbf{a}) &= \frac{\partial g}{\partial x}(f(\mathbf{a}))\frac{\partial f_1}{\partial r}(\mathbf{a}) + \frac{\partial g}{\partial y}(f(\mathbf{a}))\frac{\partial f_2}{\partial r}(\mathbf{a}) + \frac{\partial g}{\partial z}(f(\mathbf{a}))\frac{\partial f_3}{\partial r}(\mathbf{a}),\\ \frac{\partial h}{\partial s}(\mathbf{a}) &= \frac{\partial g}{\partial x}(f(\mathbf{a}))\frac{\partial f_1}{\partial s}(\mathbf{a}) + \frac{\partial g}{\partial y}(f(\mathbf{a}))\frac{\partial f_2}{\partial s}(\mathbf{a}) + \frac{\partial g}{\partial z}(f(\mathbf{a}))\frac{\partial f_3}{\partial s}(\mathbf{a})\end{aligned}$$

이다. 여기서 $f(r,s) = (f_1(r,s), f_2(r,s), f_3(r,s))$이다.

예제 7.17. 함수 $f(r,s) = (f_1(r,s), f_2(r,s), f_3(r,s)) = (rs, r^2, 2r)$와 $g(x,y,z) = x + 2y + z^2$에 대하여, 합성함수 $h = g \circ f$의 편도함수들을 구하여라.

풀이 함수 g의 편도함수들이

$$\frac{\partial g}{\partial x}(x,y,z)=1, \qquad \frac{\partial g}{\partial y}(x,y,z)=2, \qquad \frac{\partial g}{\partial z}(x,y,z)=2z$$

이고 f_1과 f_2와 f_3의 편도함수들이

$$\frac{\partial f_1}{\partial r}(r,s)=s, \qquad \frac{\partial f_1}{\partial s}(r,s)=r, \qquad \frac{\partial f_2}{\partial r}(r,s)=2r,$$

$$\frac{\partial f_2}{\partial s}(r,s)=0, \qquad \frac{\partial f_3}{\partial r}(r,s)=2, \qquad \frac{\partial f_3}{\partial s}(r,s)=0$$

이므로,

$$\begin{aligned}\frac{\partial h}{\partial r}(r,s) &= \frac{\partial g}{\partial x}(f(r,s))\frac{\partial f_1}{\partial r}(r,s)+\frac{\partial g}{\partial y}(f(r,s))\frac{\partial f_2}{\partial r}(r,s)\\ &\quad+\frac{\partial g}{\partial z}(f(r,s))\frac{\partial f_3}{\partial r}(r,s),\\ &=1\cdot s+2\cdot 2r+2(2r)\cdot 2\\ &=s+12r\end{aligned}$$

이고

$$\begin{aligned}\frac{\partial h}{\partial s}(r,s) &= \frac{\partial g}{\partial x}(f(r,s))\frac{\partial f_1}{\partial s}(r,s)+\frac{\partial g}{\partial y}(f(r,s))\frac{\partial f_2}{\partial s}(r,s)\\ &\quad+\frac{\partial g}{\partial z}(f(r,s))\frac{\partial f_3}{\partial s}(r,s)\\ &=1\cdot r+2\cdot 0+2(2r)\cdot 0\\ &=r\end{aligned}$$

이다. ■

7.4.2 음함수의 미분

평면에서 놓인 원 $x^2+y^2=4$에 대하여, 원 위에 놓인 점 $(1,\sqrt{3})$ 근방에서 원 $x^2+y^2=4$ 위에 놓여 있는 점 (x,y)에 대하여

$$y=\sqrt{4-x^2}$$

이 성립한다. 원 $x^2+y^2=4$ 위에 놓여 있는 점 (x_0,y_0)에 대하여, $(x_0,y_0)\neq(-2,0)$이고 $(x_0,y_0)\neq(2,0)$이면

$$y_0=\sqrt{4-x_0^2}\quad \text{또는} \qquad y_0=-\sqrt{4-x_0^2}$$

이다.

방정식 $F(x,y)=0$에 대하여, $F(x_0,y_0)=0$이면 일반적으로 점 (x_0,y_0) 근방에서

$$y=g(x)$$

이 $F(x,y)=0$이기 위한 필요충분조건인 함수 g가 존재한다. 따라서 $F(x_0,y_0)=0$인 점 (x_0,y_0) 근방에서 $F(x,y)=0$을 $y=g(x)$로 나타낼 수 있으므로, 방정식 $F(x,y)=0$을 **음함수**라고 한다.

미분가능한 함수 $F(x,y)$에 대하여, $F(x_0,y_0)=0$인 점 (x_0,y_0) 근방에서 방정식 $F(x,y)=0$을 $y=g(x)$로 나타낼 수 있는 미분가능한 함수 g가 존재할 때, $g'(x_0)$을 구하는 방법을 생각하여 보자. x_0근방에서 함수 $\phi\colon(a,b)\to\mathbb{R}^2$를

$$\phi(t)=(f(t),g(t))=(t,g(t))$$

로 정의하자. 그러면 합성함수 $h=F\circ\phi$에 대하여,

$$h(t)=F(\phi(t))=F(t,g(t))=0$$

이므로 h는 함숫값이 0인 상수함수이다. 그런데

$$h'(t)=\frac{\partial F}{\partial x}(\phi(t))\cdot\frac{df}{dt}(t)+\frac{\partial F}{\partial y}(\phi(t))\cdot\frac{dg}{dt}(t)=F_x(\phi(t))\cdot 1+F_y(\phi(t))\cdot g'(t)$$

이고 $h'=0$이므로

$$g'(t)=-\frac{F_x(\phi(t))}{F_y(\phi(t))}$$

이다. 이것을 다음과 같이 정리할 수 있다.

정리 7.7 (음함수의 미분). 미분가능한 함수 $F(x,y)$에 대하여, $F(x_0,y_0)=0$인 점 (x_0,y_0) 근방에서 방정식 $F(x,y)=0$을 $y=g(x)$

로 나타낼 수 있는 미분가능한 함수 g가 존재하면

$$g'(x_0) = -\frac{F_x(x_0, y_0)}{F_y(x_0, y_0)}$$

이다.

예제 7.18. 방정식 $x^2 + x - 2y = 0$에 대하여, dy/dx를 구하여라.

풀이 (가) 먼저 이 방정식은

$$y = \frac{1}{2}x^2 + \frac{1}{2}x$$

로 나타낼 수 있으므로, 함수의 미분법에 의하여

$$\frac{dy}{dx}(x) = x + \frac{1}{2}$$

이다.

(나) $F(x, y) = x^2 + x - 2y$로 놓으면, 음함수의 미분법에 의하여

$$\frac{dy}{dx}(x) = -\frac{F_x(x, y)}{F_y(x, y)} = -\frac{2x + 1}{-2} = x + \frac{1}{2}$$

이다. ■

예제 7.19. 방정식 $x^{-2} + y^{-2} = 2$에 대하여, dy/dx를 구하여라.

풀이 $F(x, y) = x^{-2} + y^{-2} - 2$로 놓으면, F의 편도함수는

$$F_x(x, y) = -2x^{-3}, \qquad F_y(x, y) = -2y^{-3}$$

이다. 따라서, 음함수의 미분에 의하여

$$\frac{dy}{dx}(x) = -\frac{F_x(x,y)}{F_y(x,y)} = -\frac{x^{-3}}{y^{-3}} = -\frac{y^3}{x^3}$$

이다. ■

예제 7.20. 방정식 $\sqrt{x}+\sqrt{y}=y$에 대하여, dy/dx를 구하여라.

풀이 $F(x,y)=\sqrt{x}+\sqrt{y}-y$로 놓으면, F의 편도함수는

$$F_x(x,y) = \frac{1}{2}x^{-1/2}, \qquad F_y(x,y) = \frac{1}{2}y^{-1/2} - 1$$

이다. 따라서, 음함수의 미분에 의하여

$$\frac{dy}{dx}(x) = -\frac{F_x(x,y)}{F_y(x,y)} = -\frac{\frac{1}{2}x^{-1/2}}{\frac{1}{2}y^{-1/2}-1} = \frac{x^{-1/2}}{2-y^{-1/2}}$$

이다. ■

예제 7.21. 재화 A에 대한 가격 p와 수요량 q에 대하여,

$$p + q^2 - 3q - 20 = 0$$

이 성립할 때, 가격 $p=10$에서의 수요의 가격탄력성을 구하여라.

풀이 수요함수를 $q=D(p)$로 놓으면, 가격 p_0에서의 수요의 가격탄력성은

$$E_D(p_0) = D'(p_0)\frac{p_0}{D(p_0)}$$

이다. 함수 F를

$$F(p,q) = p + q^2 - 3q - 20$$

으로 정의하면, F의 편도함수는 각각

$$\frac{\partial F}{\partial p}(p,q) = 1, \qquad \frac{\partial F}{\partial q}(p,q) = 2q-3$$

이다. 음함수의 미분법에 의하여

$$D'(p) = -\frac{F_p(p,D(p))}{F_q(p,D(p))} = -\frac{1}{2D(p)-3} = \frac{1}{3-2D(p)}$$

이므로, 가격 p에서의 수요의 가격탄력성은

$$E_D(p) = D'(p)\frac{p}{D(p)} = \frac{1}{3-2D(p)}\frac{p}{D(p)}$$

이다. 이제 $D(10)$은 방정식 $10+q^2-3q-20 = 0$의 0보다 크거나 같은 근인데,

$$0 = q^2-3q-10 = (q-5)(q+2)$$

이므로 $D(10) = 5$이다. 따라서 가격 10에서의 수요의 가격탄력성은

$$E_D(10) = \frac{1}{3-2\cdot 5}\frac{10}{5} = -\frac{2}{7}$$

이다. ■

예제 7.22. 재화 A에 대한 생산량 q와 비용 c에 대하여,

$$q^2+q+100-c^2+c = 0$$

이 성립할 때, 생산량 $q = 10$에서의 평균비용과 한계비용을 구하여라.

풀이 생산량 $q = 10$에 대하여,

$$100+10+100-c^2+c = 0$$

즉

$$(c-15)(c+14) = c^2-c-210 = 0$$

이므로, 생산량 $q = 10$에 대한 비용 $c(10) = 15$이다. 따라서 생산량 $q = 10$에서의 평균비용은

$$AC(10) = \frac{c(10)}{10} = \frac{15}{10} = \frac{3}{2}$$

이다.

함수 f를

$$f(q, c) = q^2 + q + 100 - c^2 + c$$

로 정의하면, f의 편도함수들은 각각

$$\frac{\partial f}{\partial q}(q, c) = 2q + 1, \qquad \frac{\partial f}{\partial c}(q, c) = -2c + 1$$

이다. 음함수의 미분법에 의하여, 한계비용은

$$MC(q) = c'(q) = -\frac{f_q(q, c)}{f_c(q, c)} = -\frac{2q + 1}{-2c + 1} = \frac{2q + 1}{2c - 1}$$

이므로, 생산량 $q = 10$에서의 한계비용은

$$MC(q) = \frac{2 \cdot 10 + 1}{2 \cdot 15 - 1} = \frac{21}{29}$$

이다. ■

연습문제 7.4

1. 함수 $f(t) = (2t, t^2)$와 $g(x, y) = xy$에 대하여, 합성함수 $h = g \circ f$의 도함수를 구하여라.

2. 함수 $f(t) = (t+2, t-3)$와 $g(x, y) = x^2 + yx + y^2$에 대하여, 합성함수 $h = g \circ f$의 도함수를 구하여라.

3. 함수 $f(t) = (t, t^2, t^3)$와 $g(x, y, z) = x^2 + y^2 + z^2$에 대하여, 합성함수 $h = g \circ f$의 도함수를 구하여라.

4. 함수 $f(r, s) = (r - s, r + s, rs)$와 $g(x, y, z) = x^2 + 2y + z^2$에 대하여, 합성함수 $h = g \circ f$의 편도함수들을 구하여라.

5. 음함수의 미분을 이용하여, 주어진 점에서 다음 방정식에 대한 dy/dx를 구하여라.

   (가) $-x^2 + 3xy - 2y^2 = 0, \quad (1, 1)$

   (나) $xy + y^2 - 3x - 3 = 0, \quad (-1, 0)$

6. 방정식 $x^2 e^y = 2x$에 대하여, dy/dx를 구하여라.

7. 재화 A에 대한 가격 p와 수요량 q에 대하여,

$$p + q^2 + q - 30 = 0$$

   이 성립할 때, 가격 $p = 10$에서의 수요의 가격탄력성을 구하여라.

8. 재화 A에 대한 생산량 q와 비용 c에 대하여,

$$2q^2 - 20q + 80 - c^2 + 2c = 0$$

   이 성립할 때, 생산량 $q = 10$에서의 평균비용과 한계비용을 구하여라.

제 8 장

다변수함수에서의 최적화

이 장에서는 다변수함수의 극점과 극값에 대하여 탐구한다. 사회현상에서 여러 다양한 상황에서 최적의 선택을 해야 할 때, 다변수함수의 극점과 극값이 적용된다. 이 장에서는 제약조건이 없는 경우와 제약조건이 있는 경우로 나누어 다변수함수의 극값을 찾는 방법을 알아본다.

8.1 함수의 극점

8.1.1 함수의 극점

중심이 $\mathbf{a}$이고 반지름이 r인 열린 원판

$$\{\mathbf{x} \in \mathbb{R}^2 : \|\mathbf{x} - \mathbf{a}\| < r\}$$

을 $B(\mathbf{a}; r)$로 놓자.

함수 $f: A \to \mathbb{R}$에 대하여,

$$\text{모든 } \mathbf{x} \in B(\mathbf{a}; r)\text{에 대하여, } f(\mathbf{x}) \leq f(\mathbf{a})$$

인 열린 원판 $B(\mathbf{a}; r)$이 존재하면 $\mathbf{a}$는 f의 **극대점**이라고 하고 $f(\mathbf{a})$는 f의 **극댓값**이라고 한다.

$$\text{모든 } \mathbf{x} \in B(\mathbf{a}; r)\text{에 대하여, } f(\mathbf{a}) \leq f(\mathbf{x})$$

인 열린 원판 $B(\mathbf{a}; r)$이 존재하면 $\mathbf{a}$는 f의 **극소점**이라고 하고 $f(\mathbf{a})$는 f의 **극솟값**이라고 한다. 극대점과 극소점을 포괄하여 **극점**이라고 하고, 극댓값과 극솟값을 포괄하여 **극값**이라고 한다.

보기 8.1. 함수 $f(x, y) = x^2 + y^2$에 대하여, 임의의 점 (x, y)에서

$$f(0, 0) = 0 \leq x^2 + y^2 = f(x, y)$$

이므로, 원점 $(0, 0)$는 f의 극소점이고 함숫값 $0 = f(0, 0)$은 f의 극솟값이다. 함수 f의 그래프를 그림 8.1와 같이 나타낼 수 있다.

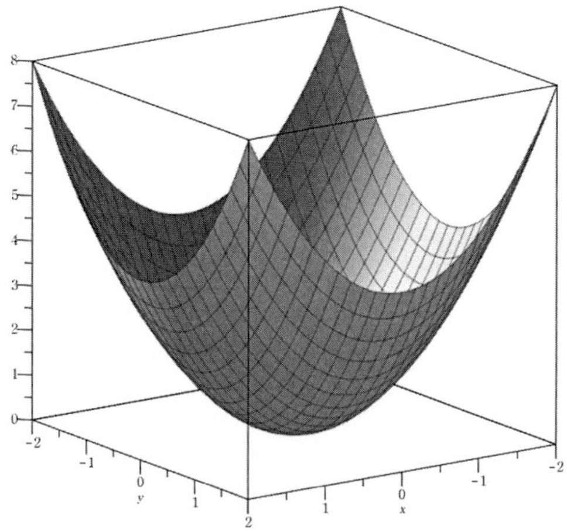

그림 8.1 함수 $f(x,y)=x^2+y^2$의 그래프

8.1.2 일계 필요조건

미분가능한 함수 $f\colon A(\subset \mathbb{R}^2)\to\mathbb{R}$에 대하여, 점 $\mathbf{a}=(a,b)\in A$ 근방에서

$$\begin{aligned}&f(x,y)=f(a,b)+Df|_{(a,b)}(x-a,y-b)+\|(x-a,y-b)\|E(x,y)\\&E(a,b)=0\end{aligned}$$

인, (a,b)에서 연속인 함수 $E\colon A\to\mathbb{R}$이 존재한다. 여기서

$$Df|_{(a,b)}(x-a,y-b)=\frac{\partial f}{\partial x}(a,b)\cdot(x-a)+\frac{\partial f}{\partial y}(a,b)\cdot(y-b)$$

이다. 만약에 $\frac{\partial f}{\partial x}(a,b)\neq 0$이면,

$$f(x,b)-f(a,b)=\frac{\partial f}{\partial x}(a,b)\cdot(x-a)\cdot\left(1+\frac{|x-a|}{x-a}\frac{E(x,b)}{\frac{\partial f}{\partial x}(a,b)}\right)$$

에 대하여,

(가) a 근방에서 $\frac{1}{2} < \left(1 + \frac{|x-a|}{x-a}\frac{E(x,b)}{\frac{\partial f}{\partial x}(a,b)}\right)$,

(나) a 근방에서 $x-a$는 양수일 때도 있고 음수일 때도 있으므로,

a 근방에서 $f(x,b)-f(a,b)$는 항상 양숫값일 때도 있고 음숫값일 때도 있다. 따라서 (a,b)는 f의 극점이 아니다. 마찬가지로 $\frac{\partial f}{\partial y}(a,b) \neq 0$이면,

$$f(a,y)-f(a,b) = \frac{\partial f}{\partial y}(a,b)\cdot(y-b)\cdot\left(1 + \frac{|y-b|}{y-b}\frac{E(a,y)}{\frac{\partial f}{\partial y}(a,b)}\right)$$

에 대하여

(가) a 근방에서 $\frac{1}{2} < \left(1 + \frac{|y-b|}{y-b}\frac{E(a,y)}{\frac{\partial f}{\partial y}(a,b)}\right)$,

(나) b 근방에서 $y-b$는 양수일 때도 있고 음수일 때도 있이므로,

b 근방에서 $f(a,y)-f(a,b)$는 항상 양숫값일 때도 있고 음숫값일 때도 있다. 따라서, (a,b)는 f의 극점이 아니다. 이것을 다음과 같이 정리할 수 있다.

정리 8.1. 미분가능한 함수 $f\colon A(\subset \mathbb{R}^2) \to \mathbb{R}$에 대하여, 점 $(a,b) \in A$가 f의 극점이면

$$\frac{\partial f}{\partial x}(a,b) = 0, \qquad \frac{\partial f}{\partial y}(a,b) = 0 \tag{8.1}$$

이다.

식 (8.1)은 f의 1계 편도함수를 이용하여 나타낸 식이며 점 (a,b)가 f의 극점이기 위하여 필요한 조건이므로, 식 (8.1)은 점 (a,b)가 함수 f의 극점이기 위한 **일계 필요조건**이라고 한다.

영역 $A \subset \mathbb{R}^n$에 정의된 미분가능한 함수 f에 대하여,

$$\left(\frac{\partial f}{\partial x_1}(a_1,\ldots,a_n),\ \frac{\partial f}{\partial x_2}(a_1,\ldots,a_n),\ \ldots,\ \frac{\partial f}{\partial x_n}(a_1,\ldots,a_n)\right)$$

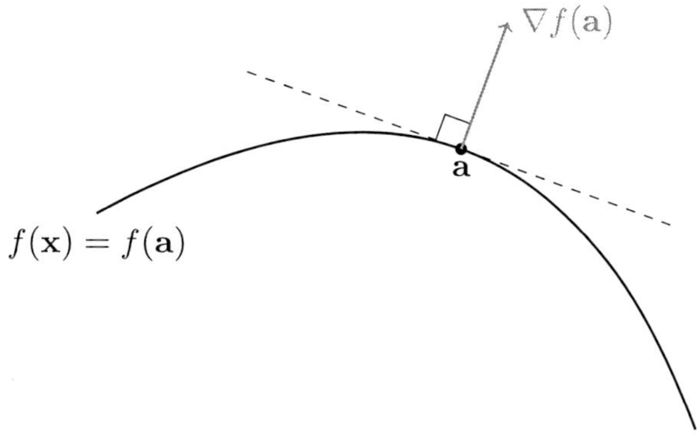

그림 8.2 기울기벡터 $\nabla f(\mathbf{a})$

을 점 $(a_1, a_2, \ldots, a_n)$에서 f의 **기울기벡터**[1]라고 하고 $\nabla f(a_1, \ldots, a_n)$으로 나타낸다. 기울기벡터 $\nabla f(a_1, \ldots, a_n)$는 점 $(a_1, \ldots, a_n)$에서 기울기벡터 방향으로의 함숫값 $f(\mathbf{x})$의 변화율을 나타내는 것으로, 함수 f는 기울기벡터의 방향으로 가장 급하게 변한다.

임의의 실수 k에 대하여, 집합

$$\{\mathbf{x} \in A \,:\, f(\mathbf{x}) = k\}$$

을 함숫값이 k인 f의 **등위곡면**이라고 한다. 기울기벡터 $\nabla f(\mathbf{a})$는 점 $\mathbf{a}$에서 등위곡면

$$\{\mathbf{x} \in A \,:\, f(\mathbf{x}) = f(\mathbf{a})\}$$

에 수직이다.

점 $\mathbf{a} = (a_1, \ldots, a_n)$에 대하여,

$$\nabla f(\mathbf{a}) = \mathbf{0} \tag{8.2}$$

이면 점 $\mathbf{a}$는 f의 **임계점**이라고 한다.

극점과 임계점의 관계를 다음과 같이 정리 8.1의 일반화로 나타낼 수 있다.

[1]기울기벡터를 **그래디언트**(gradient)라고도 한다.

> 정리 8.2. 미분가능한 함수 $f\colon A(\subset \mathbb{R}^n) \to \mathbb{R}$에 대하여, 점 $\mathbf{a} \in A$가 f의 극점이면 점 $\mathbf{a} \in A$는 f의 임계점이다.

식 (8.2)는 f의 1계 편도함수를 이용하여 나타낸 식이며 점 $\mathbf{a}$가 f의 극점이기 위하여 필요한 조건이므로, 식 (8.2)는 점 $\mathbf{a}$가 함수 f의 극점이기 위한 **일계 필요조건**이라고 한다.

예제 8.1. 함수 $f(x,y) = x^2 + y^2$에 대하여, 다음 물음에 답하여라.

(가) 함수 f의 편도함수를 구하여라.

(나) 원점 $(0,0)$에서의 f의 편미분계수를 구하여라.

(다) 함수 f의 극점을 구하여라.

풀이 (가) 함수 f의 편도함수는

$$\frac{\partial f}{\partial x}(x,y) = 2x, \qquad \frac{\partial f}{\partial y}(x,y) = 2y$$

이다.

(나) 원점 $(0,0)$에서의 f의 편미분계수는

$$\frac{\partial f}{\partial x}(0,0) = 2 \cdot 0 = 0, \qquad \frac{\partial f}{\partial y}(x,y) = 2 \cdot 0 = 0$$

이다.

(다) 임의의 점 (x,y)에 대하여

$$f(0,0) = 0 \le x^2 + y^2 = f(x,y)$$

이므로, 원점 $(0,0)$은 f의 극소점이다. 한편 (가)에 의하여 원점이 아닌 점 (x,y)에서

$$\left(\frac{\partial f}{\partial x}(x,y), \frac{\partial f}{\partial y}(x,y)\right) = (2x, 2y) \ne (0,0)$$

이므로, 원점이 유일한 극점이다. ■

미분가능한 함수 $f\colon A \to \mathbb{R}$와 점 $\mathbf{a} = (a_1, \ldots, a_n)$에 대하여,

(가) 점 $\mathbf{a}$가 f의 임계점이고

(나) 중심이 $\mathbf{a}$이고 반지름이 임의의 양의 실수 r인 열린 공

$$B(\mathbf{a}, r) = \{\mathbf{x} = (x_1, \ldots, x_n) \in \mathbb{R}^n : \sqrt{(x_1 - a_1)^2 + \cdots (x_n - a_n)^2} < r\}$$

에 대하여,

$$f(\mathbf{x}_1) < f(\mathbf{a}) < f(\mathbf{x_2})$$

인 점 $\mathbf{x}_1, \mathbf{x}_2 \in B(\mathbf{a}, r)$이 존재하면

점 $\mathbf{a}$를 f의 **안장점**이라고 한다.

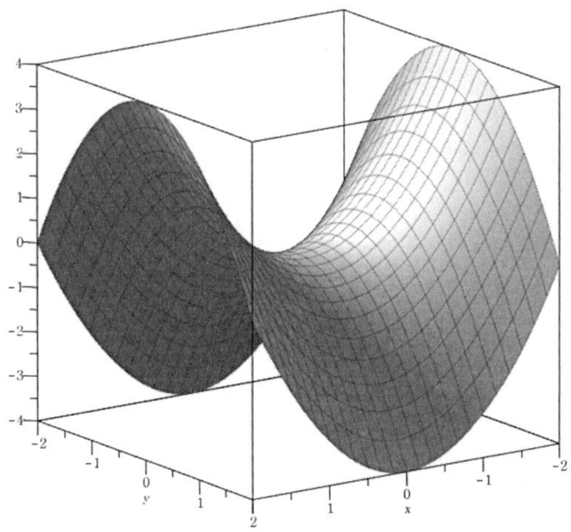

그림 8.3 함수 $f(x, y) = x^2 - y^2$의 그래프

보기 8.2. 함수 $f(x,y) = x^2 - y^2$에 대하여, f의 편도함수는

$$\frac{\partial f}{\partial x}(x,y) = 2x, \qquad \frac{\partial f}{\partial y}(x,y) = -2y$$

이다. 따라서

$$\frac{\partial f}{\partial x}(0,0) = 0 = \frac{\partial f}{\partial y}(0,0)$$

이므로 원점 $(0,0)$은 f의 임계점이다. 또한 0이 아닌 임의의 실수 t에 대하여,

$$f(0,t) = -t^2 < 0 = f(0,0) < t^2 = f(t,0)$$

이므로 원점 $(0,0)$는 f의 안장점이다. 함수 f의 그래프를 그림 8.3와 같이 나타낼 수 있다.

8.1.3 이계 충분조건

중심이 $\mathbf{a} = (a,b) \in A$이고 반지름이 r인 열린 원판

$$B(\mathbf{a}; r) = \{\mathbf{x} \in \mathbb{R}^2 \,:\, \|\mathbf{x} - \mathbf{a}\| < r\}$$

이 A의 부분집합일 때, $\mathbf{a} + \mathbf{h} \in B(\mathbf{a}; r)$인 $(0,0)$이 아닌 벡터 $\mathbf{h} = (h,k)$에 대하여 함수

$$F(t) = f(\mathbf{a} + t\mathbf{h}) = f(a + th, b + tk)$$

를 정의하자. 여기서 함수 f의 1계와 2계 편도함수가 존재하고 연속이라고 가정하자. 그러면 함수 F의 1계와 2계 도함수는 연속이다. 함수 F를 미분하면

$$\begin{aligned} F'(t) &= f_x(\mathbf{a} + t\mathbf{h})x'(t) + f_y(\mathbf{a} + t\mathbf{h})y'(t) \\ &= f_x(\mathbf{a} + t\mathbf{h})h + f_y(\mathbf{a} + t\mathbf{h})k \end{aligned}$$

이고 F'을 미분하면

$$F''(t) = h^2 f_{xx}(\mathbf{a}+t\mathbf{h}) + 2hkf_{xy}(\mathbf{a}+t\mathbf{h}) + k^2 f_{yy}(\mathbf{a}+t\mathbf{h})$$

이므로, 테일러 공식에 의하여

$$F(1) = F(0) + F'(0)(1-0) + \frac{F''(c)}{2}(1-0)^2$$

인 상수 c가 0과 1 사이에 존재한다. 즉

$$\begin{aligned} f(a+h, b+k) &= f(a,b) + hf_x(a,b) + kf_y(a,b) \\ &\quad + \frac{1}{2}\left(h^2 f_{xx} + 2hkf_{xy} + k^2 f_{yy}\right)\Big|_{(a+ch,b+ck)} \end{aligned}$$

이다. 이제 $f_x(a,b) = 0$과 $f_y(a,b) = 0$이라고 가정하면

$$f(a+h, b+k) - f(a,b) = \frac{1}{2}\left(h^2 f_{xx} + 2hkf_{xy} + k^2 f_{yy}\right)\Big|_{(a+ch,b+ck)}$$

이다. 여기서

$$Q(c) = \frac{1}{2}\left(h^2 f_{xx} + 2hkf_{xy} + k^2 f_{yy}\right)\Big|_{(a+ch,b+ck)}$$

로 놓으면 Q는 연속함수이므로 $Q(0) \neq 0$이면 충분히 작은 c에 대하여 $Q(c)$의 부호는 $Q(0)$의 부호와 같다. 따라서

$$f_{xx}(\mathbf{a})Q(0) = \left(hf_{xx}(\mathbf{a}) + kf_{xy}(\mathbf{a})\right)^2 + \left(f_{xx}(\mathbf{a})f_{yy}(\mathbf{a}) - f_{xy}(\mathbf{a})^2\right)k^2$$

이므로 다음이 성립한다.

정리 8.3. 함수 $f\colon A(\subset \mathbb{R}^2) \to \mathbb{R}$에 대하여, f의 일계와 이계 편도함수들이 존재하고 연속이며 $f_x(a,b) = 0$, $f_y(a,b) = 0$이면 다음이 성립한다.

(가) $f_{xx}(a,b)f_{yy}(a,b) - f_{xy}(a,b)^2 > 0$이고 $f_{xx}(a,b) > 0$이면 점 (a,b)는 f의 극소점이다.

(나) $f_{xx}(a,b)f_{yy}(a,b) - f_{xy}(a,b)^2 > 0$이고 $f_{xx}(a,b) < 0$이면 점 (a,b)는 f의 극대점이다.

(다) $f_{xx}(a,b)f_{yy}(a,b) - f_{xy}(a,b)^2 < 0$이면 점 (a,b)는 f의 안장점이다.

(라) $f_{xx}(a,b)f_{yy}(a,b) - f_{xy}(a,b)^2 = 0$이면 점 (a,b)이 f의 극점인지 안장점인지 판별할 수 없다.

식

$$f_{xx}(a,b)f_{yy}(a,b) - f_{xy}(a,b)^2 > 0, \qquad f_{xx}(a,b) > 0 \tag{8.3}$$

는 f의 이계 편도함수를 이용하여 나타낸 식이며 점 (a,b)가 f의 극소점이기 위하여 충분한 조건이므로, 식 (8.3)은 점 (a,b)가 함수 f의 극소점이기 위한 **이계 충분조건**이라고 한다. 식

$$f_{xx}(a,b)f_{yy}(a,b) - f_{xy}(a,b)^2 > 0, \qquad f_{xx}(a,b) < 0 \tag{8.4}$$

는 f의 이계 편도함수를 이용하여 나타낸 식이며 점 (a,b)가 f의 극대점이기 위하여 충분한 조건이므로, 식 (8.4)는 점 (a,b)가 함수 f의 극대점이기 위한 **이계 충분조건**이라고 한다.

예제 8.2. 다음 함수의 극값을 구하여라.

(가) $f(x,y) = x^2 + 2xy + 3y^2 + x + 4y$

(나) $f(x,y) = -x^3 - x^2 - y^2 - xy$

풀이 (가) 함수 f의 편도함수는

$$f_x(x,y) = 2x + 2y + 1, \quad f_y(x,y) = 2x + 6y + 4$$

이므로,

$$2x + 2y + 1 = 0, \quad 2x + 6y + 4 = 0$$

의 근인 $(1/4, -3/4)$에서

$$f_x\left(\frac{1}{4}, -\frac{3}{4}\right) = 0, \quad f_y\left(\frac{1}{4}, -\frac{3}{4}\right) = 0$$

이다. 함수 f의 이계 편도함수들은

$$f_{xx}(x, y) = 2, \quad f_{xy}(x, y) = 2, \quad f_{yy}(x, y) = 6$$

이므로,

$$f_{xx}\left(\frac{1}{4}, -\frac{3}{4}\right) = 2 > 0$$

이고

$$f_{xx}\left(\frac{1}{4}, -\frac{3}{4}\right) f_{yy}\left(\frac{1}{4}, -\frac{3}{4}\right) - f_{xy}\left(\frac{1}{4}, -\frac{3}{4}\right)^2 = 2 \cdot 6 - 4 = 8 > 0$$

이다. 따라서 임계점 $(1/4, -3/4)$는 f의 극소점이고, 이 점에서 f의 극솟값은

$$f\left(\frac{1}{4}, -\frac{3}{4}\right) = -\frac{11}{8}$$

이다.

(나) 함수 f의 편도함수는

$$f_x(x, y) = -3x^2 - 2x - y, \quad f_y(x, y) = -2y - x$$

이므로,

$$-3x^2 - 2x - y = 0, \quad -2y - x = 0$$

의 근인 $(-1/2, 1/4)$와 $(0, 0)$이 f의 모든 임계점들이다. 함수 f의 이계 편도함수들은

$$f_{xx}(x, y) = -6x - 2, \quad f_{xy}(x, y) = -1, \quad f_{yy}(x, y) = -2$$

이다. 점 $(-1/2, 1/4)$에서

$$f_{xx}\left(-\frac{1}{2},\frac{1}{4}\right) f_{yy}\left(-\frac{1}{2},\frac{1}{4}\right) - f_{xy}\left(-\frac{1}{2},\frac{1}{4}\right)^2 = 1\cdot(-2)-(-1)^2 = -3 < 0$$

이므로, 점 $(-1/2, 1/4)$는 f의 안장점이다. 점 $(0,0)$에서

$$f_{xx}(0,0) = -2 < 0$$

이고

$$f_{xx}(0,0)f_{yy}(0,0) - f_{xy}(0,0)^2 = (-2)\cdot(-2)-(-1)^2 = 3 > 0$$

이므로, 임계점 $(0,0)$는 f의 극대점이고, 이 점에서 f의 극댓값은

$$f(0,0) = 0$$

이다. ■

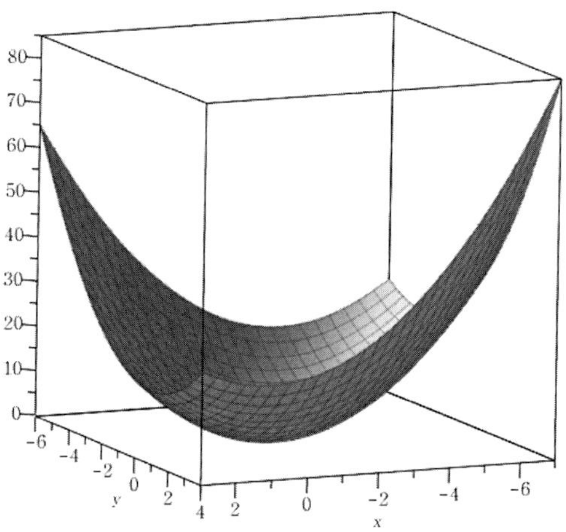

그림 8.4 함수 $f(x,y) = x^2 + y^2 - xy + 2x + y + 2$의 그래프

예제 8.3. 함수 $f(x,y)=x^2+y^2-xy+2x+y+2$의 극값을 구하여라. 함수 f의 그래프를 그림 8.4와 같이 나타낼 수 있다.

풀이 먼저 f의 편도함수를 계산하면

$$\frac{\partial f}{\partial x}(x,y)=2x-y+2, \qquad \frac{\partial f}{\partial y}(x,y)=2y-x+1$$

이므로

$$2x-y+2=0, \qquad 2y-x+1=0$$

의 근인 $(-5/3,-4/3)$에서

$$\frac{\partial f}{\partial x}\left(-\frac{5}{3},-\frac{4}{3}\right)=0, \qquad \frac{\partial f}{\partial y}\left(-\frac{5}{3},-\frac{4}{3}\right)=0$$

이다. f의 2계 편도함수들은

$$\frac{\partial^2 f}{\partial x\partial x}(x,y)=2, \qquad \frac{\partial^2 f}{\partial y\partial x}(x,y)=-1, \qquad \frac{\partial^2 f}{\partial y\partial y}(x,y)=2$$

이므로,

$$\frac{\partial^2 f}{\partial x\partial x}\left(-\frac{5}{3},-\frac{4}{3}\right)=2>0$$

이고

$$f_{xx}\left(-\frac{5}{3},-\frac{4}{3}\right)f_{yy}\left(-\frac{5}{3},-\frac{4}{3}\right)-f_{xy}\left(-\frac{5}{3},-\frac{4}{3}\right)^2=2\cdot 2-1^2=3>0$$

이다. 따라서 $(-5/3,-4/3)$는 f의 극소점이고, 점 $(-5/3,-4/3)$에서 f의 극솟값은

$$f\left(-\frac{5}{3},-\frac{4}{3}\right)=\frac{25}{9}+\frac{16}{9}-\frac{20}{9}-\frac{30}{9}-\frac{12}{9}+\frac{18}{9}=-\frac{3}{9}=-\frac{1}{3}$$

이다. ■

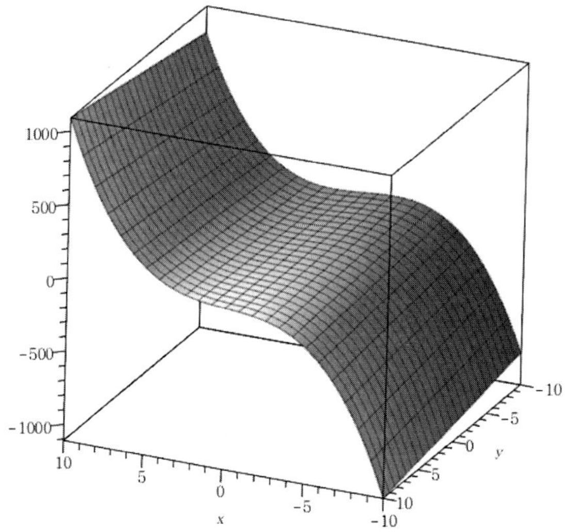

그림 8.5 함수 $f(x,y) = x^3 + xy - y$의 그래프

예제 8.4. 함수 $f(x,y) = x^3 + xy - y$ 극값을 구하여라. 함수 f의 그래프를 그림 8.5와 같이 나타낼 수 있다.

풀이 함수 f의 편도함수를 계산하면

$$\frac{\partial f}{\partial x}(x,y) = 3x^2 + y, \qquad \frac{\partial f}{\partial y}(x,y) = x - 1$$

이므로, 점 $(1,-3)$이 유일한 f의 임계점이다. 한편 f의 2계 편도함수들은

$$\frac{\partial^2 f}{\partial x \partial x}(x,y) = 6x, \qquad \frac{\partial^2 f}{\partial y \partial x}(x,y) = 1, \qquad \frac{\partial^2 f}{\partial y \partial y}(x,y) = 0$$

이므로,

$$f_{xx}(1,-3)f_{yy}(1,-3) - f_{xy}(1,-3)^2 = 6 \cdot 0 - 1^2 = -1 < 0$$

이다. 따라서 점 $(1,-3)$는 f의 안장점이고 f의 극값은 존재하지 않는다. ■

예제 8.5. (주)강원은 판매촉진 활동에 x백만원, 광고선전 활동에 y백만원을 투자할 경우 연간이윤이

$$f(x,y) = 200x + 300y - \frac{1}{10}x^2 - \frac{1}{10}y^2$$

일 것으로 추정된다. 이윤을 최대화하기 위해서는 판매촉진과 광고선전에 각각 얼마씩 투자해야 하는가?

풀이 연간이윤 f의 편도함수가

$$\frac{\partial f}{\partial x}(x,y) = 200 - \frac{1}{5}x, \quad \frac{\partial f}{\partial y}(x,y) = 300 - \frac{1}{5}y$$

이므로, 점 $(1000, 1500)$이 f의 유일한 임계점이다. 연간이윤 f의 이계 편도함수가

$$\begin{aligned} \frac{\partial^2 f}{\partial x^2}(x,y) &= -\frac{1}{5}, \\ \frac{\partial^2 f}{\partial x \partial y}(x,y) &= 0, \\ \frac{\partial^2 f}{\partial y^2}(x,y) &= -\frac{1}{5} \end{aligned}$$

이므로,

$$\frac{\partial^2 f}{\partial x^2}(1000, 1500) = -\frac{1}{5} < 0$$

이고

$$\frac{\partial^2 f}{\partial x^2}(1000,1500)\frac{\partial^2 f}{\partial x^2}(1000,1500) - \frac{\partial^2 f}{\partial x \partial y}(1000,1500)^2 = \frac{1}{25} > 0$$

이다. 따라서, 점 $(1000, 1500)$은 f의 극대점이다. 그런데 점 $(1000, 1500)$이 f의 유일한 극대점이므로, 점 $(1000, 1500)$은 f의 최대점이다. 그러므로, (주)강원은 판매촉진 활동에 $1,000$백만원, 광고선전 활동에 $1,500$백만원을

투입할 때, 연간최대이윤

$$f(1000, 1500) = 325,000 \text{ (백만원)}$$

을 얻는다. ■

예제 8.6. (주)제주는 자동차를 생산하여 판매하는 기업으로서 국내 시장과 국제 시장에서의 가격을 다르게 책정하고 있다. 국내 시장에서의 수요(q_1)와 가격(p_1) 간의 관계는

$$p_1 = 100 - 2q_1$$

이고, 국제 시장에서의 수요(q_2)와 가격(p_2) 간의 관계는

$$p_2 = 200 - 5q_2$$

이다. 총생산비용(TC)이

$$TC(q_1, q_2) = 20(q_1 + q_2)$$

일 때, 이윤을 최대화하는 생산전략을 제시하여라.

풀이 수입은 가격과 판매량의 곱이므로 총수입은

$$TR(q_1, q_2) = q_1 \cdot p_1(q_1) + q_2 \cdot p_2(q_2) = 100q_1 - 2q_1^2 + 200q_2 - 5q_2^2$$

이다. 이윤은 총수입에서 총생산비용을 뺀 것이므로, 총이윤은

$$\begin{aligned}\pi(q_1, q_2) &= TR(q_1, q_2) - TC(q_1, q_2) \\ &= \left(100q_1 - 2q_1^2 + 200q_2 - 5q_2^2\right) - 20(q_1 + q_2) \\ &= -2q_1^2 + 80q_1 - 5q_2^2 + 180q_2\end{aligned}$$

이다. 총이윤의 그래프를 그림 8.6와 같이 나타낼 수 있다.

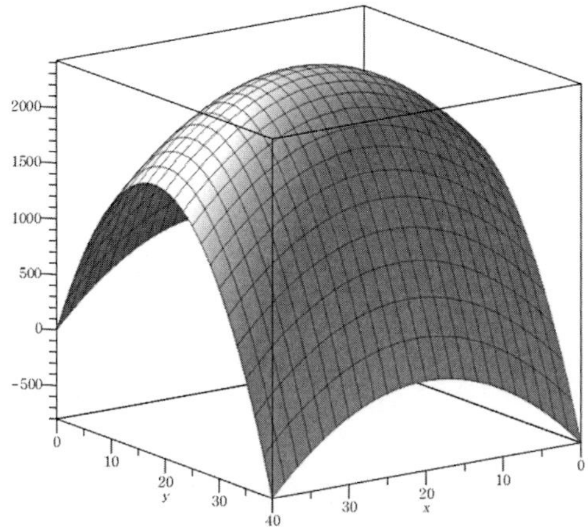

그림 8.6 함수 $\pi(x, y) = -2x^2 + 80x - 5y^2 + 180y$의 그래프

이윤함수를 편미분하면

$$\frac{\partial \pi}{\partial q_1}(q_1, q_2) = -4q_1 + 80, \qquad \frac{\partial \pi}{\partial q_2}(q_1, q_2) = -10q_2 + 180$$

이다. 이윤극대화에 대한 일계 필요조건은

$$\frac{\partial \pi}{\partial q_1}(q_1, q_2) = 0, \qquad \frac{\partial \pi}{\partial q_2}(q_1, q_2) = 0$$

이고, 이 조건이 성립하는 판매량은

$$q_1^* = 20, \qquad q_2^* = 18$$

이다. 이윤함수를 이계 편미분하면

$$\frac{\partial^2 \pi}{\partial q_1^2}(q_1, q_2) = -4, \quad \frac{\partial^2 \pi}{\partial q_2 \partial q_1}(q_1, q_2) = 0, \quad \frac{\partial^2 \pi}{\partial q_2^2}(q_1, q_2) = -10$$

이다. 그런데

$$\frac{\partial^2\pi}{\partial q_1^2}(q_1,q_2)\cdot\frac{\partial^2\pi}{\partial q_2^2}(q_1,q_2)-\frac{\partial^2\pi}{\partial q_2\partial q_1}(q_1,q_2)^2=40>0$$

이고

$$\frac{\partial^2\pi}{\partial q_1^2}(q_1,q_2)=-4<0$$

이므로, 일계 필요조건과 이계 충분조건에 의하여 국내 시장과 국제 시장에 각각

$$q_1^*=20,\qquad q_2^*=18$$

을 판매할 때 최대이윤

$$\pi(20,18)=2420$$

을 얻는다. ■

예제 8.7. 휴대폰판매점에서 휴대폰 A와 B의 판매가격을 결정하려고 한다. 휴대폰 A의 구입단가는 80만원이고 휴대폰 B의 구입단가는 60만원이다. 휴대폰 A의 판매가격이 p_1이고 판매량이 q_1이며 휴대폰 B의 판매가격이 p_2이고 판매량이 q_2일 때,

$$q_1=200-3p_1+p_2,\qquad q_2=100+p_1-2p_2$$

인 관계가 성립한다. 이윤을 최대화하는 휴대폰 A와 B의 판매가격을 구하여라.

풀이 판매량과 판매가격에 대한 관계가

$$q_1=200-3p_1+p_2,\qquad q_2=100+p_1-2p_2$$

이므로, $\phi(p_1,p_2)=(200-3p_1+p_2,100+p_1-2p_2)$로 놓자. 휴대폰 A와 B의 판매량은 각각

$$q_1=200-3p_1+p_2,\qquad q_2=100+p_1-2p_2$$

이므로, 두 휴대폰의 총구입금액(단위 만원)은

$$\begin{aligned}(C \circ \phi)(p_1, p_2) &= 80(200 - 3p_1 + p_2) + 60(100 + p_1 - 2p_2) \\ &= 22000 - 180p_1 - 40p_2\end{aligned}$$

이고 총판매금액은

$$\begin{aligned}(S \circ \phi)(p_1, p_2) &= p_1 q_1 + p_2 q_2 \\ &= p_1(200 - 3p_1 + p_2) + p_2(100 + p_1 - 2p_2) \\ &= -3p_1^2 - 2p_2^2 + 2p_1 p_2 + 200p_1 + 100p_2\end{aligned}$$

이다. 따라서 총이윤은

$$\begin{aligned}(\pi \circ \phi)(p_1, p_2) &= (S \circ \phi)(p_1, p_2) - (C \circ \phi)(p_1, p_2) \\ &= -3p_1^2 - 2p_2^2 + 2p_1 p_2 + 380p_1 + 140p_2 - 22000\end{aligned}$$

이다. 총이윤함수 π의 그래프를 그림 8.7와 같이 나타낼 수 있다.

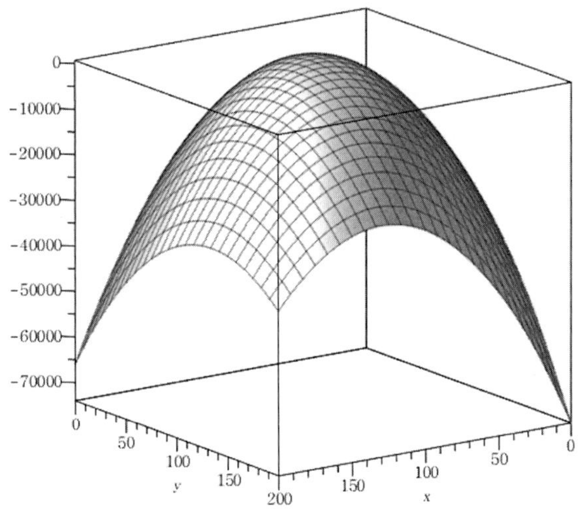

그림 8.7 함수 $\pi(x, y) = -3x^2 - 2y^2 + 2xy + 380x + 140y - 22000$의 그래프

휴대폰 A와 B의 가격 p_1과 p_2에 대한 총이윤의 편도함수는

$$\frac{\partial(\pi \circ \phi)}{\partial p_1}(p_1, p_2) = -6p_1 + 2p_2 + 380,$$
$$\frac{\partial(\pi \circ \phi)}{\partial p_2}(p_1, p_2) = 2p_1 + -4p_2 + 140$$

이다. 연립일차방정식

$$\begin{cases} -6p_1 + 2p_2 + 380 = 0, \\ \ \ 2p_1 - 4p_2 + 140 = 0 \end{cases}$$

의 해는

$$p_1^* = 90, \qquad p_2^* = 80$$

이므로, 점 $(p_1^*, p_2^*) = (90, 80)$이 $\pi \circ \phi$의 유일한 임계점이다. 이윤함수 $\pi \circ \phi$를 이계 편미분하면

$$\frac{\partial^2(\pi \circ \phi)}{\partial p_1^2}(p_1, p_2) = -6, \quad \frac{\partial^2(\pi \circ \phi)}{\partial p_2 \partial p_1}(p_1, p_2) = 2, \quad \frac{\partial^2(\pi \circ \phi)}{\partial p_2^2}(p_1, p_2) = -4$$

이므로

$$\frac{\partial^2(\pi \circ \phi)}{\partial p_1^2}(p_1, p_2) \cdot \frac{\partial^2(\pi \circ \phi)}{\partial p_2^2}(p_1, p_2) - \frac{\partial^2(\pi \circ \phi)}{\partial p_2 \partial p_1}(p_1, p_2)^2 = 20 > 0$$

이고

$$\frac{\partial^2 \pi}{\partial q_1^2}(q_1, q_2) = -6 < 0$$

이다, 일계 필요조건과 이계 충분조건에 의하여 휴대폰 A와 B의 판매가격이 각각

$$p_1^* = 90, \qquad p_2^* = 80$$

일 때 최대이윤

$$(\pi \circ \phi)(90, 80) = 700$$

을 얻는다. ■

8.1.4 헤시안 행렬

유클리드 공간 $\mathbb{R}^n$에 놓인 영역 A에 정의된 함수 $f : A \to \mathbb{R}$와 점 $\mathbf{a} = (a_1, a_2, \ldots, a_n)$에 대하여, f의 2계 편도함수들이 존재하고 연속이며

$$\nabla(f)(\mathbf{a}) = \mathbf{0}$$

이면, 점 $\mathbf{a} \in A$ 근방에서

$$f(\mathbf{v}) = f(\mathbf{a}) + \frac{1}{2}\sum_{j=1}^{n}\sum_{i=1}^{n} \frac{\partial^2 f}{\partial x_j \partial x_i}(\mathbf{a} + \xi(\mathbf{v} - \mathbf{a}))(v_j - a_j)(v_i - a_i)$$

인 ξ가 0과 1 사이에 존재한다. 동형이차함수

$$Hf|_{\mathbf{a}}(\mathbf{h}) = \sum_{i,j=1}^{n} \frac{\partial^2 f}{\partial x_j \partial x_i}(\mathbf{a}) h_j h_i$$

의 행렬표현

$$H = \begin{bmatrix} h_{ij} \end{bmatrix}$$

을 점 $\mathbf{a}$에서의 f의 **헤시안 행렬**이라고 한다. 여기서 $1 \leq i, j \leq n$일 때

$$h_{ij} = \frac{\partial^2 f}{\partial x_i \partial x_j}(\mathbf{a})$$

이다. 헤시안 행렬 H와 점 $\mathbf{h} = (h_1, h_2, \ldots, h_n)$에 대하여,

$$[Hf|_{\mathbf{a}}(\mathbf{h})] = \begin{bmatrix} h_1 & h_2 & \cdots & h_n \end{bmatrix} \begin{bmatrix} \frac{\partial^2 f}{\partial x_j \partial x_i}(\mathbf{a}) \end{bmatrix} \begin{bmatrix} h_1 \\ h_2 \\ \vdots \\ h_n \end{bmatrix}$$

이다.

헤시안 행렬 $H = [h_{ij}]$에 대하여,

$$D_1 = \det\begin{bmatrix} h_{11} \end{bmatrix}, \quad D_2 = \det\begin{bmatrix} h_{11} & h_{12} \\ h_{21} & h_{22} \end{bmatrix}, \quad \cdots,$$

$$D_i = \det\begin{bmatrix} h_{11} & h_{12} & \cdots & h_{1i} \\ h_{21} & h_{22} & \cdots & h_{2i} \\ \vdots & \vdots & \ddots & \vdots \\ h_{i1} & h_{i2} & \cdots & h_{ii} \end{bmatrix}, \quad \cdots, \quad D_n = \det\begin{bmatrix} h_{11} & h_{12} & \cdots & h_{1n} \\ h_{21} & h_{22} & \cdots & h_{2n} \\ \vdots & \vdots & \ddots & \vdots \\ h_{n1} & h_{n2} & \cdots & h_{nn} \end{bmatrix}$$

으로 놓자. 그러면 다음이 성립한다.

> 정리 8.4. 함수 $f\colon A(\subset \mathbb{R}^n) \to \mathbb{R}$에 대하여, f의 이계 편도함수들이 존재하고 연속이며 점 $\mathbf{a} \in A$에서 $\nabla f(\mathbf{a}) = \mathbf{0}$이면 다음이 성립한다.
>
> (가) $0 < D_1$, $0 < D_2$, $\ldots$, $0 < D_n$이면 점 $\mathbf{a}$는 함수 f의 극소점이다.
>
> (나) $D_1 < 0$, $0 < D_2$, $D_3 < 0$, $\ldots$, $0 < (-1)^n D_n$이면 점 $\mathbf{a}$는 함수 f의 극대점이다.

예제 8.8. 다음 함수의 극값을 구하여라.

(가) $f(x, y, z) = 2x + 3y + z - x^2 - y^2 - z^2$

(나) $f(x, y, z) = 2x^2 + y^2 + z^2 + xy + yz + zx + x + y + z$

풀이 (가) 함수 f의 편도함수가

$$\frac{\partial f}{\partial x}(x, y, z) = 2 - 2x, \quad \frac{\partial f}{\partial y}(x, y, z) = 3 - 2y, \quad \frac{\partial f}{\partial z}(x, y, z) = 1 - 2z$$

이므로, 점 $(1, 3/2, 1/2)$이 f의 유일한 임계점이다.

점 $(1, 3/2, 1/2)$에서의 f의 헤시안 행렬은

$$H = \begin{bmatrix} -2 & 0 & 0 \\ 0 & -2 & 0 \\ 0 & 0 & -2 \end{bmatrix}$$

이다. 따라서,

$$D_1 = -2 < 0, \quad D_2 = 4 > 0, \quad D_3 = -8 < 0$$

이므로, 점 $(1, 3/2, 1/2)$는 f의 극대점이고 이 때

$$f(1, 3/2, 1/2) = \frac{7}{2}$$

이 f의 극댓값이다.

(나) 함수 f의 편도함수가

$$\frac{\partial f}{\partial x}(x, y, z) = 4x + y + z + 1,$$
$$\frac{\partial f}{\partial y}(x, y, z) = 2y + x + z + 1,$$
$$\frac{\partial f}{\partial z}(x, y, z) = 2z + y + x + 1$$

이므로, 점 $(-1/10, -3/10, -3/10)$이 f의 유일한 임계점이다.

점 $(-1/10, -3/10, -3/10)$에서의 f의 헤시안 행렬은

$$H = \begin{bmatrix} 4 & 1 & 1 \\ 1 & 2 & 1 \\ 1 & 1 & 2 \end{bmatrix}$$

이다. 따라서,

$$D_1 = 4 > 0,$$
$$D_2 = 4 \cdot 2 - 1 \cdot 1 = 7 > 0,$$
$$D_3 = 4 \cdot 3 - 1 \cdot 1 + 1 \cdot (-1) = 10 > 0$$

이므로, 점 $(-1/10, -3/10, -3/10)$는 f의 극소점이고 이 때

$$f\left(-\frac{1}{10}, -\frac{3}{10}, -\frac{3}{10}\right) = -\frac{7}{20}$$

이 f의 극솟값이다. ■

예제 8.9. (주)충청은 청량음료를 독점 생산하여 판매하는 기업으로서, 사이다와 콜라를 공급하고 있다. 사이다의 가격 p_1과 콜라의 가격 p_2에 대한 수요함수가 각각

$$\begin{aligned} D_1(p_1, p_2) &= 100 - 3p_1 + 2p_2, \\ D_2(p_1, p_2) &= 140 + p_1 - 2p_2 \end{aligned}$$

이고, 사이다의 생산량 q_1과 콜라의 생산량 q_2에 대한 비용함수는

$$C(q_1, q_2) = 30 + 5q_1 + 10q_2$$

이다. (주)충청의 이윤을 최대화할 수 있는 사이다의 가격 p_1^*와 콜라의 가격 p_2^*를 구하여라.

풀이 사이다의 가격 p_1과 콜라의 가격 p_2에 대한 수익은

$$\begin{aligned} R(p_1, p_2) &= p_1q_1 + p_2q_2 \\ &= p_1(100 - 3p_1 + 2p_2) + p_2(140 + p_1 - 2p_2) \\ &= -3p_1^2 - 2p_2^2 + 3p_1p_2 + 100p_1 + 140p_2 \end{aligned}$$

이고 사이다의 가격 p_1과 콜라의 가격 p_2에 대한 비용은

$$\begin{aligned} \overline{C}(p_1, p_2) &= 30 + 5q_1 + 10q_2 \\ &= 30 + 5(100 - 3p_1 + 2p_2) + 10(140 + p_1 - 2p_2) \\ &= 1930 - 5p_1 - 10p_2 \end{aligned}$$

이므로, 사이다의 가격 p_1과 콜라의 가격 p_2에 대한 이윤은

$$\begin{aligned}\pi(p_1, p_2) &= R(p_1, p_2) - \overline{C}(p_1, p_2) \\ &= (-3p_1^2 - 2p_2^2 + 3p_1p_2 + 100p_1 + 140p_2) - (1930 - 5p_1 - 10p_2) \\ &= -3p_1^2 - 2p_2^2 + 3p_1p_2 + 105p_1 + 150p_2 - 1930\end{aligned}$$

이다. 이윤함수 π의 그래프를 그림 8.8로 나타낼 수 있다.

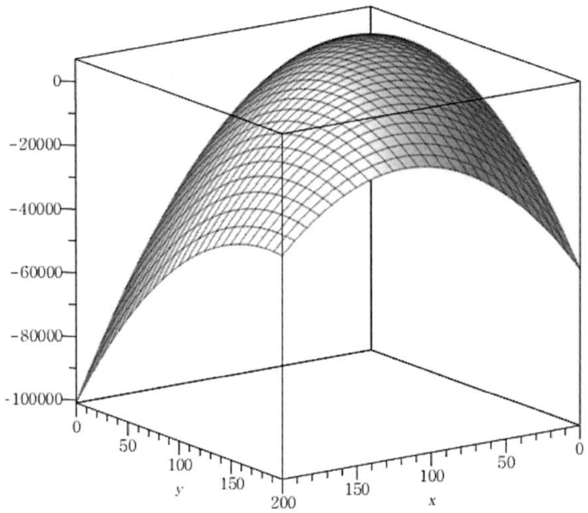

그림 8.8 함수 $\pi(x, y) = -3x^2 - 2y^2 + 3xy + 105x + 150y - 1930$의 그래프

이윤함수 π의 편도함수는

$$\begin{aligned}\frac{\partial \pi}{\partial p_1}(p_1, p_2) &= -6p_1 + 3p_2 + 105, \\ \frac{\partial \pi}{\partial p_2}(p_1, p_2) &= 3p_1 - 4p_2 + 150\end{aligned}$$

이다. 연립일차방정식

$$\begin{cases} -6p_1 + 3p_2 + 105 = 0 \\ \ \ 3p_1 - 4p_2 + 150 = 0 \end{cases}$$

의 해인 $p_1^* = 58$와 $p_2^* = 81$이 π의 유일한 임계점이다. 이윤함수 π의 헤시안 행렬이

$$\begin{bmatrix} -6 & 3 \\ 3 & -4 \end{bmatrix}$$

이므로,

$$D_1 = -6 < 0, \quad D_2 = (-6) \cdot (-4) - 3 \cdot 3 = 15 > 0$$

이다. 따라서, 사이다의 가격이 58이고 콜라의 가격이 81일 때 최대이윤

$$\pi(58, 81) = 7190$$

을 얻는다. ■

예제 8.10. 강원영화관은 관람고객의 특성에 따라 가격을 다르게 책정하는 정책을 고려하고 있다. 이를 위해 고객의 수요함수를 추정하였으며 그 결과 오전에 영화를 관람하는 고객의 가격 p_1에 대한 수요함수는 $q_1 = D_1(p_1) = 98 - 2p_1$이고, 오후에 영화를 관람하는 고객의 가격 p_2에 대한 수요함수는 $q_2 = D_2(p_2) = 99 - p_2$이며, 특별상영관(3D관)에서 영화를 관람하는 고객의 가격 p_3에 대한 수요함수는 $q_3 = D_3(p_3) = 100 - p_3/2$로 추정되었다. 고객의 수 q에 대한 비용함수는 $C(q) = 10 + q$로 동일하다고 한다. 다음의 물음에 답하여라.

(가) 가격차별화 정책을 사용하지 않을 경우 강원영화관의 이윤을 최대화하는 가격 및 최대이윤을 구하여라.

(나) 가격차별화 정책을 사용할 경우 강원영화관의 이윤을 최대화하는 가격 및 최대이윤을 구하여라.

(다) (나)의 이윤을 극대화하는 가격에서의 개별 수요함수의 가격탄력성을 구하여라.

(라) 전술한 결과에 대한 경제적 함의를 제시하여라.

풀이 (가) 가격 p에 대한 수익은

$$\begin{aligned} R_1(p) &= pq_1 + pq_2 + pq_3 \\ &= p(98-2p) + p(99-p) + p\left(100 - \frac{p}{2}\right) \\ &= 297p - \frac{7}{2}p^2 \end{aligned}$$

이고, 가격 p에 대한 비용은

$$\begin{aligned} \overline{C}_1(p) &= 10 + q_1 + q_2 + q_3 \\ &= 10 + (98-2p) + (99-p) + \left(100 - \frac{p}{2}\right) = 307 - \frac{7}{2}p \end{aligned}$$

이므로, 가격 p에 대한 이윤은

$$\begin{aligned} \pi_1(p) &= R_1(p) - \overline{C}_1(p) \\ &= \left(297p - \frac{7}{2}p^2\right) - \left(307 - \frac{7}{2}p\right) = -\frac{7}{2}p^2 + \frac{601}{2}p - 307 \end{aligned}$$

이다.

이윤함수 π의 도함수가

$$\frac{d\pi_1}{dp}(p) = -7p + \frac{601}{2}$$

이므로, $p^* = 601/14$가 π의 임계점이다. 이윤함수 π_2의 이계 도함수가

$$\frac{d^2\pi}{dp^2}(p) = -7$$

이므로, 가격 $p^* = 601/14$에서 최대이윤을 얻고, 이 때 최대이윤은

$$\pi\left(\frac{601}{14}\right) = \frac{344009}{56} \sim 6143.02$$

이다.

(나) 차별적 가격 p_1, p_2, p_3에 대한 수익은

$$\begin{aligned} R_2(p_1, p_2, p_3) &= p_1 q_1 + p_2 q_2 + p_3 q_3 \\ &= p_1(98 - 2p_1) + p_2(99 - p_2) + p_3\left(100 - \frac{1}{2}p_3\right) \\ &= -2p_1^2 - p_2^2 - \frac{1}{2}p_3^2 + 98p_1 + 99p_2 + 100p_3 \end{aligned}$$

이고, 차별적 가격 p_1, p_2, p_3에 대한 비용은

$$\begin{aligned} \overline{C}_2(p_1, p_2, p_3) &= 10 + q_1 + q_2 + q_3 \\ &= 10 + (98 - 2p_1) + (99 - p_2) + \left(100 - \frac{1}{2}p_3\right) \\ &= 307 - 2p_1 - p_2 - \frac{1}{2}p_3 \end{aligned}$$

이므로, 차별적 가격 p_1, p_2, p_3에 대한 이윤은

$$\begin{aligned} \pi_2(p_1, p_2, p_3) &= R_2(p_1, p_2, p_3) - \overline{C}_2(p_1, p_2, p_3) \\ &= -2p_1^2 - p_2^2 - \frac{1}{2}p_3^2 + 100p_1 + 100p_2 + \frac{201}{2}p_3 - 307 \end{aligned}$$

이다.

이윤함수 π_2의 편도함수들이

$$\begin{aligned} \frac{\partial \pi}{\partial p_1}(p_1, p_2, p_3) &= -4p_1 + 100, \\ \frac{\partial \pi}{\partial p_2}(p_1, p_2, p_3) &= -2p_2 + 100, \\ \frac{\partial \pi}{\partial p_3}(p_1, p_2, p_3) &= -p_3 + \frac{201}{2} \end{aligned}$$

이므로, 점 $(25, 50, 100.5)$가 π_2의 유일한 임계점이다. 점 $(25, 50, 100.5)$에서 π_2의 헤시안 행렬이

$$H = \begin{bmatrix} -4 & 0 & 0 \\ 0 & -2 & 0 \\ 0 & 0 & -1 \end{bmatrix}$$

이므로,

$$D_1 = -4 < 0, \quad D_2 = 8 > 0, \quad D_3 = -8 < 0$$

이다. 따라서, 가격 $p_1^* = 25$, $p_2^* = 50$, $p_3^* = 100.5$에서 최대이윤을 얻고, 이 때의 최대이윤은

$$\pi_2(25, 50, 100.5) = \frac{67945}{8} \sim 8493.13$$

이다.

(다) 수요함수 $D(p)$에 대하여, 가격 p에서의 D의 가격탄력성은

$$E_D(p) = D'(p)\frac{p}{D(p)}$$

이다. 따라서 가격 $p_1^* = 25$에서의 수요함수 $D_1(p_1) = 98 - 2p_1$의 가격탄력성은

$$E_{D_1}(25) = -2 \cdot \frac{25}{48} \sim -1.04$$

이고, 가격 $p_2^* = 50$에서의 수요함수 $D_2(p_2) = 99 - p_1$의 가격탄력성은

$$E_{D_2}(50) = -1 \cdot \frac{50}{49} \sim -1.02$$

이고, 가격 $p_3^* = 100.5$에서의 수요함수 $D_3(p_3) = 100 - p_3/2$의 가격탄력성은

$$E_{D_3}(100.5) = -\frac{1}{2} \cdot \frac{100.5}{49.75} \sim -1.01$$

이다.

(라) 가격균등화 정책보다는 가격차별화 정책이 영화관의 이윤을 높인다. 이 경우 가격탄력성이 높은 고객에게는 가격을 낮게, 가격탄력성이 낮은 고객에게는 가격을 높게 책정한다. ■

연습문제 8.1

1. 다음의 함수의 극값을 구하여라.

(가) $f(x, y) = x^2 + xy + y^2 + 3x - 3y + 10$

(나) $f(x, y) = x^2 - 2xy + 2y^2 - 2x + 2y - 5$

(다) $f(x, y) = x^3 + 3xy + y^3$

(라) $f(x, y) = 8x^3 + y^3 + 6xy + 2$

(마) $f(x, y, z) = 2x^2 + y^2 + 3z^2 + 2xz + 3yz - x + 5$

(바) $f(x, y, z) = 2x^3 + 4y^2 + 3z^2 + 2xz + 6yz + 10$

2. 강원전자는 컴퓨터를 생산하여 판매하는 기업으로서 국내 시장과 국제 시장에서의 가격을 다르게 책정하고 있다. 국내 시장에서의 수요(q_1)와 가격(p_1) 간의 관계는

$$p_1 = 100 - 3q_1$$

이고, 국제 시장에서의 수요(q_2)와 가격(p_2) 간의 관계는

$$p_2 = 120 - 4q_2$$

이다. 총생산비용(TC)이

$$TC(q_1, q_2) = 200 + 20(q_1 + q_2)$$

일 때, 다음 물음에 답하여라.

(가) 이윤을 최대화하는 생산전략을 제시하여라.

(나) 지역적으로 가격을 다르게 하는 것이 금지되어서 $p_1 = p_2$가 되었다. 이 때, 이윤을 최대화하는 생산전략을 제시하여라.

3. (주)경상은 놀이시설업을 영위하며 방문객의 특성에 따라 가격을 달리 책정하는 정책을 고려하고 있다. 이를 위해 고객의 수요함수를 추정하였으며 그 결과 오전에 방문하는 고객의 수요함수는 $q_1 = D_1(p_1) = 100 - 3p_1$이고, 오후에 방문하는 고객의 수요함수는 $q_2 = D_2(p_2) =$

$100 - 2p_2$이며, 야간에 방문하는 고객의 수요함수는 $q_3 = D_3(p_3) = 100 - p_3$로 조사되었다. 입장고객에 대한 비용함수가 $C(q_1, q_2, q_3) = 100 + q_1 + q_2 + q_3$(단위: 만원)이라고 할 때, 다음 물음에 답하여라.

(가) 가격차별화 정책을 사용하지 않을 경우 (주)경상의 이윤을 최대화하는 가격 및 최대이윤을 구하여라.

(나) 가격차별화 정책을 사용할 경우 (주)경상의 이윤을 최대화하는 가격 및 최대 이윤을 구하여라.

(다) (나)의 이윤을 최대화하는 가격에서의 개별 수요함수의 가격탄력성을 구하고, 이에 대한 경제적 의미를 해석해 보라.

4. 카메라판매점에서 카메라 A와 B의 판매가격을 결정하려고 한다. 카메라 A의 구입단가는 20만원이고 카메라 B의 구입단가는 15만원이다. 카메라 A의 판매가격이 p_1이고 판매량이 q_1이며 카메라 B의 판매가격이 p_2이고 판매량이 q_2일 때,

$$q_1 = 200 - 3p_1 + 2p_2, \qquad q_2 = 160 + p_1 - 2p_2$$

인 관계가 성립한다. 이윤을 최대화하는 카메라 A와 B의 판매가격을 구하여라.

5. 경상제과는 사이다와 콜라를 공급하고 있다. 사이다의 가격 p_1과 콜라의 가격 p_2에 대한 수요함수가 각각

$$D_1(p_1, p_2) = 1000 - 30p_1 + 10p_2,$$
$$D_2(p_1, p_2) = 1500 + 10p_1 - 20p_2$$

이고, 사이다의 생산량 q_1과 콜라의 생산량 q_2에 대한 비용함수는

$$C(q_1, q_2) = 3000 + 15q_1 + 10q_2$$

이다. 경상제과의 이윤을 최대화할 수 있는 사이다의 가격 p_1^*와 콜라의 가격 p_2^*를 구하여라.

8.2 제약조건에서의 최적화 문제

함수 $f\colon A \to \mathbb{R}$에 대하여, 앞 절에서는 영역 A에서 f의 극값들을 찾아 보았다. 이 절에서는 영역 A에 제약조건

$$\begin{aligned} \phi_1(x_1, x_2, \ldots, x_n) &= 0, \\ \phi_2(x_1, x_2, \ldots, x_n) &= 0, \\ &\vdots \\ \phi_m(x_1, x_2, \ldots, x_n) &= 0 \end{aligned}$$

이 주어진 상황에서 f의 극값을 구하는 문제를 라그랑주[2]의 곱셈자방법[3]을 이용하여 구하는 방법을 살펴 보자.

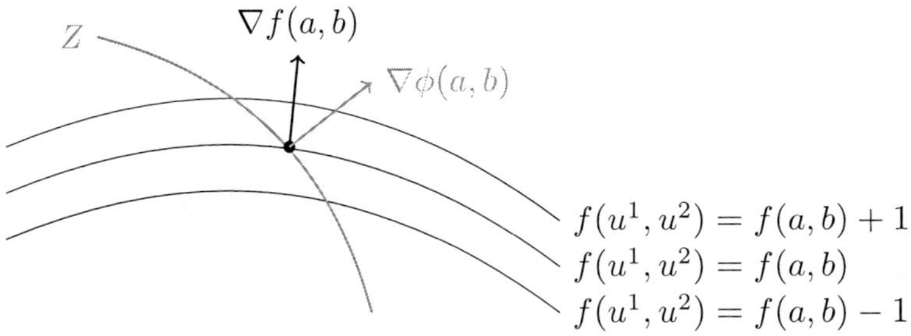

그림 8.9 라그랑주의 곱셈자방법

8.2.1 평면에서의 라그랑주의 곱셈자방법

평면에 놓인 영역 A에서 미분가능한 함수 f에 대하여, 제약조건이 $\phi(x, y) = 0$일 때 f의 극값을 구하려 한다. 만약 점 $(a, b) \in A$에서 $\phi(a, b) = 0$이고 $\nabla\phi(a, b) \neq (0, 0)$이라고 가정하자. 여기서

$$Z = \{(x, y) \in A \,:\, \phi(x, y) = 0\}$$

[2]라그랑주(Joseph Louis Lagrange, 1703–1813): 이탈리아 태생의 프랑스 수학자

[3]라그랑주의 곱셈자방법을 **라그랑주의 승수법**이라고도 한다.

로 놓으면, 집합 Z는 A의 원소들 중에서 제약조건이 성립하는 모든 점들의 집합이다. 그런데 $\phi(a,b) = 0$이므로 $(a,b) \in Z$이고, $\nabla\phi(a,b) \neq (0,0)$이므로 (a,b) 근방에서 Z는 곡선형태의 집합이다. 이 때, $\nabla\phi(a,b)$는 점 (a,b)에서 출발하는 벡터로서 Z와 수직을 이룬다. 만약에 그림 8.9와 같이

$$\nabla f(a,b) = \lambda\,\nabla\phi(a,b)$$

인 실수 λ가 존재하지 않으면, 벡터 $\nabla f(a,b)$는 벡터 $\nabla\phi(a,b)$와 평행하지 않다. 이 때, 점 (a,b) 근방에서 함수 f의 **등위곡선** $\{(x,y) : f(x,y) = f(a,b)\}$은 벡터 $\nabla\phi(a,b)$와 수직하지 않으므로, (a,b)에서 기울기벡터 $\nabla f(a,b)$의 Z의 접선 방향으로의 사영벡터가 영벡터가 아니다. 이 사영벡터 방향으로 Z에서 f의 값이 증가한다. 따라서 Z에서 점 (a,b)가 f의 극점일 수 없다. 이를 정리하면 다음과 같다.

정리 8.5. 영역 $A \subset \mathbb{R}^2$에 정의된 미분가능한 함수 f와 ϕ에 대하여

$$Z = \{(x,y) \in A : \phi(x,y) = 0\}$$

일 때, 점 $(a,b) \in Z$에서 기울기벡터 $\nabla\phi(a,b)$가 영벡터가 아니고, 점 (a,b)가 Z에서 f의 극점이면

$$\nabla f(a,b) = \lambda\nabla\phi(a,b)$$

인 실수 λ가 존재한다.

함수 f와 ϕ에 대하여,

$$L(x,y,\lambda) = f(x,y) - \lambda\phi(x,y)$$

를 제약조건 $\phi = 0$에서의 f의 **라그랑주 함수**[4]라고 한다. 여기서 λ를 **라그**

[4]라그랑주 함수를 **라그랑주안**이라고도 한다.

랑주 곱셈자[5]라고 한다. 라그랑주 함수 L의 편도함수가

$$\begin{aligned}\frac{\partial L}{\partial x}(x,y,\lambda) &= \frac{\partial f}{\partial x}(x,y) - \lambda\frac{\partial \phi}{\partial x}(x,y),\\ \frac{\partial L}{\partial y}(x,y,\lambda) &= \frac{\partial f}{\partial y}(x,y) - \lambda\frac{\partial \phi}{\partial y}(x,y),\\ \frac{\partial L}{\partial \lambda}(x,y,\lambda) &= -\phi(x,y)\end{aligned}$$

이므로,

$$\nabla L(x^*,y^*,\lambda^*) = (0,0,0)$$

은

$$\nabla f(x^*,y^*) = \lambda^*\nabla\phi(x^*,y^*) \quad \text{그리고} \quad \phi(x^*,y^*) = 0$$

이기 위한 필요충분조건이다. 이 때,

$$L(x^*,y^*,\lambda^*) = f(x^*,y^*) - \lambda^*\phi(x^*,y^*) = f(x^*,y^*)$$

이다.

제약조건 $\phi(x,y) = 0$에서 함수 f의 극점을 구하기 위하여, 곡선의 상이 등위곡선 Z가 놓인 곡선 $\gamma(t) = (x(t),y(t))$를 생각하자. 만약 $(x^*,y^*) = \gamma(t^*)$가 제약조건 $\phi(x,y) = 0$에서 함수 f의 극점이면, 일계 필요조건

$$(f\circ\gamma)'(t^*) = 0$$

이 성립한다. 연쇄법칙에 의하여

$$(f\circ\gamma)'(t) = f_x(\gamma(t))x'(t) + f_y(\gamma(t))y'(t)$$

이므로

$$f_x(\gamma(t^*))x'(t^*) + f_y(\gamma(t^*))y'(t^*) = 0 \tag{8.5}$$

이다. 이는 기울기벡터 $\nabla f(\gamma(t^*))$이 속도벡터 $\gamma'(t^*)$에 수직함을 의미한다.

---

[5]라그랑주 곱셈자를 **라그랑주 승수**라고도 한다.

한편 곡선 γ의 상이 등위곡선 Z에 놓여있으므로

$$(\phi \circ \gamma)(t) = 0$$

이다. 따라서 $\phi \circ \gamma$를 t로 미분하면

$$0 = \phi_x(\gamma(t))x'(t) + \phi_y(\gamma(t))y'(t) \tag{8.6}$$

이다. 따라서 기울기벡터 $\nabla\phi(\gamma(t^*))$도 속도벡터 $\gamma'(t)$에 수직한다. 식 (8.5)과 식 (8.6)에 의하여, 점 $(x^*, y^*) = \gamma(t^*)$이 Z에서 f의 극점이고 $\nabla\phi(x^*, y^*) \neq (0, 0)$이면, 라그랑주 함수 L에 대하여

$$\nabla L(x^*, y^*, \lambda^*) = (0, 0, 0)$$

이다. 조건 $\nabla L(x, y, \lambda) = (0, 0, 0)$을 점 (x, y, λ)가 Z에서 f의 극점이기 위한 **일계 필요조건**이라고 한다.

$\nabla L(x, y, \lambda) = (0, 0, 0)$라고 가정하자. 함수 $f \circ \gamma$의 이계 도함수는

$$\begin{aligned}
&(f \circ \gamma)''(t) \\
&\quad = f_{xx}(\gamma(t))x'(t)^2 + f_{xy}(\gamma(t))x'(t)y'(t) + f_x(\gamma(t))x''(t) \\
&\qquad + f_{yx}(\gamma(t))x'(t)y'(t) + f_{yy}(\gamma(t))y'(t)^2 + f_y(\gamma(t))y''(t) \\
&\quad = f_{xx}(\gamma(t))x'(t)^2 + 2f_{xy}(\gamma(t))x'(t)y'(t) + f_x(\gamma(t))x''(t) \\
&\qquad + f_{yy}(\gamma(t))y'(t)^2 + f_y(\gamma(t))y''(t)
\end{aligned} \tag{8.7}$$

이고, 식 (8.6)의 양변을 미분하면

$$\begin{aligned}
0 = \phi_{xx}(\gamma(t))x'(t)^2 + 2\phi_{xy}(\gamma(t))x'(t)y'(t) + \phi_x(\gamma(t))x''(t) \\
+ \phi_{yy}(\gamma(t))y'(t)^2 + \phi_y(\gamma(t))y''(t)
\end{aligned} \tag{8.8}$$

이다. 식 (8.7)에서 식 (8.8)의 λ배를 빼면, $\nabla L(x, y, \lambda) = (0, 0, 0)$이므로,

$$\begin{aligned}
&(f \circ \gamma)''(t) \\
&\quad = (f_{xx} - \lambda\phi_{xx})(\gamma(t))x'(t)^2 + 2(f_{xy} - \lambda\phi_{xy})(\gamma(t))x'(t)y'(t) \\
&\qquad + (f_x - \lambda\phi_x)(\gamma(t))x''(t) + (f_{yy} - \lambda\phi_{yy})(\gamma(t))y'(t)^2 \\
&\qquad\quad + (f_y - \lambda\phi_y)(\gamma(t))y''(t) \\
&\quad = L_{xx}(\gamma(t))x'(t)^2 + 2L_{xy}(\gamma(t))x'(t)y'(t) + L_{yy}(\gamma(t))y'(t)^2
\end{aligned}$$

이다. 식 (8.6)으로부터

$$y'(t) = -\frac{\phi_x(\gamma(t))}{\phi_y(\gamma(t))}x'(t)$$

이므로

$$\begin{aligned}
(f \circ \gamma)''(t) = \Bigg(&L_{xx}(\gamma(t)) - 2L_{xy}(\gamma(t))\frac{\phi_x(\gamma(t))}{\phi_y(\gamma(t))} \\
&+ L_{yy}(\gamma(t))\left(\frac{\phi_x(\gamma(t))}{\phi_y(\gamma(t))}\right)^2\Bigg) x'(t)^2
\end{aligned}$$

즉,

$$\begin{aligned}
\phi_y(\gamma(t))^2 \cdot (f \circ \gamma)''(t) = (&L_{xx}(\gamma(t))\phi_y(\gamma(t))^2 \\
&- 2L_{xy}(\gamma(t))\phi_x(\gamma(t))\phi_y(\gamma(t)) + L_{yy}(\gamma(t))\phi_x(\gamma(t))^2)x'(t)^2 \qquad (8.9)
\end{aligned}$$

이다.

행렬

$$\overline{H}(x, y, \lambda) = \begin{bmatrix} 0 & \frac{\partial \phi}{\partial x}(x, y) & \frac{\partial \phi}{\partial y}(x, y) \\ \frac{\partial \phi}{\partial x}(x, y) & \frac{\partial^2 L}{\partial x^2}(x, y, \lambda) & \frac{\partial^2 L}{\partial x \partial y}(x, y, \lambda) \\ \frac{\partial \phi}{\partial y}(x, y) & \frac{\partial^2 L}{\partial y \partial x}(x, y, \lambda) & \frac{\partial^2 L}{\partial y^2}(x, y, \lambda) \end{bmatrix}$$

을 점 (x, y, λ)에서의 L의 **경계 헤시안 행렬**이라고 한다. 경계 헤시안 행렬 $H(x, y, \lambda)$를 이용하면 식 (8.9)을

$$\phi_y(\gamma(t))^2 \cdot (f \circ \gamma)''(t) = -\det H(x, y, \lambda) \cdot x'(t)^2$$

로 변형할 수 있으므로, 경계 헤시안 행렬을 이용한, 제약조건 $\phi = 0$에서의 함수 f의 극점을 구하는 방법을 다음과 같이 정리할 수 있다.

정리 8.6 (평면에서의 라그랑주의 곱셈자방법). 영역 $A \subset \mathbb{R}^2$에 정의된 미분가능한 함수 f와 ϕ에 대하여, 제약조건 $\phi = 0$에서의 f의 라그랑주 함수

$$L(x, y, \lambda) = f(x, y) - \lambda\phi(x, y)$$

에 대하여, $\nabla L(x^*, y^*, \lambda^*) = (0, 0, 0)$이면 다음이 성립한다.

(가) $\det \overline{H}(x^*, y^*, \lambda^*) < 0$이면, Z에서 (x^*, y^*)는 f의 극소점이다.

(나) $0 < \det \overline{H}(x^*, y^*, \lambda^*)$이면, Z에서 (x^*, y^*)는 f의 극대점이다.

여기서, $Z = \{(x, y) \in A : \phi(x, y) = 0\}$이다.

예제 8.11. 경상투자조합은 주식과 채권에 투자할 계획이다. 주식에 x억원, 채권에 y억원을 투자할 경우 연간투자이윤은

$$f(x, y) = 3x + 3y - \frac{1}{40}x^2 - \frac{1}{40}y^2$$

일 것으로 추정된다.

(가) 경상투자조합이 이윤을 최대화하기 위해서는 주식과 채권에 각각 얼마씩 투자해야 하는가?

(나) 경상투자조합이 투자할 수 있는 금액이 50억원으로 한정될 때, 연간투자이윤을 최대화하기 위해서는 주식과 채권에 각각 얼마씩 투자해야 하는가?

풀이 (가) 연간투자이윤 f의 편도함수가

$$\frac{\partial f}{\partial x}(x, y) = 3 - \frac{1}{20}x, \quad \frac{\partial f}{\partial y}(x, y) = 3 - \frac{1}{20}y$$

이므로, $(60,60)$이 f의 유일한 임계점이다. 연간투자이윤 f의 이계 편도함수가

$$\begin{aligned}\frac{\partial f^2}{\partial x^2}(x,y) &= -\frac{1}{20},\\ \frac{\partial f^2}{\partial x \partial y}(x,y) &= 0 = \frac{\partial f^2}{\partial y \partial x}(x,y)\\ \frac{\partial f^2}{\partial y^2}(x,y) &= -\frac{1}{20}\end{aligned}$$

이므로,

$$D_1 = -\frac{1}{20} < 0, \quad D_2 = \frac{1}{400} > 0$$

이다. 따라서, 점 $(x^*, y^*) = (60,60)$이 f의 극대점이다. 이 점이 f의 유일한 극대점이므로 이 점이 f의 최대점이다. 따라서, 주식에 60억원을 투자하고 채권에 60억원을 투자해야 최대이윤

$$f(60,60) = 180(\text{억원})$$

을 얻는다.

(나) 제약조건이

$$x + y = 50$$

일 때, 연간투자이윤

$$f(x,y) = 3x + 3y - \frac{1}{40}x^2 - \frac{1}{40}y^2$$

의 최대점 (x^*, y^*)를 구해야 한다. 함수 ϕ를

$$\phi(x,y) = x + y - 50$$

으로 놓으면, 제약조건 $\phi(x,y) = 0$에 대한 f의 라그랑주 함수는

$$\begin{aligned}L(x,y,\lambda) &= f(x,y) - \lambda\phi(x,y)\\ &= (3-\lambda)x + (3-\lambda)y - \frac{1}{40}x^2 - \frac{1}{40}y^2 + 50\lambda\end{aligned}$$

이다. 라그랑주 함수 L의 편도함수는

$$L_x(x, y, \lambda) = 3 - \lambda - \frac{1}{20}x,$$
$$L_y(x, y, \lambda) = 3 - \lambda - \frac{1}{20}y,$$
$$L_\lambda(x, y, \lambda) = 50 - x - y$$

이므로, 점

$$(x^*, y^*, \lambda^*) = \left(25, 25, \frac{7}{4}\right)$$

이 $\nabla L(x, y, \lambda) = (0, 0, 0)$의 유일한 해이다. 라그랑주 함수 L의 경계 헤시안 행렬이

$$\overline{H} = \begin{bmatrix} 0 & \phi_x & \phi_y \\ \phi_x & L_{xx} & L_{xy} \\ \phi_y & L_{yx} & L_{yy} \end{bmatrix} = \begin{bmatrix} 0 & 1 & 1 \\ 1 & -\frac{1}{20} & 0 \\ 1 & 0 & -\frac{1}{20} \end{bmatrix}$$

이므로,

$$\det \overline{H} = \frac{1}{10} > 0$$

이다. 따라서, 제약조건 $x+y = 50$에서 점 $(x^*, y^*) = (25, 25)$는 f의 극대점이다. 극대점이 유일하므로, 제약조건 $x+y = 50$에서 점 $(x^*, y^*) = (25, 25)$는 f의 최대점이다. 따라서, 총투자금액 50억원으로 주식에 25억원을 투자하고 채권에 25억을 투자할 때 최대이윤

$$f(25, 25) = \frac{475}{4} = 118.75\text{억원}$$

을 얻는다. ■

예제 8.12. 전라출판사는 동화책을 생산하여 판매하고 있는데, 노동과 자본을 각각 x 단위와 y 단위만큼 투입하면

$$f(x, y) = \sqrt{xy}$$

단위의 동화책을 생산할 수 있다. 노동의 단위당 구입가격은 1천만원이고 자본의 단위당 구입가격은 2천만원이다. 생산요소비용으로 책정된 금액은 10

으로 한정될 때, 동화책의 생산량을 최대화하는 노동과 자본의 투입량을 계산하여라.

풀이 제약조건이

$$x + 2y = 100$$

일 때, 생산함수

$$f(x, y) = \sqrt{xy}$$

의 최대점 (x^*, y^*)를 구해야 한다. 함수 ϕ를

$$\phi(x, y) = x + 2y - 100$$

으로 놓으면, 제약조건 $\phi(x, y) = 0$에 대한 f의 라그랑주 함수는

$$\begin{aligned} L(x, y, \lambda) &= f(x, y) - \lambda\phi(x, y) \\ &= \sqrt{xy} - \lambda(x + 2y - 100) \end{aligned}$$

이다. 라그랑주 함수 L의 편도함수는

$$\begin{aligned} L_x(x, y, \lambda) &= \frac{1}{2}\sqrt{\frac{y}{x}} - \lambda, \\ L_y(x, y, \lambda) &= \frac{1}{2}\sqrt{\frac{x}{y}} - 2\lambda, \\ L_\lambda(x, y, \lambda) &= 100 - x - 2y \end{aligned}$$

이므로, 점

$$(x^*, y^*, \lambda^*) = \left(50, 25, \frac{1}{2\sqrt{2}}\right)$$

이 L의 유일한 임계점이다. 라그랑주 함수 L의 경계 헤시안 행렬이

$$\overline{H} = \begin{bmatrix} 0 & \phi_x & \phi_y \\ \phi_x & L_{xx} & L_{xy} \\ \phi_y & L_{yx} & L_{yy} \end{bmatrix} = \begin{bmatrix} 0 & 1 & 2 \\ 1 & -\frac{1}{4x}\sqrt{\frac{y}{x}} & \frac{1}{4}\frac{1}{\sqrt{xy}} \\ 2 & \frac{1}{4}\frac{1}{\sqrt{xy}} & -\frac{1}{4y}\sqrt{\frac{x}{y}} \end{bmatrix}$$

이므로,

$$\det \overline{H} = \frac{1}{\sqrt{xy}} + \frac{\sqrt{y}}{x\sqrt{x}} + \frac{1}{4}\frac{\sqrt{x}}{y\sqrt{y}}$$

이다. 따라서, 임계점

$$(x^*, y^*, \lambda^*) = \left(50, 25, \frac{1}{2\sqrt{2}}\right)$$

에서

$$\det \overline{H} = \frac{\sqrt{2}}{25} \sim 0.0566 > 0$$

이므로, 제약조건 $x + 2y = 100$에서 점 $(x^*, y^*) = (50, 25)$는 f의 극대점이다. 극대점이 유일하므로, 제약조건 $x+2y = 100$에서 점 $(x^*, y^*) = (50, 25)$는 f의 최대점이다. 따라서, 총생산요소비용이 10억원일 때 노동에 5억원을 투입하고 자본에 2.5억을 투입하면 최대

$$f(50, 25) = 25\sqrt{2} \sim 35.36$$

단위의 동화책을 생산할 수 있다. ■

예제 8.13. 재화 A의 소비량 x개와 재화 B의 소비량 y개에 대한 소비자의 효용함수가

$$f(x, y) = \sqrt{x} + \sqrt{y}$$

이고, 재화 A의 가격은 1만원이고 재화 B의 가격은 2만원이다. 예산이 100만원일 때, 총효용을 최대화하는 각 재화의 소비량을 구하여라.

풀이 제약조건이

$$x + 2y = 100$$

일 때, 효용함수

$$f(x, y) = \sqrt{x} + \sqrt{y}$$

의 최대점 (x^*, y^*)를 구해야 한다. 함수 ϕ를

$$\phi(x, y) = x + 2y - 100$$

으로 놓으면, 제약조건 $\phi(x, y) = 0$에 대한 f의 라그랑주 함수는

$$\begin{aligned} L(x, y, \lambda) &= f(x, y) - \lambda\phi(x, y) \\ &= \sqrt{x} + \sqrt{y} - \lambda(x + 2y - 100) \end{aligned}$$

이다. 라그랑주 함수 L의 편도함수는

$$\begin{aligned} L_x(x, y, \lambda) &= \frac{1}{2}x^{-1/2} - \lambda, \\ L_y(x, y, \lambda) &= \frac{1}{2}y^{-1/2} - 2\lambda, \\ L_\lambda(x, y, \lambda) &= 100 - x - 2y \end{aligned}$$

이므로, 점

$$(x^*, y^*, \lambda^*) = \left(\frac{200}{3}, \frac{50}{3}, \frac{\sqrt{6}}{40}\right)$$

이 L의 유일한 임계점이다. 라그랑주 함수 L의 경계 헤시안 행렬이

$$\overline{H} = \begin{bmatrix} 0 & \phi_x & \phi_y \\ \phi_x & L_{xx} & L_{xy} \\ \phi_y & L_{yx} & L_{yy} \end{bmatrix} = \begin{bmatrix} 0 & 1 & 2 \\ 1 & -\frac{1}{4}x^{-3/2} & 0 \\ 2 & 0 & -\frac{1}{4}y^{-3/2} \end{bmatrix}$$

이므로,

$$\det \overline{H} = x^{-3/2} + \frac{1}{4}y^{-3/2}$$

이다. 따라서, 임계점

$$(x^*, y^*, \lambda^*) = \left(\frac{200}{3}, \frac{50}{3}, \frac{\sqrt{6}}{40}\right)$$

에서

$$\det \overline{H} = \frac{9\sqrt{3}}{2000\sqrt{2}} > 0$$

이므로, 제약조건 $x + 2y = 100$에서 점 $(x^*, y^*) = (200/3, 50/3)$은 f의 극대점이다. 극대점이 유일하므로, 제약조건 $x + 2y = 100$에서 점 $(x^*, y^*) = (200/3, 50/3)$는 f의 최대점이다. 따라서, 예산이 100만원일 때, 재화 A를

200/3개 소비하고 재화 B를 50/3개 소비할 때 최대효용

$$f\left(\frac{200}{3}, \frac{50}{3}\right) = 5\sqrt{6} \sim 12.25$$

를 얻는다. ■

예제 8.14. (주)충청은 원통형 종이컵을 제작하여 판매하는 회사이다. 부피가 $200cm^3$을 유지하면서 원자재인 종이의 소요량을 최소화하려면 제품설계를 어떻게 해야 하는가? 종이컵의 두께는 무시하여라.

풀이 종이컵 바닥면의 원의 반지름을 x라고 하고 종이컵의 높이를 y라고 하고 종이컵의 전체표면적을 $f(x, y)$라고 하면,

$$f(x, y) = \pi x^2 + 2\pi xy$$

이다. 이 때, 종이컵의 부피는

$$\pi x^2 y = 200$$

이므로,

$$\phi(x, y) = \pi x^2 y - 200$$

으로 놓자. 제약조건

$$\phi(x, y) = 0$$

에서, 종이컵의 전체표면적

$$f(x, y) = \pi x^2 + 2\pi xy$$

가 최소인 점 (x^*, y^*)를 구해야 한다. 제약조건 $\phi(x, y) = 0$에 대한 f의 라그랑주 함수는

$$\begin{aligned} L(x, y, \lambda) &= f(x, y) - \lambda\phi(x, y) \\ &= \pi x^2 + 2\pi xy - \lambda(\pi x^2 y - 200) \end{aligned}$$

이다. 라그랑주 함수 L의 편도함수는

$$\begin{aligned} L_x(x,y,\lambda) &= 2\pi x + 2\pi y - 2\lambda\pi xy, \\ L_y(x,y,\lambda) &= 2\pi x - \lambda\pi x^2, \\ L_\lambda(x,y,\lambda) &= 200 - \pi x^2 y \end{aligned}$$

이므로, 점

$$(x^*, y^*, \lambda^*) = \left(\sqrt[3]{\frac{200}{\pi}}, \sqrt[3]{\frac{200}{\pi}}, 2\sqrt[3]{\frac{\pi}{200}}\right) \sim (3.9929, 3.9929, 0.5)$$

가 L의 유일한 임계점이다. 라그랑주 함수 L의 경계 헤시안 행렬이

$$\overline{H} = \begin{bmatrix} 0 & \phi_x & \phi_y \\ \phi_x & L_{xx} & L_{xy} \\ \phi_y & L_{yx} & L_{yy} \end{bmatrix} = \begin{bmatrix} 0 & 2\pi xy & \pi x^2 \\ 2\pi xy & 2\pi - 2\lambda\pi y & 2\pi - 2\lambda\pi x \\ \pi x^2 & 2\pi - 2\lambda\pi x & 0 \end{bmatrix}$$

이므로,

$$\det \overline{H} = 8\pi^3 x^3 y - 2\pi^3 x^4 - 6\lambda\pi^3 x^4 y$$

이다. 따라서 임계점 $(x^*, y^*, \lambda^*) = (3.9929, 3.9929, 0.5)$에서

$$\det \overline{H} \sim -47290.6 < 0$$

이므로, 제약조건 $\pi x^2 y = 200$에서 점 $(x^*, y^*) = (3.9929, 3.9929)$는 f의 극소점이다. 극소점이 유일하므로, 제약조건 $\pi x^2 y = 200$에서 점 $(x^*, y^*) = (3.9929, 3.9929)$는 f의 최소점이다. 따라서, 바닥면의 원의 반지름을 3.9929로 하고, 종이컵의 높이를 3.9929로 할 때, 최소의 종이가 소요된다. ■

8.2.2 벡터구조

유클리드 공간 $\mathbb{R}^n$에 놓인 점

$$\mathbf{x} = (x_1, x_2, \ldots, x_n), \qquad \mathbf{y} = (y_1, y_2, \ldots, y_n)$$

에 대하여,

$$(x_1 + y_1, x_2 + y_2, \ldots, x_n + y_n)$$

을 $\mathbf{x}$와 $\mathbf{y}$의 **합**이라고 하고 $\mathbf{x}+\mathbf{y}$로 나타낸다. 이 때, 연산 $+$을 **벡터의 덧셈**이라고 하고 점 $\mathbf{x}$와 $\mathbf{y}$를 벡터라고도 한다. 또한 실수 λ에 대하여

$$(\lambda x_1, \lambda x_2, \ldots, \lambda x_n)$$

을 $\mathbf{x}$의 λ배라고 하고 $\lambda\mathbf{x}$로 나타낸다. 이 때의 연산을 **벡터의 실수배**라고 한다.

영벡터가 아닌 벡터 $\mathbf{v}_1 \in \mathbb{R}^n$에 대하여,

$$L_1 = \{\lambda\mathbf{v}_1 \in \mathbb{R}^n : \lambda \in \mathbb{R}\}$$

은 원점을 지나는 직선으로, 유클리드 공간 $\mathbb{R}^n$의 1차원 부분공간이다. 직선 L_1에 속하지 않는 벡터 $\mathbf{v}_2$에 대하여,

$$L_2 = \{\lambda_1\mathbf{v}_1 + \lambda_2\mathbf{v}_2 \in \mathbb{R}^n : \lambda_1, \lambda_2 \in \mathbb{R}\}$$

은 원점을 지나는 평면으로, 유클리드 공간 $\mathbb{R}^n$의 2차원 부분공간이다. 이와 같이 귀납적으로 정의하면, $m \le n$일 때

$$L_m = \{\lambda_1\mathbf{v}_1 + \lambda_2\mathbf{v}_2 + \cdots + \lambda_m\mathbf{v}_m \in \mathbb{R}^n : \lambda_1, \lambda_2, \ldots, \lambda_m \in \mathbb{R}\}$$

은 원점을 지나는, 유클리드 공간 $\mathbb{R}^n$의 m차원 부분공간이다. 이 때, 임의의 실수 $\lambda_1, \ldots, \lambda_m, \mu_1, \ldots, \mu_m$에 대하여,

$$\lambda_1\mathbf{v}_1 + \lambda_2\mathbf{v}_2 + \cdots + \lambda_m\mathbf{v}_m = \mu_1\mathbf{v}_1 + \mu_2\mathbf{v}_2 + \cdots + \mu_m\mathbf{v}_m$$

이면 $\lambda_1 = \mu_1, \ldots, \lambda_m = \mu_m$이다.

벡터 $\mathbf{v}_1, \mathbf{v}_2, \ldots, \mathbf{v}_m$에 대하여

> 임의의 실수 $\lambda_1, \ldots, \lambda_m, \mu_1, \ldots, \mu_m$에 대하여,
>
> $$\lambda_1\mathbf{v}_1 + \lambda_2\mathbf{v}_2 + \cdots + \lambda_m\mathbf{v}_m = \mu_1\mathbf{v}_1 + \mu_2\mathbf{v}_2 + \cdots + \mu_m\mathbf{v}_m$$
>
> 이면 $\lambda_1 = \mu_1, \ldots, \lambda_m = \mu_m$이다

이면 $\mathbf{v}_1, \mathbf{v}_2, \ldots, \mathbf{v}_m$은 **일차독립**이라고 한다.

$m \le n$일 때, L_m이 원점을 지나는 m차원 부분공간이면, L_m에 직교하는 모든 벡터들의 집합 K는 $n-m$차원 부분공간이다.

8.2.3 일반적인 라그랑주의 곱셈자방법

일반적인 공간에서의 라그랑주의 곱셈자방법을 생각해 보자. 영역 $A \subset \mathbb{R}^n$에 정의된 미분가능한 함수 $\phi_1, \phi_2, \ldots, \phi_m$ $(m < n)$에 대하여,

$$Z = \{\mathbf{x} \in A \,:\, \phi_1(\mathbf{x}) = 0,\, \phi_2(\mathbf{x}) = 0,\, \ldots,\, \phi_m(\mathbf{x}) = 0\}$$

으로 놓자. 점 $\mathbf{a} \in Z$에서 기울기벡터 $\nabla\phi_1(\mathbf{a}), \ldots, \nabla\phi_m(\mathbf{a})$이 일차독립이라고 가정하자. 그러면

$$T_m = \{\lambda_1 \nabla\phi_1(\mathbf{a}) + \cdots + \lambda_m \nabla\phi_m(\mathbf{a}) \,:\, \lambda_1, \ldots, \lambda_m \in \mathbb{R}\}$$

은 m차원 벡터공간이다. 또한 점 $\mathbf{a}$에서 Z에 접하는 벡터들의 집합 K는 $n-m$차원 벡터공간이다. 영역 A에 정의된 미분가능한 함수 f에 대하여, 기울기벡터 $\nabla f(\mathbf{a})$이 T_m에 속하지 않으면, 다시 말하면

$$\nabla f(\mathbf{a}) = \lambda_1 \nabla\phi_1(\mathbf{a}) + \cdots + \lambda_m \nabla\phi_m(\mathbf{a})$$

인 실수 $\lambda_1, \ldots, \lambda_m$이 존재하지 않으면, 기울기벡터 $\nabla f(\mathbf{a})$를 T_m로 사영시킨 벡터가 영벡터가 아니다. 이 때, 함수 f는 Z에서 사영벡터의 방향으로 증가하므로, 점 $\mathbf{a}$가 f의 극점일 수 없다. 위의 내용을 다음과 같이 정리할 수 있다.

정리 8.7. 영역 $A \subset \mathbb{R}^n$에 정의된 미분가능한 함수 f, $\phi_1, \phi_2, \ldots, \phi_m$ $(m < n)$에 대하여

$$Z = \{\mathbf{x} \in A \,:\, \phi_1(\mathbf{x}) = 0,\, \phi_2(\mathbf{x}) = 0,\, \ldots,\, \phi_m(\mathbf{x}) = 0\}$$

일 때, 점 $\mathbf{a} \in Z$에서 기울기벡터 $\nabla\phi_1(\mathbf{a}), \ldots, \nabla\phi_m(\mathbf{a})$이 일차독립이고

> 점 $\mathbf{a}$가 Z에서 f의 극점이면
>
> $$\nabla f(\mathbf{a}) = \lambda_1 \nabla\phi_1(\mathbf{a}) + \cdots + \lambda_m \nabla\phi_m(\mathbf{a})$$
>
> 인 실수 $\lambda_1, \ldots, \lambda_m$이 존재한다.

함수 f와 $\phi_1, \ldots, \phi_m$에 대하여,

$$L(\mathbf{x}, \lambda_1, \lambda_2, \ldots, \lambda_m) = f(\mathbf{x}) - \lambda_1\phi_1(\mathbf{x}) - \cdots - \lambda_m\phi_m(\mathbf{x})$$

를 제약조건 $\phi_1 = 0, \ldots, \phi_m = 0$에서의 f의 **라그랑주 함수**[6]라고 한다. 여기서 $\lambda_1, \ldots, \lambda_m$을 **라그랑주 곱셈자**[7]라고 한다. 라그랑주 함수 L의 편도함수가

$$\begin{aligned}
\frac{\partial L}{\partial x_1}(\mathbf{x}, \lambda_1, \lambda_2, \ldots, \lambda_m) &= \frac{\partial f}{\partial x_1}(\mathbf{x}) - \lambda_1 \frac{\partial \phi_1}{\partial x_1}(\mathbf{x}) - \cdots - \lambda_m \frac{\partial \phi_m}{\partial x_1}(\mathbf{x}),\\
&\vdots\\
\frac{\partial L}{\partial x_n}(\mathbf{x}, \lambda_1, \lambda_2, \ldots, \lambda_m) &= \frac{\partial f}{\partial x_n}(\mathbf{x}) - \lambda_1 \frac{\partial \phi_1}{\partial x_n}(\mathbf{x}) - \cdots - \lambda_m \frac{\partial \phi_m}{\partial x_n}(\mathbf{x}),\\
\frac{\partial L}{\partial \lambda_1}(\mathbf{x}, \lambda_1, \lambda_2, \ldots, \lambda_m) &= -\phi_1(\mathbf{x}),\\
&\vdots\\
\frac{\partial L}{\partial \lambda_m}(\mathbf{x}, \lambda_1, \lambda_2, \ldots, \lambda_m) &= -\phi_m(\mathbf{x})
\end{aligned}$$

이므로,

$$\nabla L(\mathbf{x}^*, \lambda_1^*, \ldots, \lambda_m^*) = (0, \ldots, 0)$$

은

$$\nabla f(\mathbf{x}^*) = \lambda_1^* \nabla\phi_1(\mathbf{x}^*) + \cdots + \lambda_m^* \nabla\phi_m(\mathbf{x}^*)$$

와

$$\phi_1(\mathbf{x}^*) = 0, \quad \ldots, \phi_m(\mathbf{x}^*) = 0$$

[6]라그랑주 함수를 **라그랑주안**이라고도 한다.
[7]라그랑주 곱셈자를 **라그랑주 승수**라고도 한다.

이기 위한 필요충분조건이다. 이 때,

$$L(\mathbf{x}^*, \lambda_1^*, \ldots, \lambda_m^*) = f(\mathbf{x}^*) - \lambda_1^* \phi_1(\mathbf{x}^*) - \cdots - \lambda_m^* \phi_m(\mathbf{x}^*) = f(\mathbf{x}^*)$$

이다.

라그랑주 함수 L에 대하여, 행렬

$$\overline{H} = \begin{bmatrix} 0 & \cdots & 0 & \frac{\partial \phi_1}{\partial x_1}(\mathbf{x}^*) & \cdots & \frac{\partial \phi_1}{\partial x_n}(\mathbf{x}^*) \\ \vdots & \ddots & \vdots & \vdots & \ddots & \vdots \\ 0 & \cdots & 0 & \frac{\partial \phi_m}{\partial x_1}(\mathbf{x}^*) & \cdots & \frac{\partial \phi_m}{\partial x_n}(\mathbf{x}^*) \\ \frac{\partial \phi_1}{\partial x_1}(\mathbf{x}^*) & \cdots & \frac{\partial \phi_m}{\partial x_1}(\mathbf{x}^*) & \frac{\partial^2 L}{\partial x_1^2}(\mathbf{x}^*, \lambda^*) & \cdots & \frac{\partial^2 L}{\partial x_1 \partial x_n}(\mathbf{x}^*, \lambda^*) \\ \vdots & \ddots & \vdots & \vdots & \ddots & \vdots \\ \frac{\partial \phi_1}{\partial x_n}(\mathbf{x}^*) & \cdots & \frac{\partial \phi_m}{\partial x_n}(\mathbf{x}^*) & \frac{\partial^2 L}{\partial x_n \partial x_1}(\mathbf{x}^*, \lambda^*) & \cdots & \frac{\partial^2 L}{\partial x_n^2}(\mathbf{x}^*, \lambda^*) \end{bmatrix}$$

을 점 $(\mathbf{x}^*, \lambda^*) = (x_1^*, \ldots, x_m^*, \lambda_1^*, \ldots, \lambda_m^*)$에서의 L의 **경계 헤시안 행렬**이라고 한다. 경계 헤시안 행렬 $\overline{H}$에 대하여,

$$\overline{D}_2 = \det \begin{bmatrix} 0 & \cdots & 0 & \frac{\partial \phi_1}{\partial x_1}(\mathbf{x}^*) & \frac{\partial \phi_1}{\partial x_2}(\mathbf{x}^*) \\ \vdots & \ddots & \vdots & \vdots & \vdots \\ 0 & \cdots & 0 & \frac{\partial \phi_m}{\partial x_1}(\mathbf{x}^*) & \frac{\partial \phi_m}{\partial x_2}(\mathbf{x}^*) \\ \frac{\partial \phi_1}{\partial x_1}(\mathbf{x}^*) & \cdots & \frac{\partial \phi_m}{\partial x_1}(\mathbf{x}^*) & \frac{\partial^2 L}{\partial x_1^2}(\mathbf{x}^*, \lambda^*) & \frac{\partial^2 L}{\partial x_1 \partial x_2}(\mathbf{x}^*, \lambda^*) \\ \frac{\partial \phi_1}{\partial x_2}(\mathbf{x}^*) & \cdots & \frac{\partial \phi_m}{\partial x_2}(\mathbf{x}^*) & \frac{\partial^2 L}{\partial x_2 \partial x_1}(\mathbf{x}^*, \lambda^*) & \frac{\partial^2 L}{\partial x_2^2}(\mathbf{x}^*, \lambda^*) \end{bmatrix},$$

$$\overline{D}_3 = \det \begin{bmatrix} 0 & \cdots & 0 & \frac{\partial \phi_1}{\partial x_1}(\mathbf{x}^*) & \cdots & \frac{\partial \phi_1}{\partial x_3}(\mathbf{x}^*) \\ \vdots & \ddots & \vdots & \vdots & \ddots & \vdots \\ 0 & \cdots & 0 & \frac{\partial \phi_m}{\partial x_1}(\mathbf{x}^*) & \cdots & \frac{\partial \phi_m}{\partial x_3}(\mathbf{x}^*) \\ \frac{\partial \phi_1}{\partial x_1}(\mathbf{x}^*) & \cdots & \frac{\partial \phi_m}{\partial x_1}(\mathbf{x}^*) & \frac{\partial^2 L}{\partial x_1^2}(\mathbf{x}^*, \lambda^*) & \cdots & \frac{\partial^2 L}{\partial x_1 \partial x_3}(\mathbf{x}^*, \lambda^*) \\ \vdots & \ddots & \vdots & \vdots & \ddots & \vdots \\ \frac{\partial \phi_1}{\partial x_3}(\mathbf{x}^*) & \cdots & \frac{\partial \phi_m}{\partial x_3}(\mathbf{x}^*) & \frac{\partial^2 L}{\partial x_3 \partial x_1}(\mathbf{x}^*, \lambda^*) & \cdots & \frac{\partial^2 L}{\partial x_3^2}(\mathbf{x}^*, \lambda^*) \end{bmatrix},$$

$$\vdots$$

$$\overline{D}_n = \det \begin{bmatrix} 0 & \cdots & 0 & \frac{\partial \phi_1}{\partial x_1}(\mathbf{x}^*) & \cdots & \frac{\partial \phi_1}{\partial x_n}(\mathbf{x}^*) \\ \vdots & \ddots & \vdots & \vdots & \ddots & \vdots \\ 0 & \cdots & 0 & \frac{\partial \phi_m}{\partial x_1}(\mathbf{x}^*) & \cdots & \frac{\partial \phi_m}{\partial x_n}(\mathbf{x}^*) \\ \frac{\partial \phi_1}{\partial x_1}(\mathbf{x}^*) & \cdots & \frac{\partial \phi_m}{\partial x_1}(\mathbf{x}^*) & \frac{\partial^2 L}{\partial x_1^2}(\mathbf{x}^*, \lambda^*) & \cdots & \frac{\partial^2 L}{\partial x_1 \partial x_n}(\mathbf{x}^*, \lambda^*) \\ \vdots & \ddots & \vdots & \vdots & \ddots & \vdots \\ \frac{\partial \phi_1}{\partial x_n}(\mathbf{x}^*) & \cdots & \frac{\partial \phi_m}{\partial x_n}(\mathbf{x}^*) & \frac{\partial^2 L}{\partial x_n \partial x_1}(\mathbf{x}^*, \lambda^*) & \cdots & \frac{\partial^2 L}{\partial x_n^2}(\mathbf{x}^*, \lambda^*) \end{bmatrix}$$

으로 놓자. 경계 헤시안 행렬을 이용한, 제약조건 $\phi_1 = 0, \ldots, \phi_m = 0$에서의 함수 f의 극점을 구하는 방법을 다음과 같이 정리할 수 있다.

정리 8.8 (일반적인 라그랑주의 곱셈자방법). 영역 $A \subset \mathbb{R}^n$에 정의된 미분가능한 함수 f와 $\phi_1, \ldots, \phi_m$에 대하여, 제약조건 $\phi_1 = 0, \ldots, \phi_m = 0$에서의 f의 라그랑주 함수

$$L(\mathbf{x}, \lambda_1, \lambda_2, \ldots, \lambda_m) = f(\mathbf{x}) - \lambda_1 \phi_1(\mathbf{x}) - \cdots - \lambda_m \phi_m(\mathbf{x})$$

에 대하여, $\nabla L(\mathbf{x}^*, \lambda^*) = (0, \ldots, 0)$이면 다음이 성립한다.

(가) 모든 $j = 2, 3, \ldots, n$에 대하여 $0 < (-1)^m \overline{D}_j$이면, Z에서 점 $\mathbf{x}^*$는 f의 극소점이다.

(나) 모든 $j = 2, 3, \ldots, n$에 대하여 $0 < (-1)^j \overline{D}_j$이면, Z에서 점 $\mathbf{x}^*$는 f의 극대점이다.

여기서, $Z = \{\mathbf{x} \in A : \phi_1(\mathbf{x}) = 0,\ \phi_2(\mathbf{x}) = 0,\ \ldots, \phi_m(\mathbf{x}) = 0\}$이다.

예제 8.15. 평면 $x + y + z = 1$과 원기둥 $x^2 + y^2 = 1$이 만나는 곡선에서 원점까지의 최단거리와 최장거리를 구하여라.

풀이 제약조건이

$$x + y + z = 1, \qquad x^2 + y^2 = 1$$

일 때, 함수

$$f(x, y, z) = x^2 + y^2 + z^2$$

의 최솟값 m과 최댓값 M을 구하면

$$\sqrt{m}, \qquad \sqrt{M}$$

이 각각 원점에서 곡선까지의 최단거리와 최장거리이다. 함수 ϕ_1과 ϕ_2를

$$\phi_1(x, y, z) = x + y + z - 1,$$
$$\phi_2(x, y, z) = x^2 + y^2 - 1$$

으로 놓으면, 제약조건 $\phi_1(x, y, z) = 0$과 $\phi_2(x, y, z) = 0$에서 f의 라그랑주 함수는

$$\begin{aligned} L(x, y, z, \lambda_1, \lambda_2) &= f(x, y, z) - \lambda_1 \phi_1(x, y, z) - \lambda_2 \phi_2(x, y, z) \\ &= x^2 + y^2 + z^2 - \lambda_1(x + y + z - 1) - \lambda_2(x^2 + y^2 - 1) \end{aligned}$$

이다. 라그랑주 함수 L의 편도함수는

$$\begin{aligned} L_x(x, y, z, \lambda_1, \lambda_2) &= 2(1 - \lambda_2)x - \lambda_1, \\ L_y(x, y, z, \lambda_1, \lambda_2) &= 2(1 - \lambda_2)y - \lambda_1, \\ L_z(x, y, z, \lambda_1, \lambda_2) &= 2z - \lambda_1, \\ L_{\lambda_1}(x, y, z, \lambda_1, \lambda_2) &= 1 - x - y - z, \\ L_{\lambda_2}(x, y, z, \lambda_1, \lambda_2) &= 1 - x^2 - y^2 \end{aligned}$$

이다.

라그랑주 함수 L의 임계점을 구하기 위하여, 연립방정식

$$2(1 - \lambda_2)x - \lambda_1 = 0, \tag{1-1}$$
$$2(1 - \lambda_2)y - \lambda_1 = 0, \tag{1-2}$$
$$2z - \lambda_1 = 0, \tag{1-3}$$
$$1 - x - y - z = 0, \tag{1-4}$$
$$1 - x^2 - y^2 = 0 \tag{1-5}$$

을 풀자. 식 (1-1)에서 식 (1-2)를 빼면

$$2(1-\lambda_2)(x-y)=0 \tag{2-1}$$

이다. 따라서, $\lambda_2 = 1$ 또는 $x=y$이다.

$\lambda_2 = 1$**인 경우**: 식 (1-1)에 의하여

$$\lambda_1 = 0 \tag{3-1}$$

이고, 식 (3-1)과 식 (1-3)에 의하여

$$z=0 \tag{3-2}$$

이다. 식 (3-2)와 식 (1-4)와 식 (1-5)에 의하여

$$1-x^2-(1-x)^2=0$$

즉,

$$2x(1-x)=0$$

이므로,

$$x=0 \text{ 또는 } x=1 \tag{3-3}$$

이다. $x=0$일 때, 식 (1-4)에 의하여 $y=1$이고, $x=1$일 때, 식 (1-4)에 의하여 $y=0$이므로, 식 (3-1)과 식 (3-2)와 식 (3-3)에 의하여 라그랑주 함수 L의 임계점은

$$(0,1,0,0,1) \text{ 그리고 } (1,0,0,0,1) \tag{3-4}$$

이다.

$\lambda_2 \neq 1$**인 경우**: 식 (2-1)에 의하여

$$x=y \tag{4-1}$$

이다. 식 (4-1)과 식 (1-5)에 의하여,

$$1-2x^2=0$$

즉,

$$x = y = \pm\frac{1}{\sqrt{2}} \tag{4-2}$$

이다. 식 (4-2)와 식 (1-4)에 의하여,

$$z = 1 \mp \sqrt{2} \tag{4-3}$$

이고, 식 (4-3)과 식 (1-3)에 의하여

$$\lambda_1 = 2 \mp 2\sqrt{2} \tag{4-4}$$

이다. 식 (4-4)와 식 (4-2)와 식 (1-1)에 의하여

$$\lambda_2 = 3 \mp \sqrt{2} \tag{4-5}$$

이다. 식 (4-2)와 식 (4-3)과 식 (4-4)와 식 (4-5)에 의하여, 라그랑주 함수 L의 임계점은

$$\left(\frac{1}{\sqrt{2}}, \frac{1}{\sqrt{2}}, 1-\sqrt{2}, 2-2\sqrt{2}, 3-\sqrt{2}\right)$$

그리고

$$\left(-\frac{1}{\sqrt{2}}, -\frac{1}{\sqrt{2}}, 1+\sqrt{2}, 2+2\sqrt{2}, 3+\sqrt{2}\right)$$

이다.

따라서, 라그랑주 함수 L의 모든 임계점은

$$(0,1,0,0,1),\ (1,0,0,0,1),\ \left(\frac{1}{\sqrt{2}}, \frac{1}{\sqrt{2}}, 1-\sqrt{2}, 2-2\sqrt{2}, 3-\sqrt{2}\right)$$

그리고

$$\left(-\frac{1}{\sqrt{2}}, -\frac{1}{\sqrt{2}}, 1+\sqrt{2}, 2+2\sqrt{2}, 3+\sqrt{2}\right)$$

이다.

라그랑주 함수 L의 경계 헤시안 행렬이

$$\overline{H} = \begin{bmatrix} 0 & 0 & \frac{\partial \phi_1}{\partial x} & \frac{\partial \phi_1}{\partial y} & \frac{\partial \phi_1}{\partial z} \\ 0 & 0 & \frac{\partial \phi_2}{\partial x} & \frac{\partial \phi_2}{\partial y} & \frac{\partial \phi_2}{\partial z} \\ \frac{\partial \phi_1}{\partial x} & \frac{\partial \phi_2}{\partial x} & \frac{\partial^2 L}{\partial x^2} & \frac{\partial^2 L}{\partial x \partial y} & \frac{\partial^2 L}{\partial x \partial z} \\ \frac{\partial \phi_1}{\partial y} & \frac{\partial \phi_2}{\partial y} & \frac{\partial^2 L}{\partial y \partial x} & \frac{\partial^2 L}{\partial y^2} & \frac{\partial^2 L}{\partial y \partial z} \\ \frac{\partial \phi_1}{\partial z} & \frac{\partial \phi_2}{\partial z} & \frac{\partial^2 L}{\partial z \partial x} & \frac{\partial^2 L}{\partial z \partial y} & \frac{\partial^2 L}{\partial z^2} \end{bmatrix}$$
$$= \begin{bmatrix} 0 & 0 & 1 & 1 & 1 \\ 0 & 0 & 2x & 2y & 0 \\ 1 & 2x & 2(1-\lambda_2) & 0 & 0 \\ 1 & 2y & 0 & 2(1-\lambda_2) & 0 \\ 1 & 0 & 0 & 0 & 2 \end{bmatrix}$$

이므로,

$$\overline{D}_2 = \det \begin{bmatrix} 0 & 0 & 1 & 1 \\ 0 & 0 & 2x & 2y \\ 1 & 2x & 2(1-\lambda_2) & 0 \\ 1 & 2y & 0 & 2(1-\lambda_2) \end{bmatrix} = (2y-2x)^2$$

이고

$$\overline{D}_3 = \det \begin{bmatrix} 0 & 0 & 1 & 1 & 1 \\ 0 & 0 & 2x & 2y & 0 \\ 1 & 2x & 2(1-\lambda_2) & 0 & 0 \\ 1 & 2y & 0 & 2(1-\lambda_2) & 0 \\ 1 & 0 & 0 & 0 & 2 \end{bmatrix}$$
$$= 8(1-\lambda_2)(x^2+y^2) + 2(2y-2x)^2$$

이다.

라그랑주 함수 L의 임계점 $(0,1,0,0,1)$에서

$$\overline{D}_2(0,1,0,0,1) = 4 > 0, \quad \overline{D}_3(0,1,0,0,1) = 8 > 0$$

이므로,

$$f(0,1,0) = 1$$

은 제약조건 $\phi_1 = 0$과 $\phi_2 = 0$에서 f의 극소값이고, 라그랑주 함수 L의 임계점 $(1,0,0,0,1)$에서

$$\overline{D}_2(1,0,0,0,1) = 4 > 0, \quad \overline{D}_3(1,0,0,0,1) = 8 > 0$$

이므로,

$$f(1,0,0) = 1$$

은 제약조건 $\phi_1 = 0$과 $\phi_2 = 0$에서 f의 극솟값이다. 라그랑주 함수 L의 임계점 $\left(1/\sqrt{2}, 1/\sqrt{2}, 1-\sqrt{2}, 2-2\sqrt{2}, 3-\sqrt{2}\right)$에서

$$\begin{aligned}
&\overline{D}_2\left(\frac{1}{\sqrt{2}}, \frac{1}{\sqrt{2}}, 1-\sqrt{2}, 2-2\sqrt{2}, 3-\sqrt{2}\right) = 0, \\
&\overline{D}_3\left(\frac{1}{\sqrt{2}}, \frac{1}{\sqrt{2}}, 1-\sqrt{2}, 2-2\sqrt{2}, 3-\sqrt{2}\right) = 8(-2+\sqrt{2}) < 0
\end{aligned}$$

이므로,

$$f\left(\frac{1}{\sqrt{2}}, \frac{1}{\sqrt{2}}, 1-\sqrt{2}, 2-2\sqrt{2}, 3-\sqrt{2}\right) = 4-2\sqrt{2}$$

은 제약조건 $\phi_1 = 0$과 $\phi_2 = 0$에서 f의 극댓값이고, 라그랑주 함수 L의 임계점 $\left(1/-\sqrt{2}, -1/\sqrt{2}, 1+\sqrt{2}, 2+2\sqrt{2}, 3+\sqrt{2}\right)$에서

$$\begin{aligned}
&\overline{D}_2\left(\frac{1}{-\sqrt{2}}, -\frac{1}{\sqrt{2}}, 1+\sqrt{2}, 2+2\sqrt{2}, 3+\sqrt{2}\right) = 0, \\
&\overline{D}_3\left(\frac{1}{-\sqrt{2}}, -\frac{1}{\sqrt{2}}, 1+\sqrt{2}, 2+2\sqrt{2}, 3+\sqrt{2}\right) = 8(-2+\sqrt{2}) < 0
\end{aligned}$$

이므로,

$$f\left(\frac{1}{-\sqrt{2}}, -\frac{1}{\sqrt{2}}, 1+\sqrt{2}, 2+2\sqrt{2}, 3+\sqrt{2}\right) = 4+2\sqrt{2}$$

은 제약조건 $\phi_1 = 0$과 $\phi_2 = 0$에서 f의 극댓값이다.

그러므로, 평면 $x+y+z=1$과 원기둥 $x^2+y^2=1$이 만나는 곡선에서 원점까지 최단거리는 1이고 최장거리는 $\sqrt{4+2\sqrt{2}}$이다. ■

연습문제 8.2

1. (주)강원은 뮤추얼펀드를 영위하는 회사로서 주식과 채권에 투자할 계획이다. 주식에 x억원, 채권에 y억원을 투자할 경우 연간투자이윤은

$$f(x, y) = x + 2y - \frac{1}{100}x^2 - \frac{1}{100}y^2$$

일 것으로 추정된다.

(가) (주)강원이 이윤을 최대화하기 위해서는 주식과 채권에 각각 얼마씩 투자해야 하는가?

(나) (주)강원이 투자할 수 있는 금액이 100억원으로 한정될 때, 연간투자이윤을 최대화하기 위해서는 주식과 채권에 각각 얼마씩 투자해야 하는가?

2. (주)인천은 전자계산기를 생산하여 판매하는 회사이다. (주)인천이 노동과 자본을 각각 x단위와 y단위를 투입하면

$$f(x, y) = \sqrt{xy}$$

단위의 계산기를 생산할 수 있다고 한다. 노동의 단위당 구입가격은 2만원, 자본의 단위당 구입가격은 4만원이다. 생산요소비용으로 책정된 예산이 100만원으로 한정될 때, 계산기의 생산량을 최대화하는 노동과 자본의 최적투입량을 결정하여라.

3. 충청농지조합은 100만원의 자금으로 농지를 임대하여 쌀농사를 짓고자 한다. 이에 소요되는 생산요소는 토지(x)와 노동(y)이며, 농지임대면적을 x단위, 노동투입시간을 y단위라고 할 때 쌀생산량은

$$f(x, y) = x^{1/2}y^{1/3}$$

단위이다. 농지임대료가 단위면적당 5만원, 인건비가 단위시간당 2만원이라고 할 때 쌀생산량을 최대화하는 농지임대면적과 노동투입시간을 구하여라.

4. 재화 A의 소비량 x개와 재화 B의 소비량 y개에 대한 소비자의 효용함수가

$$f(x, y) = \ln x + \ln y$$

이고, 재화 A의 가격은 1만원이고 재화 B의 가격은 2만원이다. 예산이 100만원일 때, 다음 물음에 답하여라.

(가) 소비자의 총효용을 최대화하는 각 재화의 소비량을 구하여라.

(나) 정부가 재화 A의 가격에 10%의 세금을 부과하였다. 이 경우 소비자의 총효용을 최대화하는 각 재화의 소비량을 구하고, 이를 (가)와 비교하여라.

찾아보기

저자소개

김봉준

- 서울대학교 경제학과 (경제학사)
- 서울대학교 경영대학원 재무관리 전공 (경영학석사, 경영학박사)
- 현재 경상대학교 경영학과 교수
- 한국증권학회 편집위원
- 한국재무관리학회 상임이사
- 한국금융공학회 상임이사
- 한국증권학회 우수 논문상

이선홍

- 포항공과대학교 수학과 (이학사)
- 포항공과대학교 대학원 수학과 (이학석사, 이학박사)
- 현재 경상대학교 수학과 교수

- 미분적분학 제11판 (2006, George B. Thomas 저, 공역, 청문각)
- 기본수학 (2010년, 공저, 경문사)
- 미분적분학 제1판, 제2판, 제3판 (2013년, 공저, 경문사)
- 복소함수론 (2015년, 경문사)

경영 · 경제수학

3쇄발행 2023년 5월 25일

지은이 김봉준·이선홍 / **펴낸이** 오판근
펴낸곳 (주) 교우
주 소 서울시 동대문구 약령시로 8 교우빌딩 2층 (주)교우
전 화 02-925-2861 / **팩 스** 02-925-2860. **편집부** 02-925-2825
홈페이지&북스토어 www.kyowoo.co.kr / **이메일** kyowoo@kyowoo.co.kr

등 록 1994년 3월 24일 제1994-000013호
ISBN 979-11-251-0232-8 (93320)

Published by Kyowoo Co., Ltd. Printed in Korea

(주) 교우는 보다 혁신적이고 참신한 도서를 다양하게 기획하고 있습니다.
책으로 펴내고자 하는 아이디어나 원고는 메일로 보내주세요.
(주) 교우는 전과정을 책임지고 최선을 다하겠습니다.

값 27,000원

교우미디어는 (주) 교우의 Imprint 사입니다.
수학정원 · 과학정원은 (주) 교우의 새로운 브랜드명입니다.

잘못된 책은 구입하신 서점에서 교환해 드립니다.